JN049243

伊藤塾
試験対策
問題集

ITO JUKU
SHIKENTAISAKU
MONDAISHU

予備
試験
論文

4

伊藤　真 [監修]　伊藤塾 [著]

刑事訴訟法

第2版

弘文堂

第2版　はしがき

　2021年で11回目となる予備試験は，年々受験者が増え，合格者数も初回の116人から2020年には442人と約4倍となった。そういう意味では合格しやすくなったといえるが，予備試験における天王山である論文式試験は，第3回目以降合格率が20％前後と変わっていない。この20％のなかに入れるかどうかは，学習の仕方次第であることは間違いない。そして，学習の初期段階で，自分にとって必要な情報をどう見つけ，どう活かせるかが大きく影響してくる。

　現在，10年前には想像もつかなかった，超高速化，超多数同時接続，超低遅延といわれている5G（第5世代移動通信システム）の商業運用が始まっている。今までとは比べ物にならない大容量の動画やテキストがインターネット上にあげられるだろう。つまり，更に多くの情報を得ることができるようになる。そのなかから，自分にとって必要な情報を見つけだすことは容易ではない。

　伊藤塾は，25年にわたる司法試験受験指導の経験をもち，設立当初から圧倒的な合格実績をあげてきた。また，予備試験制度開始時から試験の傾向と対策について研究をしている。そして，そのノウハウを活かして，ちまたにあふれている膨大な情報から予備試験対策に必要なものを集約し，作成したのが本書である。

　第2版では，研究成果として得たデータをベースに近年の試験傾向を精緻に分析し，更に，初版以降の法改正や判例などの情報を反映させ，刊行することとした。たとえば，刑事科目に関連する法改正として，2017（平成29）年の「刑法の一部を改正する法律」があり，本書はこれに対応している。

　初版出版以降も予備試験合格者の司法試験合格率は，2017（平成29）年は72.5％，2018（平成30）年は77.6％，2019（令和元）年は81.8％，2020（令和2）年は89.36％と更に高くなっている。

　かぎりある時間を有効活用し，重要度に応じたメリハリをつけた学習をするためにも，まずは本シリーズを利用して論文式試験を突破し，その先へ着実に進んでほしい。

　最後に本書の改訂に際しては，多くの方のご助力を得た。特に，本シリーズの『民法［第2版］』の制作において協力していただいたオリガ・ベロスルドヴァ氏（72期）に，予備試験および司法試験に合格した力を，引き続き発揮していただいた。また，刑事訴訟法という科目の特性から，弁護士近藤俊之氏（54期）と永野達也氏（新65期）には，実務家としての観点から細部にわたって目を通していただいた。そして，伊藤塾の誇るスタッフはもちろんのこと，弘文堂のみなさんの協力を得てはじめて刊行することができた。この場をお借りして，深く感謝を申し上げる次第である。

　2021年6月

伊藤　真

2021（令和3）年の予備試験論文試験解説はここからアクセス！
＊2021/10/31配信終了予定
その他，司法試験・予備試験に関する新情報は，伊藤塾ホームページをご覧ください。

伊藤塾　🔍

はしがき

1 はじめに

　2011年から導入された予備試験も制度として定着し，合格者の数も，毎年大きく増えてきている。

　予備試験を受験する最大のメリットは，経済的・時間的負担がないことである。法科大学院に進学する道を選べば，少なからぬ経済的・時間的負担を強いられる。もちろん，法科大学院には独自の存在意義があるのだが，法科大学院に進学する経済的余裕がない学生や，法科大学院の講義を受ける時間的余裕がない社会人にとって，法科大学院を卒業することは法曹をめざすうえで大きな壁となって立ちはだかっていることだろう。しかし，法曹となるうえで各自の経済的事情や可処分時間の多さは本来関係ないはずである。予備試験は法曹を志すすべての者に門戸を開いている点で法曹の多様性を維持するため必要不可欠な制度であろう。

　予備試験受験のメリットは，経済的・時間的負担がないことだけではない。司法試験の合格率はおよそ20％程度であるが，予備試験合格者は司法試験において高い合格率を誇っている。予備試験合格者がはじめて司法試験を受験した2012（平成24）年の司法試験では全体合格率の約３倍である68.2％を記録し，2013（平成25）年は71.9％，2014（平成26）年は66.8％，2015（平成27）年61.8％，2016（平成28）年61.5％と圧倒的な合格率を維持している。もちろん，この合格率は予備試験合格者がはじめて司法試験を受験した2012年から2016年にいたるまで５年連続で全法科大学院を差しおいて１位の合格率である。

　このように，予備試験にはいくつものメリットがあり，予備試験に合格することは，みずからの可能性を広げることにほかならない。そして，本書は，その予備試験合格への道を切り開くものである。

　本書を通して，法科大学院卒業生に勝るとも劣らぬ実力を身につけ，ひとりでも多くの受験生が予備試験に合格されることを切に望んでいる。

2 本書の特色

【1】問題の厳選

　予備試験に合格するためには，短答式試験，論文式試験，口述式試験のすべてに合格しなければならない。そして，そのなかで最大の難関が論文式試験である。論文式試験では，憲法，行政法，民法，商法，民事訴訟法，刑法，刑事訴訟法，法律実務基礎科目として刑事実務基礎科目と民事実務基礎科目，一般教養から出題される。したがって，論文式試験に合格するためには，これらの科目について十分な対策をしなければならない。

　しかし，闇雲に勉強をしては，すべての科目に十分に目をとおすことはできない。本書は，かぎられた時間のなかで最大の成果をあげるために，予備試験合格に直結するよう最良の問題を選定している。

　本書では短期間で高い学習効果が得られるように，予備試験においても圧倒的な合格実績をだし

ている伊藤塾の『伊藤塾 試験対策問題集』（弘文堂）や旧司法試験のなかから予備試験での出題可能性が高い問題を選定して掲載している。また，予備試験合格者が出題可能性を意識して，議論を重ねてオリジナル問題を作成している。旧司法試験過去問はもちろんのこと他の問題も予備試験と遜色ない練りに練られた良問ばかりである。厳選されたこれらの問題に取り組むことによって本試験でも通用する真の実力を身につけられるであろう。

【2】初学者への配慮

　初学者にとっては，本書のような問題集を用いて問題演習を行うことは，ハードルは高いと思われるかもしれない。しかし，本書は，そのような受験生であっても十分に問題演習の効果が得られるようにこれまでにない工夫をしている。

　まず，それぞれの問題に「思考過程」という項目を設けた。ここでは，予備試験合格者の思考過程を忠実に再現するのみならず，各問題についての基本的知識への言及や判例・学説の紹介などをできるだけ丁寧に説明した。予備試験合格者の思考過程をここまで丁寧に再現した問題集はほかにはないと自負している。

【3】過去問の徹底的な分析

　予備試験の論文式試験対策において，もっとも重要な位置を占めるのが，過去の予備試験問題の分析である。過去問の分析なくして試験対策の完成はありえない。そこで，本書では，これまで実施されたすべての予備試験過去問に対して徹底した分析を加えた。

　たとえば，初版刊行時の2016（平成28）年予備試験論文問題のなかには，過去問と同様の論点が出題されている科目もある。この事実からも過去問の徹底的な分析は合格のために非常に有意義であるといえる。

3 本書の構成

　本書は大きく分けて2部構成になっている。以下で詳しく述べる「第1部　基礎編」と「第2部　応用編」をこなすことによって，予備試験合格に必要な重要論点が網羅できるものとなっている。予備試験合格にとって重要な鍵のひとつは重要論点の網羅である。問題選定にあたっては，基礎編と応用編で論点の重複がなるべく生じないように配慮している。

　第1部の基礎編は，『伊藤塾 試験対策問題集』，旧司法試験，予備試験合格者作成オリジナル問題のなかから特に学習効果が高く予備試験対策に資する問題を厳選して収録している。基礎編は，予備試験において出題可能性が高い基本的論点を身につけてもらうことを意識して問題を選定している。基礎編の問題を通じて磐石な基礎を身につけてほしい。

　第2部の応用編は，今まで実施された予備試験論文式問題をすべて収録している。また，旧司法試験で良問とされ，予備試験の難易度に近いものを厳選して収録している*。さらに，予備試験合格者作成のオリジナル問題も収録している。予備試験合格のためには，過去問を深く吟味することが必要不可欠である。

＊初版時においては，予備試験過去問が少なかったため，第2部にも旧司法試験の良問を掲載していた。

(1)　問題

　前述したように，第1部では試験対策問題集，旧司法試験，予備試験合格者作成オリジナル問題のなかから特に学習効果が高く予備試験対策に資する問題を厳選して収録している。応用編とあわせて1冊で論点を網羅しているため，基本的知識の確認・論述の方法を基礎編で身につけて，応用編に進んでほしい。また，第1部では学習の便宜上分野別に問題を並べている。

　法律の学習において，メリハリづけはきわめて重要である。学習レベルや可処分時間に応じてマスターしておいたほうがよい問題が異なる。重要度は，論点の重要性，予備試験における出題可能性等を総合的に勘案して設定している。もっとも，問題を厳選しているため，重要度が低い問題はほとんどない。時間に余裕のある者はすべての問題に目をとおしておくべきであろう。ランクづけについては，以下の目安に従ってほしい。

　　　　必ずおさえるべき問題　　Aランク：予備試験に出題される可能性が高い論点を含む問題。
　　　　　　　　　　　　　　　　　　　　　必ず論証をおさえておくべき問題である。
　　　　周囲と差をつける問題　　B⁺ランク：Aランクには及ばないものの，予備試験に出題される可能性がある問題。ここについてもマスターしておく必要がある。
　　　　一読しておくべき問題　　Bランク：他の問題と比較して，論点の重要性はやや下がる問題。余裕のある者は，論述の流れだけでもおさえておけるとよい。

(2)　**答案例**

ア　論述部分

　各問題について答案例を付した。各答案例には，伊藤塾がこれまで築きあげてきた答案作成のノウハウが詰まっている。各答案例を吟味して，答案作成のノウハウを学んでもらいたい。

　また，答案例は，理想の答案を示すと同時に現実的な答案となるように心掛けた。答案はかぎられた時間および紙面で作成されるものである。予備試験では4頁以内の答案を作成しなければならない。そこで，答案例では多くの受験生の標準であると思われる1行30字程度を目安に作成している。

　なお，答案例は数ある正解のなかのひとつでしかない。ここに掲載した答案例以外にも正解の道筋がある。答案例を分析するのみでなく，ほかにどのような正解の道筋があるかを考えてみることで，より問題に対する分析力や法的思考力が身につくことだろう。また，答案例以外の道筋については，優秀答案や答案作成上の注意点において言及している。他の道筋を考えるうえで参考にしてもらいたい。

　答案例の作成にあたって，心掛けている点を以下にまとめた。特に初学者は論述の参考にしてほしい。

(ア)　**流れのある答案となるように心掛けた**

　答案の善し悪しは流れで決まる。そこで，本書では接続詞を多用して，論理的な文章を心掛けている。合格答案のイメージづくりの参考にしてほしい。

　特に初学者は，初期のうちからしっかりした答案のモデルに触れることが短期合格の秘けつである。おおいに参考にしてほしい。

　また，答案の論理の流れも，できるだけ単純なロジックを心掛けた。単純明快でわかりやすい答

案ほどレベルが高いと考えられるからである。言い換えると，シンプルで読みやすい答案ほど評価が高い。そこで，論理の流れは次のように単純化している。これにより，理解が容易になり，さらに，理解した後の記憶の負担が劇的に減少する。ワンパターンとの批判もありうるであろうが，むしろパターン化したほうが，自分の考えを正確に伝えることができるし，問いに答えた答案を作りやすい。判決文のパターンをまねるべきである。たとえば，

「たしかに，しかし，したがって（そこで），〜」

「この点，そうだとすれば，したがって，〜」

「この点，そうだとすれば，もっとも，そこで，〜」等

(イ) 積極的に改行して余白部分を作り，視覚的に読みやすい答案をめざした

答案は読んでもらうものである。採点者は1通にそれほど時間をかけられず，しかも，かなりの数の答案を読まなければならない。読み手の負担を軽減する方策をとることは，読み手に対する礼儀である。まず視覚的に読みやすい印象を与えることはきわめて重要なことだと考えている。

「たとえば，」「本来ならば，」「また，さらに，」で改行するのは，日本語の使い方としておかしいであろうが，採点者の便宜を考えて，積極的に改行している。

(ウ) 法的三段論法を意識したナンバリングにした

法律文書の基本は，法的三段論法である。そこで，大前提として規範を立てる部分と，小前提として事実認定をする部分と，あてはめによる結論部分とを意識的に改行して項目立てを分けている。

特に初学者は，このナンバリングを参考に法的三段論法の書き方をマスターしてほしい。

イ　右欄のコメントおよび該当する答案部分の作成方法

答案例の分析の手助けとして右欄にコメントを付した。右欄コメントでは論述の際の注意点や事実および事実に対する評価の部分などがわかるように記載している。答案例の分析に役立ててもらいたい。

以下は，コメントをするに際しての指針である。特に初学者であれば答案作成のノウハウとしてぜひ一読してほしい。

(ア) 問題文からの要件定立（オウム返し）

問題文：「……，裁判所は証拠として採用しうるか。」

書き方：「裁判所が証拠として採用しうるためには，適式な証拠調べ手続を経た証拠能力ある証拠である必要がある（317条）。」など

よくないオウム返し（形式的オウム返し）の例：「裁判所は証拠として採用しうるか。まず，……が問題となる。」

読み手（採点者）は，思わず「あなたに聞いているんですよ。」とツッコミたくなるであろう。

(イ) 問題点の抽出

事実から入り，問題点を抽出する。

答案を作るにあたって，事案を解決するために論点を書くという姿勢が不可欠である。つまり，なぜ論点となるのか，という思考過程を示すのである。問題文を見てはじめて現場で考えて書くべき部分なので，書き手の実力がそのまま現れることになる。事実から離れて論点を展開すると，いかにも論点主義的な印象を与え，さらに思いつきでしか論点を抽出しないため，論点落としや論点はずしの危険を伴うことになる。これらを避けるという点で大きなメリットとなる。

しかし他方で，文章が長くなる，あてはめと重複する可能性があるなどの短所もあるので，答案構成の段階でしっかりと考えてから書くべきである。

⒟　事案の問題提起

問題点の抽出をした後，事案の問題提起（当該事案固有の問題提起を伊藤塾ではそうよんでいる）をしてから，論点の問題提起（抽象論）を展開するのが理想である。

また，事案の問題提起に対応させて，三段論法の帰結を書くのが理想である。

⒠　論点の問題提起

論点自体の問題提起のことで普遍的なものを伊藤塾ではこうよんでいる。これは事前に準備できる部分である。この問題提起のところだけを読んで，何の論点について論じるのかが明らかになるよう心掛けた（抽象的な問題提起を避けた）。

また，できるだけ中立的な問題提起にした。つまり，問題提起部分のみを読んで特定の立場に立つことがわかってしまう表現は避けた。

そして，条文解釈の姿勢を示すことを心掛けている。できるだけ条文の文言に引きつけて問題提起することが重要である。

こうした点を意識して，普段から典型論点については事前の準備を怠らないようにしたい。

⒡　原則

多くの場合，論証は原則から入って例外の必要性と許容性を論じることになる。この場合の原則をできるだけ示した。この原則には気を遣ってほしい。原則を間違えると法律がわかっていないと思われ，致命的な結果を招くことがある。

また，例外とは，あくまで例外であるから，「……の場合には」，「……のときには」という留保が付くことに注意すべきである。

原則の後には，必要性や不都合性などの価値判断が入る。なぜなら，原則の結論が正しいのであれば，例外や修正を示す必要がないからである。だからこそまた，原則の後にいきなり法律構成をもってくるのは避けるべきであろう（原則→価値判断→法律構成の順番で書くのが理想である）。

⒢　論証

できるかぎり，趣旨，本質，根拠，保護法益などの根本からの論証を心掛けた。そのほうが論証に厚みがでるからであるが，より根本的には法律家の命ともいうべき説得力がこの部分で試されることになるからである。本書では，その場での思いつきのような，場あたり的な理由づけは避けるようにしている。

学説については，実務家登用試験対策を考慮して，判例・通説をベースにしている。さらに，試験対策という実践的な要請から書きやすさという点にも配慮している。そのため，学部の試験にも有用であろう。

基礎編では，特に初学者の学習効果を高めるために，答案例中の論証部分を色枠で囲んだ。この囲み内の論証は，今後，自分なりの論証を書くうえにおいて基礎となるものである。ベーシックな論証がどのように答案で使われているかを学び，応用編へ進んでほしい。

基礎がしっかりしていないと応用ができないのは言うまでもない。そのため，この囲み内の論証を覚えて試験会場で答案に書き写すのではなく，応用編に進むころには，この論証部分の構造を理解し，本書で学習をし終わるころには，自分なりの論証を書けるようになってほしい。

また，論証は，かぎられた試験時間内に答案を仕上げるにあたり，便利なツールである。1つの論点において，論証が1つということはないから，いくつか作成してみて，試験会場ですんなりと

書けるものを用意しておくと更によいだろう。最初は難しいかもしれないが，答案例ばかりでなく優秀答案も参考にして，自分の論証を考えてみよう。

　なお，応用編の答練例においては，画一した論証がないことを意識してもらうためにも，論証部分を色枠で囲んでいない。

㈬　**規範**

　論点の問題提起に対応させたかたちで書く。

　　　問題提起：「……が許されるかが問題となる。」

　　　書き方：「……は許されると解する。」または「……は許されないと考える。」

　　　悪い例：問題提起は「許されるか。」なのに，「……は認められると解する。」「否定すべきである。」

　問題提起に対応していないものが悪い書き方の典型である。自分の立てた問題提起に対応させないで規範を定立するのは，日本語の文章としておかしいという感覚をもつことが大切である。

　基礎編の答案例においては，規範を定立している部分を色文字で目立つようにした。上記を意識しながら，読んでほしい。

㈮　**あてはめ**

　伊藤塾では創立当初から，あてはめの重要性を訴えてきた。具体的な問題を解決するために法律を使いこなすのだから，このあてはめ部分の重要性は明らかである。また，本試験では，問題文を見なければこの部分は書けないのだから，具体的に考えることができるかという本人の実力がそのまま反映される部分でもある。

　まず，問題文の事実を省略しないことである。これは事案を解決するために規範を定立したのであるから当然である。

　次に，問題文の事実に評価を加えて認定するのが理想である（事実→評価→認定）。法的三段論法の特長は，このように小前提たる事実認定にも評価が入る点である。事実を自分がどうみるのかを指摘できれば，採点者にアピールできる。ただ，紙面（＝答案用紙）のスペースとの関係で評価を加えながら事実を認定した答案例もある。なお，問題文にない事実を付け加えるのは厳禁である。

　あてはめを規範に対応させることも大切である。規範定立したのに，それに対応させないのはあまりにもお粗末である。自分の定立した規範に従ってきちんとあてはめをすることである。これは自分の書いた文章に責任をもてということでもある。規範とは道具であって，あてはめがしっかりできることによって道具を使いこなしたことをアピールできるのである。

㈯　**三段論法の帰結**

　あてはめの後，事案の問題提起に対応させて，三段論法の帰結を書くのが理想である。ただし，本書ではスペースの関係でできなかったものが多い点はご容赦いただきたい。

㈰　**形式的に問いに答える**

　問題文の問い掛けに形式的に答えることは答案の基本であるが，意外とできていない人が多い。この点は各自の答案ですぐに検証できる部分なので，早い時期から気を遣い問いに答えられるようにしたい。

　　　問題文：「……は適法か。」

　　　書き方：「以上より，……は適法である。」「違法である。」

　　　悪い例：「以上より，……は許される。」「……は認められない。」など問いに答えていないもの

ウ　条文・定義・趣旨の重要性

（ア）　条文

　　あたり前のこととして軽視されがちであるが，すべての出発点は条文である。条文を正確に示すことも実力のうちということを認識してほしい。法令名や条文番号だけでなく，項や号，前段・後段・本文・ただし書まで正確に引用する方法を参考にしてほしい。

　　たとえば，刑事訴訟法でいうと，伝聞法則（320条），反対尋問権（憲法37条），当事者主義（312条等）などの引用は不正確である。それぞれ，320条1項，憲法37条2項前段，刑事訴訟法312条1項と正確に引用する必要がある。不正確な条文引用は減点事由となることを認識しておいてほしい。

　　なお，答案例では，刑事訴訟法については，原則として法令名を省略し，刑事訴訟法以外の法令を引用する場合には，すべて法令名を記載することとしている。

（イ）　定義

　　定義が不正確だと，採点者に対して，マイナスの印象を与えてしまう。いわば不合格推定がはたらくといってもよいだろう。ただ，むやみに丸暗記するのではなく，定義のなかのどの言葉が本質的で重要なのかを意識して記憶するようにしてほしい。

（ウ）　趣旨

　　定義とならんで，あるいはそれ以上に重要である。法律の解釈は趣旨に始まり趣旨に終わるといってもよいほどよく使うので，理解して正確に表現しなければいけない要素である。

　　論点を論述する際には，趣旨から論証できると説得的になり高い評価が得られるであろう。

（3）　優秀答案

　　周囲の受験生のレベルを知るひとつの手段として講評だけではなく優秀答案も付した。優秀答案であるからもちろんよく論述できている部分もあるが，完璧な答案を時間内に作成することは至難の業であり，どのような答案でもミスや論述が不足している部分は存在する。優秀答案からはよいところはそのまま自己の糧とし，悪い部分は反面教師として学ぶ必要がある。

　　また，そのための一助として優秀答案にも右欄にコメントを付し，よい部分，悪い部分を明確に指摘した。これによってより深く優秀答案の分析ができることだろう。

　　なお，予備試験の場合，論述は4頁（1頁22行目安）以内に収めなければならない。書くスピードは人によってさまざまであるから，時間内に自分がどれだけの分量を書くことができるかを知っておくことも重要である。

（4）　答案作成上の注意点

　　受験生が誤りがちなポイントや高得点をとるためのポイントについて記載している。答案例とは異なる見解からの論述についても言及している。

　　合格者であればどのように答案を作成するのかということも知ることができるようになっている。

（5）　答案構成例

　　答案構成にも2種類のものがある。実際に答案を書く際に，15分から20分くらいで作成するメモ書きとしての答案構成と，ある問題を学習した後に復習として作る答案構成である。本書の答案構成は後者にあたる。これは試験直前に，それまで勉強したことを総復習する際に，手軽に記憶を喚起できるように作成したものである。

【2】 第2部　応用編

(1)　問題

第2部では，予備試験過去問を中心に収録している。

(2)　思考過程

思考過程では，実際の予備試験合格者の思考過程をできるかぎり丁寧に記述した。実際に答案は，多くの思考を経たうえで作成されている。しかし，通常の問題集にはその思考過程が十分示されることはなく，どのような思考過程を経て答案例が作成されているのか不明であることが多い。また，実際の予備試験合格者の思考過程を知る機会はほとんどないが，予備試験合格者が，問題を見てどのような思考過程を経たうえで答案を作成しているのかを学ぶことは，予備試験対策としても非常に有意義である。

そこで，本書ではできるかぎり丁寧に思考過程を記述することで，予備試験合格者の思考過程を追体験してもらうことを試みた。この思考過程を徹底的に分析することで，予備試験合格者の思考過程を身につけてもらいたい。

(3)　答案例

応用編は，問題の難易度も比較的高度なものとなっており，答案例は，いちおうの完全解を想定しているが，合格レベルに達するには，ここまで書ける必要はない。答案例を目標にしつつ，自分であれば，いかなる答案を書くことができるのか，理想の答案を確立してほしい。

(4)　優秀答案

優秀答案は，すべて予備試験合格者が書いた答案である。各年の予備試験に合格した者のA評価の答案を採用している。旧司法試験やオリジナル問題，合格発表前の問題についても，予備試験合格者がA評価相当である答案を意識して作成した答案を優秀答案としている。

予備試験合格者といえども，時間内で完璧な答案を書くことは至難の業である。どの程度書ければA評価の答案に達するのか，肌で感じてほしい。また，合格者でもこの程度かと自信をもってもらってもよいだろう。

(5)　出題趣旨

各問題に出題趣旨を付し，問うている事柄や能力を明確にするために出題の趣旨を用意した。予備試験問題については，法務省が公表している出題の趣旨を掲載した。旧司法試験については，法務省公表の出題の趣旨に加えて数ある問題のなかから当該問題を選出した理由について言及している。さらに，オリジナル問題については，当該問題を掲載した理由についても言及している。

(6)　優秀答案における採点実感

答案全体のよい部分や悪い部分，更には右欄のコメントでは説明しきれなかった部分を優秀答案における採点実感で説明した。答案の採点官が実際に答案を読んだときにどのように評価する可能性があるかを示している。この部分から採点官は，答案のどのような部分を評価し，どのような部分を評価しないのかを学びとってもらいたい。

(7)　再現答案からみる合格ライン*

本書は，平成28年予備試験論文式試験合格発表前に制作されたものである。そのため，平成28年の問題については，いかなる論点が書けていればよいか，いかなる論点は落としてもかまわないかについては明確には断言できないところがある。

予備試験の論文式試験に合格するためには，すべての科目においてA評価をとる必要はない。合格するためには，むしろE～F評価をとらないことが重要である。今までの予備試験をみると合格

ラインは，B～C評価の答案といえる。この評価をとるためには，他の受験生が書いている論点に言及し，まわりに差をつけられない守りの姿勢が重要となる。

そこで，伊藤塾に集められた数多くの再現答案を読み，どれだけの水準に達していれば十分であるか受験生の相場の分析を試みた。

また，他の受験生が実際にかぎられた時間内で作成した答案がどのようなことを書いているかを知ることは非常に有意義なことである。「再現答案からみる合格ライン」を読んで，みずからの答案を合格答案にしてほしい。

＊　本項目は，本書の制作終了までに，法務省より予備試験論文式試験の講評が公布されていない場合に設けている。

【3】論点・論証一覧

本書の末尾には，実際に答案で用いた論証を一覧にしてまとめている。読者の復習の際の便宜を考え，答案例から実際に用いられた論証を抜粋して末尾に記載することとした。

ちまたに出版されている論証集は，冗長にすぎるものが散見される。長い論証では，理解の助けにはなるものの，実際に現場で答案を書くときには，そのすべてを吐きだすことはできない。予備試験はかぎられた時間内での戦いであるから，実際にそのまま貼り付けることのできる論証を事前に準備することが合格のための重要なポイントとなる。

本書の論証一覧は，実際に答案例で用いられている論証をまとめているため，そのまま自分の答案に表すことも可能である。また，本書の論点・論証一覧をベースとしつつ，現場で書きやすいように自分なりのアレンジを加え，よりよい論証を事前に準備して，本番にのぞんでほしい。

4 本書の使い方

【1】初学者（まだ答案を書いたことがないか，あるいは書き方がわからない人）

まずは，ここまでに示した答案のノウハウを熟読し，しっかりと理解・記憶してほしい。そのうえで，Aランクの問題を先に解いてみてほしい。

その際，いきなり答案構成をしたり，答案を書いたりすることは，非効率的で，およそ不可能である。まず，問題文と答案例を対照して，どのように書いたらよいのかを分析してみよう。そのときには，右欄のコメントを参考にするとよいだろう。

また，条文，定義，趣旨などの基本事項がいかに重要であるかを認識してほしい。もちろん重要性を認識したら，カードを作るなどして繰り返し覚える努力を惜しまないでほしい。

答案作成の方法がわかったら，実際に答案構成をしてみるか，答案を書いてみるとよい。わかったつもりでいたところが，いざ書いてみようとすると記憶が曖昧で書けないなど，自分の弱点が見えてくるはずである。弱点を突きつけられたとしてもそれに負けずに，一歩一歩確実にしていくことが今後の力となる。

そして，一度答案構成をしたり答案を書いた問題でも，何度か繰り返してやってみてほしい。それによってその問題が解けるだけではなく知識や答案の書き方が身についてくる。問題文の右上にCHECK欄を作ったのは，何回勉強したか自分で記録するためのものである。

【2】中級者以上（答案を書いたことがあるが，本試験や答練でよい評価を得られない人など）

　まずは，問題を見て，答案を作成してほしい。少なくとも答案構成をしてほしい。問題文を読んで即座に思考過程や答案例を読むことはお勧めしない。実際に答案構成をし，答案を作成するなど各問題と深く向き合うことで，はじめて真の実力が身につく。したがって，時間があるかぎり，答案を実際に作成するのがよいだろう。特に，過去問については実際に答案を作成してほしい。

　次に，自分の答案を答案例や優秀答案と見比べて，どこが違っているかを確認する。たとえば，事実を引用せずに，いきなり「それでは，……であろうか。」などと問題提起をしていないか。つまり，「それでは」は，前の文章を受けていないので，論理が飛躍し，読み手に論述の流れが伝わらない危険性が高い（「まず，前提として」も同じ）。もちろん，これらを使ってはいけないということではない。本当に「それでは」でつながるのか，本当に「まず，前提」なのかを自分でチェックしてみることである。

　また，抽象的な問題提起をしている，定義が不正確である，あてはめと規範が対応していない，問いに答えていない，など自分の欠点を見つけ，改善すべきところを探る。こうして自分の書いた答案を添削するつもりで比較検討するのである。欠点のない人はいないのだから，それを謙虚に認めることができるかどうかで成長が決まる。

　そして，答案例や優秀答案から基本事項の大切さを読みとってほしい。この点の再認識だけでもおおいに意味があると思う。答案作成にあたって，特別なことを書く必要はないということが具体的に実感できるであろう。ぜひ，基本事項の大切さを知ってほしい。人と違うことを書くと，大成功することもあるが，大失敗する危険もある。そのリスクに配慮して書かない勇気というものもある。また，たとえ加点事由でもあっても，基本事項を抜きにして突然書いてみてもほとんど意味がない。基礎点のないところに加えるべき点数などないことを知るべきである。

　また，答案例・思考過程を読み過去問を分析することは予備試験合格にとって重要なことである。過去問の分析をすることにより，予備試験ではどのような問題が出題されるのか，ある問題に対してどこまで論述できなければならないのか，合格ラインに達する論述を行うためにはどのような学習をする必要があるのかということが明確になるだろう。ゴール（過去問＝本試験問題）から逆算して，どのような学習を行えばよいのかを考えることで，合格に直結する最短距離での学習ができるはずである。本書を有効に活用し，過去問を徹底的に分析してもらいたい。

　最後に，自分の答案の表現の不適切さなどは，自分自身では気づかない場合が多い。本書の問題を使って答案を作成した後に，できれば合格者に答案を見てもらう機会をもてるとよい。また，受験生同士で答案の読み回しをすることも一定の効果があるので，ゼミを組んで議論するのもひとつの手であろう。ほかの人に答案を読んでもらうことによって，独りよがりの部分に気がつくこともしばしばある。ただし，ゼミの目的と終わりの時間をしっかりと決めて参加者で共有しておかないと，中途半端なものとなり時間の無駄に終わることがあるので注意してほしい。

5 おわりに

　本書は，予備試験論文式試験における合格答案を書くためのノウ・ハウが詰まっているテキストである。冒頭でも述べたが，本書は予備試験合格への道を切り開くものである。本書を十分に学習すれば，問題分析の仕方や予備試験合格者の思考，論述作成の方法などを知り，刑事訴訟法はもち

ろん他の科目にもよい影響を与えることができるだろう。そういった意味では，本書はすべての科目に共通する分析の仕方，考え方，論述の仕方を示しているといってよい。

　本書に収録されている問題と深く向き合い，本書を有効に活用することでひとりでも多くの受験生が予備試験に合格することを切に望んでいる。

　なお，本書の制作に際して，多くの方のご助力を得た。特に2015年に予備試験を合格し，翌2016年に司法試験に合格した小川美月さん，加藤千晶さん，小泉遼平さん，小味真人さん，佐藤健太郎さん，光武敬志さん，横田直忠さん，渡邊俊彦さんの8名には，優秀な成績で合格した力をもって，彼等のノウハウを惜しみなく注いでいただいた。また，伊藤塾の書籍出版において従前から貢献していただいている近藤俊之氏（54期）と永野達也氏（新65期）には，実務家としての必要な視点をもってして内容をチェックしていただいた。そして，伊藤塾の誇る優秀なスタッフと弘文堂のみなさんの協力を得て，はじめて刊行することができた。ここに改めて感謝する。

　　　2016年9月

伊藤　真

★参考文献一覧

　本書をまとめるにあたり多くの文献を参照させていただきました。そのすべてを記すことはできませんが主なものを下に掲げておきます。なお，本書はいわゆる学術書ではなく，学習用の教材ですので，その性質上，学習において必要な部分以外は引用した文献名を逐一明記することはしませんでした。ここに記して感謝申し上げる次第です。

　　渥美東洋・全訂　刑事訴訟法［第2版］（有斐閣・2009）

　　池田修＝前田雅英・刑事訴訟法講義［第6版］（東京大学出版会・2018）

　　石井一正・刑事実務証拠法［第5版］（判例タイムズ社・2011）

　　宇藤崇＝松田岳士＝堀江慎司・刑事訴訟法［第2版］（有斐閣・2018）

　　上口　裕・刑事訴訟法［第5版］（成文堂・2021）

　　酒巻　匡・刑事訴訟法［第2版］（有斐閣・2020）

　　田口守一・刑事訴訟法［第7版］（弘文堂・2017）

　　田口守一・基本論点　刑事訴訟法（法学書院・1989）

　　田宮　裕・刑事訴訟法［新版］（有斐閣・1996）

　　平野龍一・刑事訴訟法〔法律学全集43〕（有斐閣・1958）

　　平野龍一＝松尾浩也編・新実例刑事訴訟法Ⅰ・Ⅱ・Ⅲ（青林書院・1998・1998・1998）

　　平良木登規男・刑事訴訟法Ⅰ・Ⅱ（成文堂・2009・2010）

　　福井　厚・刑事訴訟法講義［第5版］（法律文化社・2012）

　　福井　厚・刑事訴訟法［第7版］（有斐閣・2012）

　　法務総合研究所編・刑事法セミナーⅣ・Ⅴ（信山社・1993）

　　松尾浩也・刑事訴訟法上［新版］・下［新版補正第2版］（弘文堂・1999・1999）

　　松本一郎・事例式演習教室　刑事訴訟法（勁草書房・1987）

　　三井　誠・刑事手続法(1)［新版］・Ⅱ（有斐閣・1997・2003）

　　光藤景皎・刑事訴訟法Ⅰ・Ⅱ（成文堂・2007・2013）

　　村井敏邦・刑事訴訟法（日本評論社・1996）

　　安冨　潔・刑事訴訟法講義［第5版］（慶應義塾大学出版会・2021）

　　安冨　潔・演習講義　刑事訴訟法［第2版］（法学書院・2001）

　　裁判所職員総合研修所監修・刑事訴訟法講義案［4訂補訂版］（司法協会・2015）

　　井田良＝田口守一＝植村立郎＝河村博編・事例研究刑事法Ⅱ刑事訴訟法［第2版］（日本評論社・2015）

　　長沼範良＝酒巻匡＝田中開＝大澤裕＝佐藤隆之・演習刑事訴訟法（有斐閣・2005）

　　古江頼隆・事例演習刑事訴訟法［第2版］（有斐閣・2015）

　　松尾浩也監修・条解刑事訴訟法［第4版増補版］（弘文堂・2016）

　　井上正仁＝酒巻匡編・刑事訴訟法の争点（有斐閣・2013）

　　川出敏裕・判例講座　刑事訴訟法［捜査・証拠篇］・［公訴提起・公判・裁判篇］（立花書房・2016・2018）

　　白取祐司・刑事訴訟法［第10版］（日本評論社・2021）

　　井上正仁＝大澤裕＝川出敏裕編・刑事訴訟法判例百選［第10版］（有斐閣・2017）

　　井上正仁＝酒巻匡＝大澤裕＝川出敏裕＝堀江慎司＝池田公博＝笹倉宏紀・ケースブック刑事訴訟法［第5版］（有斐閣・2018）

　　法学教室（有斐閣）

　　ジュリスト（有斐閣）

現代刑事法（現代法律出版）

判例時報（判例時報社）

判例タイムズ（判例タイムズ社）

最高裁判所判例解説刑事篇（法曹会）

重要判例解説（有斐閣）

目　次

（ 伊藤塾合格エッセンス ）

　試験対策問題集シリーズに掲載されている問題やここで記載したような学習方法は，伊藤真塾長や伊藤塾で研究・開発した数多いテキストや講義のうちの一部を紹介したにすぎません。「伊藤塾の講義を体験してみたい」，「直近合格者の勉強方法をもっと知りたい」，「伊藤塾テキストを見たい」，「伊藤真塾長ってどんな人かな」……。そう思ったら，伊藤塾ホームページにアクセスしてください。無料でお得な情報が溢れています。

パソコン・スマホより → https://www.itojuku.co.jp/

伊藤塾ホームページにある情報の一例

塾長雑感（塾長エッセイ）
無料体験講座
合格者の声―合格体験記・合格者メッセージ―
合格後の活躍―実務家レポート―
講師メッセージ
伊藤塾の書籍紹介

　講座は，受験生のライフスタイルに合わせ，在宅（通信）受講と通学（校舎）受講，インターネット受講を用意しています。どの受講形態でも学習フォローシステムが充実しています。

第 1 部

基礎編

第1問 A　現行犯逮捕など

以下の各設問に答えよ。

(1)　令和3年1月11日午後7時，劇場で恐喝行為を受けたAは，客席を出て劇場のロビーから警察に電話で通報した。同日午後7時20分ころ，司法警察職員甲は劇場に到着し，ロビーでAの話を聞いていたところ，Aから聴取した犯人と似た風貌のBが劇場から出てきた。Bを発見したAは司法警察職員甲に「この人が犯人です。」と述べた。なお，事後的に甲が捜査したところ，BがAを脅しているところを目撃したという客の証言を得ることができた。司法警察職員甲はBを現行犯逮捕できるか（準現行犯逮捕を除く）。

(2)　司法警察職員乙は，令和3年3月19日午後10時，飲食店の経営者であるCから，客が鉄パイプを持って来店した者と口論をしているとの通報を受けたため，飲食店に向かった。同日午後10時20分ころ，乙は飲食店に到着し，頭部から血を流して倒れているDを認めた。乙は飲食店にいた客から，「犯人は鉄パイプを持って来店し，午後10時10分ころ『よくも俺の女を』と言いながらDの頭部を一方的に複数回殴っていた」との供述を得た。そこで，乙は付近を捜索したところ，午後11時，飲食店から500メートル離れた公園で，血のついた服を着て血のついた鉄パイプを持ったEが公園のベンチに座っているのを発見した。乙はEを逮捕することができるか。なお，乙は逮捕状をいっさい請求していないものとする。

【論　点】

1　現行犯逮捕——犯罪と犯人の明白性
2　準現行犯逮捕

答案構成用紙

CHECK

第1　設問(1)について

　　司法警察職員甲は，劇場で恐喝行為を行ったとされている
　Bを現行犯逮捕（刑事訴訟法212条1項，213条。以下「刑事
　訴訟法」法名省略）しようとしている。そこで，本問では現
　行犯逮捕の要件をみたすか。「現に罪を行い，又は現に罪を行　　5
　い終わつた」といえるかが問題となる。

　1　現行犯逮捕が令状主義（憲法33条）の例外として認めら　➡趣旨からの理由づけ
　　れた趣旨は，現行犯は逃亡，罪証隠滅防止のため急速な逮
　　捕の必要性があり，犯罪の嫌疑が明白で令状による司法的
　　コントロールがなくても誤認逮捕のおそれが少ないことに　　10
　　ある。

　　　そこで，「現に罪を行い，又は現に罪を行い終わつた」　➡規範定立
　　といえるには，①犯罪と犯人の明白性，②犯行と逮捕の間
　　の時間的場所的接着性が必要と解される。

　　　そして，上述した現行犯逮捕の趣旨にかんがみれば，犯　　15　➡趣旨から判断基準を示す
　　罪と犯人の明白性については，逮捕者が直接知覚した客観
　　的状況から判断して決する。もっとも，被害者の供述など
　　の逮捕者が直接知覚していない事情については，客観的状
　　況を補充するかぎりで認定資料として用いることができる
　　と解する。　　20

　2　これを本問についてみると，たしかに，甲がAから「こ　➡あてはめ
　　の人が犯人です。」という指示を受けたことや，BがAを脅
　　していたところを目撃したという証言をふまえれば，①犯
　　罪と犯人の明白性は認められるとも思える。

　　　しかし，本問で逮捕者が逮捕時に直接知覚したのは，被　　25　➡安易な認定をしない
　　害者の供述のみである。BがAを脅していたという目撃証
　　言は事後的に甲が捜査をしてはじめて発覚したものであり，
　　逮捕者が直接知覚した客観的状況に含まれない。そうだと
　　すれば，逮捕者である甲は被害者の報告以外に外見上Bが
　　犯罪を行い，あるいは，行った者であることを直接知覚し　　30
　　うる状況は存在しなかったといえる。

　　　したがって，本問では①犯罪と犯人の明白性が認められ
　　ず，「現に罪を行い，又は現に罪を行い終わつた」とはい
　　えない。

　3　よって，本問は現行犯逮捕の要件をみたさず，甲はBを　　35　➡結論
　　現行犯逮捕することはできない。

第2　設問(2)について

　1　まず，乙は逮捕状をいっさい請求していないことから，　➡緊急逮捕にあたらないこと
　　緊急逮捕（210条1項）として適法となる余地はない。

　2　次にEを現行犯逮捕（212条1項）することができない　　40　➡端的に結論を示す
　　か問題となるも，否定される。なぜなら，本問では，犯行　➡理由づけ
　　から50分以上も経過し，犯行現場から500メートルも離れ
　　た公園で逮捕しており，犯行と逮捕の間の時間的場所的接
　　着性は認められないといえるからである。

3　もっとも，本問では乙は血のついた服を着て血のついた 45
鉄パイプを所持しているEを発見している。そこで，準現
行犯逮捕（212条2項，213条）として適法とならないか。
準現行犯逮捕の要件が問題となる。

⇨問題提起

(1)　準現行犯逮捕が令状主義（憲法33条）の例外として認
められた趣旨は現行犯逮捕の場合と同様である。上述し 50
た趣旨からすれば，準現行犯逮捕の要件は，㋐212条2
項各号該当性が認められ，かつ「罪を行い終わつてから
間がないと明らかに認められるとき」すなわち，㋑犯罪
と犯人の明白性，㋒時間的場所的接着性，を要すると解
する。 55

⇨趣旨からの理由づけ

⇨規範定立

(2)　そして，準現行犯逮捕は現行犯逮捕の場合より，犯行
と逮捕行為との時間的場所的接着性の要件を緩和する一
方で，犯罪と犯人の明白性を客観的に担保する各号該当
事由を要求した規定である。
　　そうだとすれば，㋒時間的場所的接着性は緩和して判 60
断できる一方，㋐各号該当事由については，逮捕者が直
接知覚した客観的状況から判断すべきである。
　　もっとも，㋑犯罪と犯人の明白性については，各号該
当事由の認定により，客観性が担保されているので，被
害者の供述などの逮捕者が直接知覚していない外形的事 65
情をも総合考慮し，判断すれば足りると解する。

⇨理由づけ

⇨判断基準

(3)　これを本問についてみると，乙は，頭部から血を流し
て倒れているDの状態や客の証言から鉄パイプによる殴
打行為がなされたことを認識している。そこで，Eの服
に血が付着している点は殴打行為によって浴びた返り血 70
であると考えられ，「被服に犯罪の顕著な証跡があると
き」（212条2項3号）にあたり，Eが血のついた鉄パイ
プを所持している点は「明らかに犯罪の用に供したと思
われる兇器その他の物を所持しているとき」（212条2項
2号）に該当する。したがって，㋐212条2項各号該当 75
性が認められる。
　　また，乙は血のついた服を着て血のついた鉄パイプを
持ったEを発見している。このような客観的状況は，犯
行に鉄パイプが使用されたという客の証言と，Dが流血
しているという現場状況と一致するものである。加えて， 80
血のついた鉄パイプを日常生活において所持する者はい
ないであろうことを総合考慮すれば，㋑犯罪と犯人の明
白性も認められる。
　　さらに，上記犯罪と犯人の明白性にかんがみれば事件
発生から50分経過し500メートル離れた公園であっても 85
㋒時間的場所的接着性は緩和して判断され，認められる。
(4)　したがって，準現行犯逮捕として適法である。

⇨3号該当性

⇨犯罪と犯人の明白性

⇨時間的場所的接着性

⇨結論

以上

1 小問(1)について

　本件では，Aの証言を基にBを逮捕しようとしている。
Bは「現行犯人」(212条1項)といえるか。

(1)　現行犯逮捕において令状主義の例外が認められるのは，
　犯行及び犯人性が明らかで，誤認逮捕のおそれがないた　　5
　めである。

　　よって，「現に罪を行い、又は現に罪を行い終わっ
　た」とは，犯行・犯人性が，逮捕時に，具体的状況から
　逮捕者にとって明らかである場合をいう。ただし，他人
　の供述等を補助的に用いることは認められると解すべき　10
　である。

　　⇦○文言の解釈として論じることができている

(2)　本件では，たしかに，Bの恐喝行為について他の客の
　目撃証言という客観的な事実がある。また，被害者たる
　AはBを犯人と名指している。さらに，逮捕は犯行から
　20分後，犯行現場付近で行われようとしており，時間的　15
　場所的接着性もある。したがって，犯行及び犯人性につ
　いて明白性があるようにも思われる。

　　⇦△逮捕者が逮捕時に認識していた客観的事情が何かをまず認定し，それだけでは犯罪と犯人が明白でない，という流れで論ずべき

　　しかし，目撃証言は逮捕後に判明した事情である。し
　たがって，逮捕者が逮捕時に認識していた事情ではなく，
　明白性判断の基礎とすることはできない。すると，甲が　20
　逮捕時に認識していたBの犯人性の事情はAの証言に限
　られている。また，他にBの犯人性を示す客観的事情も
　ない。

　　したがって，甲にとって，Bの犯行及び犯人性が明ら
　かであるとはいえない。　　　　　　　　　　　　　　　25

　　以上により，Bは「現に罪を行い、又は現に罪を行い
　終わった」といえない。よって，Bは「現行犯人」にあ
　たらず、現行犯逮捕を行うことはできない。

2 小問(2)について

　犯行から50分後，犯行現場から500メートル離れた場所　30
でDを逮捕しようとしている。212条2項の要件を満たすか。

　　⇦×正しくは「E」である

(1)　212条2項各号要件

　　本件では，被害者たるDが頭から血を流している。ま
　た，犯人が鉄パイプを用いてDを殴打したとの目撃情報
　がある。一方，Eは血の付いた鉄パイプを所持し，血の　35
　付いた服を着ている。よって，「明らかに犯罪の用に供
　したと思われる兇器……を所持している」(212条2項2
　号)といえる。また，「被服に犯罪の顕著な証跡があ
　る」(212条2項3号)といえる。

　　⇦△もう少し丁寧に認定してほしい

(2)　「罪を行い終わってから間がないと明らかに認められ　40
　るとき」(212条2項柱書)

　　ア　令状主義の例外が認められる趣旨は，小問(1)の通り
　　である。したがって，かかる要件は，犯行及び犯人性
　　が明白で，犯行と逮捕に時間的場所的近接性があれば

　　⇦○条文の文言を示せている

認められる。　　　　　　　　　　　　　　　　　45

イ　まず，飲食店での傷害事件の通報に対し，飲食店に
てDが頭部から血を流し倒れている。また，暴行傷害
の事実について目撃者からの供述もある。したがって，
犯行の明白性がある。

　　次に，Eは犯行から50分後に犯行現場から500メー　50
トル離れた公園で逮捕されている。Eの所在は飲食店
で得た犯行目撃者の供述内容と一致し，犯行時間・場
所から時間的場所的近接性も認められる。

　　したがって，犯行及び犯人性が明白であるといえる。
よって，かかる要件をみたす。以上から，212条２項　55
の要件をみたし，Eを逮捕することができる。

　　　　　　　　　　　　　　　　　　　　　　　以上

△もう少し丁寧に認定してほし
い

答案作成上の注意点

　本問は現行犯逮捕，準現行犯逮捕の該当性を問う問題である。設問(1)では現行犯逮捕のみを解答させる趣旨で誘導を行ったが，設問(2)では「逮捕することができるか」という問いにしている。「逮捕することができるか」という問いに対しては，考えうる手段をできるかぎり摘示することを要する。

　設問(1)においては現行犯逮捕（212条1項）の要件の検討が求められている。答案例では①犯罪と犯人の明白性の要件をみたさないという結論にしたため，逮捕の必要性という現行犯逮捕の要件は検討していない。しかし，逮捕の必要性の要件は落としがちであるので①犯罪と犯人の明白性の要件を肯定する際には書き落とさないよう注意しておきたい。

　設問(1)において注意すべきは犯罪と犯人の明白性要件の考慮要素である。BがAを脅しているところを目撃したという客の証言は事後的に得られたものであり，答案例の立場では考慮要素に含めることができない。京都地決昭和44年11月5日（百選11事件）も「現行犯人として逮捕することが許容されるためには……逮捕の現場における客観的外部的状況等から，逮捕者自身においても直接明白に覚知しうる場合であることが必要」と述べている。本件でも，被害者の証言以外，外見上からBが恐喝行為を行ったかを直接知覚しうる状況はなかったといえるため，明白性は否定されることとなる。

　設問(2)は逮捕の適法性について論じることを要する。緊急逮捕や現行犯逮捕の要件をみたさないことを前提に，準現行犯逮捕の要件充足の有無を検討する必要がある。準現行犯逮捕の要件検討においては現行犯逮捕との差異を意識して論じることが必要である。各自の採る説にあわせて筋のとおった論述が求められる。

答案構成

第1　設問(1)
　　現行犯逮捕できるか
　1　現行犯逮捕の趣旨
　　　「現に罪を行い，又は現に罪を行い終わつた」といえるには，①犯罪と犯人の明白性，②犯行と逮捕の間の時間的場所的接着性が必要
　　　犯罪と犯人の明白性については，逮捕者が直接知覚した客観的状況から合理的に判断
　2　逮捕者が直接知覚したのは，被害者の供述のみ
　　　目撃証言は事後的に発覚したもの
　　　①犯罪と犯人の明白性が認められない
　3　甲はBを現行犯逮捕することはできない
第2　設問(2)
　1　逮捕状請求は行われていないので，緊急逮捕として適法とならない
　2　現行犯逮捕としても，時間的場所的接着性が認められないことから適法とならない

　3　では準現行犯逮捕として適法か
　⑴　準現行犯逮捕が令状主義の例外として認められた趣旨
　　　　㋐212条2項各号該当性，㋑犯罪と犯人の明白性，㋒時間的場所的接着性
　⑵　準現行犯逮捕は犯行と逮捕行為との時間的・場所的接着性の要件を緩和する一方で，犯罪と犯人の明白性を客観的に担保する各号該当事由を要求
　　　時間的場所的接着性は緩和して判断
　　　一方，各号該当事由については，逮捕者が直接知覚した客観的状況から判断
　　　犯罪と犯人の明白性については外形的事情を総合考慮して判断
　⑶　212条2項2号・3号に該当
　　　客の証言や鉄パイプを持ったEが公園にいたという事情を総合考慮すれば犯罪と犯人の明白性は認められる
　⑷　準現行犯逮捕として適法
　　　　　　　　　　　　　　　　　　以上

【参考文献】
試験対策講座5章3節②【2】・【3】。判例シリーズ5事件，6事件，7事件。条文シリーズ210条，212条，213条。

第2問 B⁺ 別件逮捕・勾留, 余罪取調べなど

　　X（30歳住所不定）は不法残留者であったが, 現住建造物放火犯人として警察にマークされていた。しかし, Xを放火の事実で身体拘束するに足りる嫌疑は十分でなかった。このような状況のもと, 捜査機関は, 嫌疑の明白な不法残留の事実でXを逮捕・勾留し, 勾留期間内に上記事実とともに現住建造物放火の事実についても取調べを行った。

　　以下の問いに答えなさい。なお, 設問(1)と(2)は互いに独立したものとする。

(1)　不法残留に関する取調べは勾留3日目までに終了し, 勾留6日目以降はもっぱら放火について取調べが行われ, Xは勾留期間満了前に自白にいたった。上記身体拘束の適法性について論じなさい。

(2)　不法残留に関する取調べは勾留の末日まで継続されたが, 勾留6日目以降, 放火についての取調べが1日1時間行われ, Xが放火の事実について自白にいたった。上記捜査の適法性について論じなさい。なお, 放火の事実についての取調べにあたり捜査機関は, 黙秘権があることや取調べに応じる義務のないことを十分に伝えている。

【論　点】
1　別件逮捕・勾留か否かの判断基準
2　余罪取調べの限界（1で別件逮捕・勾留にあたらないとした場合）

答案構成用紙

第1　設問(1)について

1　本問では，Xは現住建造物放火犯人として警察にマークされていたところ，嫌疑の明白な不法残留の事実で逮捕・勾留されている。そこで，違法な別件逮捕・勾留にあたり身体拘束は違法ではないかが問題となる。　5

➡問題点の抽出

➡問題提起

2　ここで，別件逮捕とは，逮捕要件を具備していない本件について取り調べる目的で，逮捕要件を具備している別件で殊更に行われる逮捕をいう（広義）。

➡別件逮捕の定義

(1)　この点，この場合も逮捕の基礎となった別件については，逮捕・勾留要件をみたしている以上，本件についての取調べの有無・態様にかかわらず，逮捕・勾留自体は適法とする見解がある。　10

➡反対説である別件基準説の紹介

しかし，別件逮捕は，実質的にみて令状主義（憲法33条，刑事訴訟法199条等。以下「刑事訴訟法」法名省略）の趣旨を潜脱することになる。　15

➡反対説である別件基準説への批判

また，取調べを目的とする身体拘束は違法であるし（199条1項，2項，207条1項本文・60条1項，規則143条の3），本件で別途逮捕・勾留することになれば，身体拘束期間に厳格な制限を加えた刑事訴訟法の趣旨（203条から205条まで，208条）を没却することにもなる。　20

そこで，逮捕・勾留要件を具備していない本件の取調べ目的で逮捕・勾留すること自体違法と解する。

➡自説である本件基準説に基づく規範定立

もっとも，本件取調べ目的の逮捕であったか否かは，捜査機関の主観に関わるから，客観的要素から，推知せざるをえない。そこで，①本件についての捜査状況，②別件についての逮捕・勾留の必要性の程度，③別件と本件との関連性・軽重の差，④身体拘束後の取調べ状況などの要素を総合して判断すべきである。　25

➡判断基準

(2)　これを本問についてみると，①放火については嫌疑が十分でなく，Xを放火で逮捕するのは困難であり，また，②不法残留という犯罪の軽微性から別件についての逮捕・勾留の必要性の程度は高くない。　30

➡あてはめ

さらに，③放火と不法残留とでは，関連性は薄く，かつ犯罪に著しい軽重の差があり，④勾留6日目以降はもっぱら放火について取り調べているのであり，身体拘束後は放火の取調べに重点がおかれている。　35

以上の要素を総合して判断すると，不法残留の事実での逮捕・勾留は，本件たる放火の取調べ目的によるものといえる。

3　以上より，違法な別件逮捕・勾留にあたり，身体拘束は違法である。　40

➡結論

第2　設問(2)について

1　設問(1)と同様，違法な別件逮捕・勾留にあたり，身体拘束は違法であるといえないか。上述した基準にあてはめる。

➡問題提起

たしかに，①放火については嫌疑が十分でなく，Xを放
火で逮捕するのは困難であり，また，②不法残留という犯
罪の軽微性から別件についての逮捕・勾留の必要性の程度
は高くなく，③放火と不法残留とでは，関連性は薄くかつ
犯罪に著しい軽重の差がある。

45 ➡違法に傾く事情

　　しかし，④身体拘束後の取調べ状況をみると，本件放火
についての取調べは，黙秘権告知や取調べに応じる義務の
ないことを十分に伝えたうえで行っており，放火の取調べ
と不法残留の取調べを明確に区別している。また，勾留6
日目以降，放火についての取調べは1日1時間にとどまり，
勾留期間の全部にわたって，1日の大半は不法残留の被疑
事実についての取調べが行われている。

50 ➡適法に傾く事情

　　以上の要素を総合して判断すると，本件逮捕・勾留はあ
くまで不法残留の被疑事実の取調べ目的での身体拘束であ
ったといえるから，本問身体拘束は適法である。

➡結論

2　もっとも，本問では不法残留の取調べ中に余罪である放
火についての取調べを行っている。そこで，本問は，違法
な余罪取調べにあたり違法でないか。

60 ➡事実を示しながらの問題提起

(1)　そもそも，黙秘権（憲法38条1項，刑事訴訟法198条
　2項参照）を実質的に保障するためには，被疑者に取調
　受忍義務を認めることはできない。したがって，被疑者
　取調べの法的性格は，任意処分であると解し，原則とし
　てその範囲に制限はなく，余罪取調べも許されると解す
　る。

➡条文を示しての理由づけ

65 ➡原則

　　もっとも，令状主義の潜脱は許されないので，違法な
　別件逮捕・勾留による取調べとなるような余罪取調べは
　許されないと解する。

➡例外

70

　　すなわち，違法な別件逮捕・勾留として身体拘束が違
　法とされるときは，そのような違法な身体拘束下での余
　罪取調べは令状主義を潜脱し違法となると解する。

➡令状主義潜脱説

(2)　これを本問についてみると，上述したように，本問で
　は，違法な別件逮捕・勾留として身体拘束が違法とされ
　る場合にあたらない。

75 ➡あてはめ

(3)　したがって，本問余罪取調べは令状主義を潜脱したも
　のとはいえず適法である。

➡結論

3　よって，本問捜査は適法である。

80 ➡形式的に問いに答える

以上

第1　設問(1)について

1　本問では，Xは現住建造物放火犯人として警察にマークされていたところ，嫌疑の明白な不法残留の事実でXを逮捕・勾留され，勾留6日目以降はもっぱら放火について取調べが行われている。そこで，違法な別件逮捕・勾留にあたり，身体拘束は違法ではないかが問題となる。　5

→問題点の抽出

→問題提起

2　そもそも，別件逮捕とは，要件を備えていない本件の取調べ目的で，要件を備えている別件で行われる逮捕・勾留のことをいう。

→別件逮捕の定義

(1)　この点について，本件の取調べ目的で別件を被疑事実　10として逮捕することが，令状主義を潜脱するものであるとして，捜査官の主観に着目して違法性を判断すべきという見解がある。しかし，捜査官の主観的意図を令状で裁判官が見抜くことは困難であるし，また，そもそも，逮捕・勾留の要件は被疑事実について判断するものであ　15る。そのため，別件が逮捕・勾留の要件をみたしているかぎり，本件の取調べ目的を有していても，逮捕・勾留自体は適法といわざるをえない。

→反対説の紹介

→反対説への批判

もっとも，別件による逮捕・勾留期間中は，別件の適正な処分のための捜査活動または，その公判審理を主眼　20とすべきである。

そこで，別件が逮捕・勾留の要件をみたしているかぎり，身体拘束は適法であるが，本来主眼となるべき別件についての捜査活動がほとんど行われず，あるいは著しく阻害されるにいたった場合には，別件による逮捕・勾　25留としての実体を喪失したものと評価できるので，このような状態になった以後の逮捕・勾留は，令状によらない身体拘束として令状主義に違反して違法になると解する。

→自説である実体喪失説に基づく規範定立

(2)　これを本問についてみると，別件である不法残留の被　30疑事実でXを逮捕した時点において，不法残留の嫌疑は明白であったのであるから，逮捕の理由（刑事訴訟法199条1項。以下法令名略）は認められる。また，Xは住所不定であり，身体拘束を伴う取調べが必要であるから，逮捕の必要性（199条2項ただし書，規則143条の　35３）も認められる。そうすると，別件である不法残留の被疑事実での逮捕時点の身体拘束は適法である。

→別件による逮捕・勾留の要件該当性

勾留開始時においては，被告人は住所不定であり（207条1項本文・60条1項1号），不法残留者であるため，強制送還をおそれて，逃亡する可能性もあるから（207　40条1項本文・60条1項3号），勾留開始時における勾留の理由（207条1項本文・60条1項）の要件もみたす。さらに，住所不定であるため，身体拘束を伴う取調べを要することから，勾留の必要性（207条1項本文・87条

1項）の要件をみたす。そうすると，別件である不法残 45
　　留の被疑事実で勾留時点での身体拘束は適法である。

　(3)　しかしながら，本件では，不法残留に関する取調べは　　　　→実体喪失の有無
　　　勾留3日目までに終了し，勾留6日目以降はもっぱら放
　　　火について取調べが行われている。

　　　　そうすると，遅くとも勾留6日目以降は，別件につい 50
　　　ての捜査活動は行われていなかったといえ，別件による
　　　逮捕・勾留としての実体を喪失したものと評価できる。

　3　よって，本問は勾留6日目以降の身体拘束は違法である。　　　→結論
第2　設問(2)について

　1　本問においても，設問(1)と同様に，違法な別件逮捕・勾 55　→問題提起
　　留にあたるかについて，前記規範にあてはめる。

　(1)　本問でも，別件である不法残留の被疑事実で逮捕時点
　　　および勾留時点において，身体拘束は適法である。

　(2)　また，本問では，設問(1)とは異なり，不法残留に関す　　　　→設問(1)との差異
　　　る取調べは勾留の末日まで継続され，勾留6日目以降に 60
　　　行われた，放火についての取調べは1日1時間という短
　　　時間にとどまる。

　　　　そうだとすれば，本問では，勾留6日目以降も，放火
　　　についての取調べ以外の時間は不法残留についての取調
　　　べが行われていたことが推認され，不法残留についての 65
　　　取調べ時間は放火についての取調べと比較して長時間で
　　　あったといえる。

　　　　そうすると，放火についての取調べは，不法残留に関
　　　する取調べの合間の短時間に行われたものであるといえ，
　　　勾留期間の末日にいたるまで別件による逮捕・勾留とし 70
　　　ての実体を喪失した場合にはあたらない。

　(3)　したがって，本問は違法な別件逮捕にあたらず，適法　　　　→結論
　　　である。

　2　もっとも，198条1項ただし書の反対解釈から，被疑者　　　　→規範定立
　　が逮捕・勾留されている場合には，取調受忍義務が課され 75
　　るところ，余罪についての取調べは，任意取調べの範囲に
　　おいて適法であると解する。

　　　これを本問についてみると，捜査機関は，不法残留に関　　　　→あてはめ
　　する取調べの合間に，黙秘権告知や取調べに応じる義務の
　　ないことを告げたうえで短時間にとどまる取調べを行って 80
　　いる。このような取調べ状況にかんがみれば，捜査機関は，
　　放火についての取調べについて任意取調べの範囲で行って
　　いるといえる。

　　　したがって，本件余罪についての取調べは適法である。　　　　→結論

　3　よって，本問捜査は適法である。 85　→形式的に問いに答える

　　　　　　　　　　　　　　　　　　　　　　　　以上

第1　小問(1)

1　本小問では，捜査官が現住建造物等放火罪についての取調べ目的を持って不法残留の事実で身体拘束をしている。これはいわゆる別件逮捕・勾留の問題であるが，その適法性をいかに判断するか。　　　　　　　　　　　　　5

　そもそも，逮捕・勾留の要件充足の有無は被疑事実ごとに審査されるべきという事件単位原則のもとでは，たとえ捜査官に本件取調べ目的があったとしても，別件の逮捕・勾留はその要件をみたしている限り，ただちに違法とはならないはずである。　　　　　　　　　　　　　　10

　もっとも，逮捕勾留がもっぱら本件のために利用されるにいたったときは，その身体拘束は令状に示された被疑事実による身体拘束としての実体を失い，違法となると考える。

2(1)　別件たる不法残留については，Xが住居不定であり，　15
また，逃亡のおそれもあることから，逮捕の必要性（199条2項）・および逮捕の理由（同条1項）が認められる。また，逮捕状も発付されており，別件についての逮捕の要件は認められる。

(2)　また，勾留についても，同様の理由から勾留の理由・　20
勾留の必要性が認められる。

(3)　もっとも本問では，別件である不法残留の取調べは3日しか行われていない。そして，6日後からはもっぱら本件である現住建造物等放火についての取調べがなされている。このことからすれば，遅くとも6日以降は不法　25
残留についての身体拘束という実体を喪失し，違法となると考える。

3　以上より，本小問の身体拘束は，勾留6日以降は違法である。

第2　小問(2)　　　　　　　　　　　　　　　　　　30

1　本小問でも，いわゆる別件逮捕・勾留の適法性が問題となる。上述の通りに判断する。

2(1)　まず，別件たる不法残留について逮捕・勾留の要件をみたしていることは小問(1)と同様である。

(2)　しかし本小問では，不法残留についての取調べは勾留　35
期間が満了するまで継続してなされている。6日後以降は現住建造物放火についても取調べがなされているものの，それは1日1時間であり，身体拘束が専ら本件たる現住建造物放火のために利用されているとはいえない。

　よって，不法残留についての身体拘束はその実体を喪　40
失したとはいえない。

3　以上より，本小問の身体拘束は適法である。

以上

△規範の理由づけを示すべき

△「199条2項ただし書」と正確に示すべき

△しっかり条文を摘示し，どの文言にどの事実が該当するか示すべき

○必要十分なあてはめがなされている

△余罪取調べの限界についても論じてほしい

答案作成上の注意点

　本問の論点は，別件逮捕・勾留と余罪取調べという，刑事訴訟法のなかでももっともメジャーな論点のひとつであるが，議論が錯そうしている難しい論点である。本問は設問(1)が身体拘束の適法性のみを問題としているのに対し，設問(2)では捜査全般の適法性を問題としていることに注意が必要である。設問(2)では余罪取調べ自体の適法性も論じる余地がでてくることとなる。

　答案例は，伝統的通説である本件基準説の立場から論じたものと，近時有力になりつつある実体喪失説の立場から論じたものの2通りを用意した。まず，本件基準説を採用した場合，設問後段で，余罪取調べの可否を論じる際には，令状主義潜脱説の立場で論じるほうが整合的である（田口133頁）。さらに余罪取調べの可否，限界の論点を論じたとしても，事実自体は身体拘束の適法性を論じる際に検討し尽くしていることから，あてはめはコンパクトにするべきである。次に，段階的に本件捜査に移行している設問の場合には，いわゆる実体喪失説を採用することも考えられる。実体喪失説には本件基準をベースにするといわれている川出説のほか多種多様な説が存在する（古江90頁）が，答案例では，違法の有無を判定するための判断対象を，「別件による身体拘束の実体があるか」否かに求める立場を採用し，「本件による身体拘束の実体があるか」との考えによっていない。もっとも，実質的には，別件の身体拘束の実体を喪失するということは，本件による身体拘束になっていることをさす。そのため，説の対立には深く立ち入る必要はない。設問(2)については，不法残留に関する取調べ自体は勾留の末日まで継続されたものの，6日目以降，放火についての取調べが1日1時間行われた場合についての検討が求められている。実体喪失説に対する批判として，別件の取調べと本件の取調べがまだら模様のように混在している場合には，身体拘束を違法とすることができないというものがある。本問はこのような問題意識を問う問題である。

　本件基準説においても答案例のように十分論述することができる。説の対立ばかりにとらわれるのではなく，自説を固め，筋のよい論述を心掛けることが大切である。

答案構成（答案例①）

第1　設問(1)
　1　別件逮捕・勾留は適法か
　2　別件逮捕とは，要件を備えていない本件の取調べ目的で，要件を備えている別件で行われる逮捕
　(1)　別件基準説
　　　しかし，実質的にみて令状主義（憲法33条，刑事訴訟法199条等）の趣旨を潜脱。そこで，本件基準説
　(2)　本問では，①本件についての捜査状況，②別件についての逮捕・勾留の必要性の程度，③別件と本件との関連性・軽重の差，④身体拘束後の取調べ状況に照らせば，放火の取調べ目的による逮捕・勾留にあたる
　3　以上より，身体拘束は違法

第2　設問(2)
　1　前段と同様の基準により検討
　　　1日の大半は不法残留の被疑事実についての取調べが行われていることから不法残留の取調べ目的であったといえる
　　　以上より身体拘束は適法
　2　もっとも，取調べ自体が違法にならないか
　(1)　被疑者取調べの法的性格は，強制処分ではなく，任意処分
　　　原則としてその範囲に制限はなく，余罪取調べも許される
　　　もっとも，令状主義潜脱説
　(2)　令状主義の潜脱を意図して取調べがなされたとはいえない
　(3)　余罪取調べも適法
　3　よって，本問捜査は適法　　　　　　　以上

【参考文献】
試験対策講座5章3節④【4】，5節①【3】。判例シリーズ11事件。条文シリーズ198条②1(3)，207条③7(4)。

第3問 A　令状に基づく捜索・差押え⑴

> 　警察官Aら7名は，甲に対する覚醒剤自己使用被疑事件について，甲の自宅を捜索場所とする捜索差押許可状の発付を受け，甲宅に赴いた。Aらは，甲に覚醒剤自己使用の前科があったことを考慮し，あらかじめ不動産業者から入手した合鍵を使ってドアを開け，鎖錠を切断して甲宅の玄関に立ち入った。物音に気づいた甲が玄関に来たが，Aらの1人は「捜索に来たぞ。」と告げ，甲を通り過ぎて甲宅全体を見渡せる家の中心まで来てから捜索差押許可状を呈示し，Aらはこれを待ったうえで甲の立会いのもと，甲宅の捜索を始めた。このようなAらの行為は適法か。
>
> 　また，甲の妻乙が甲の寝室で休んでいたが，Aらが入ると慌てて何かを衣服の中に隠したため，Aらが乙の着衣を捜索した場合，このような行為は適法か。

【論　点】
1　住居への立入り方法の適法性
2　令状の事前呈示
3　「場所」に対する捜索令状による「身体」の捜索の可否

答案構成用紙

答案例

第1　設問前段について

1　本問でAらは，捜索差押許可状を呈示せずに合鍵を使ってドアを開け，鎖錠を切断して甲宅に立ち入っている。このような行為は，刑事訴訟法222条1項本文前段（以下「刑事訴訟法」法名省略）において準用する110条が捜索差押許可状を被処分者に示すことを要請していることに反し許されないかが問題となる。

(1)　この点，同条の趣旨は，被処分者に裁判の内容を了知させることにより，手続の明確性と公正を担保するとともに，押収に対する不服申立ての機会（430条）を与えようとする点にある。

そうだとすれば，令状は執行着手前に被処分者に呈示するのが原則である（事前呈示の原則）。

もっとも，常に来意を告げ事前に令状を呈示しなければならないとすると，被処分者が開扉せず捜査に協力しないことも十分考えられるため，捜査の実効性が阻害される。特に薬物犯罪においては，容易に証拠を隠滅されるおそれがある。

また，令状の呈示の規定は，刑事手続の明確性と公正を担保するものではあるものの，憲法の定める令状主義（憲法35条）に直接基づくものではない。

そこで，被処分者による証拠隠滅や強い抵抗が予想されるなどの場合には，令状を呈示できる状況を作出するため，①令状の執行のために不可欠であり，②執行の目的達成のために社会的に相当と認められる措置をとることは，「必要な処分」（222条1項本文前段・111条1項前段）として許されると解する。

(2)　これを本問についてみると，甲は覚醒剤所持の前科があり，覚醒剤はごく短時間での証拠隠滅がきわめて容易であるから，開扉に手間取っている間に証拠隠滅することが予想され，甲に令状を呈示できる状況を作出するのは，①令状執行のために不可欠といえる。

また，合鍵での立入りは，甲のプライバシーを害するものの，合鍵の使用は有形力を行使するものではなく，鎖錠の破壊も立入りのための必要最小限の行為であるから，このような手段は，②執行の目的達成のために社会的に相当と認められる措置をとることといえる。

(3)　よって，Aらの行為は，「必要な処分」として，適法である。

2　そうだとしても，令状の呈示前にAらの1人が甲を通り過ぎて甲宅の中央まで進んでいる。

そこで，このような行為は，令状の事前呈示の原則に反し許されないかが問題となる。

(1)　この点，捜索・差押えの現場においては，令状の呈示

右欄（注記）：

- 問題点の抽出
- 問題提起
- 趣旨
- 原則
- 反対利益（必要性）
- 薬物事犯の特殊性
- 許容性
  ⇨酒巻116頁，117頁
- 規範定立（問題提起に対応させる）
- 準用条文まで正確に
  ⇨大阪高判平成6年4月20日（判タ875号291頁）
- あてはめ（規範に対応させる）
- 三段論法の帰結
- 問題点の抽出
- 問題提起
- 理由づけ

前に被処分者が抵抗したり，証拠隠滅等が行われたりすることが多いので，令状の呈示がないかぎり，まったく捜索・差押えできないとすると，令状の執行に支障をきたすおそれがある。

そこで，令状呈示の間に証拠隠滅が行われるおそれがあるときには，令状呈示前またはこれと並行して，被処分者の存否および動静の把握等，現場保存的措置を講じることが，「必要な処分」として許されると解する。 ⇒規範定立

(2) これを本問についてみると，Aらは捜索に来た旨をいちおう告げていること，呈示までは具体的な捜索活動は開始していないこと，甲宅には，甲が存在し，その動静を把握する必要があることなどの点をも考慮すると，令状呈示の間に証拠隠滅がおそれがあるといえ，Aらの行為は，現場保存的措置というべきである。 ⇒あてはめ（規範に対応させる）

(3) よって，Aらの行為は，「必要な処分」として，適法である。 ⇒問いに答える

第2 設問後段について

1 本問では，Aらは，甲の自宅という場所に対する捜索差押許可状によって，妻乙の身体を捜索している。 ⇒問題点の抽出

そこで，場所に対する捜索差押許可状によって，第三者の身体を捜索することができるか，222条1項本文前段の準用する102条2項が捜索の対象として「身体」と「場所」を区別していることから問題となる。 ⇒論点の問題提起

(1) この点，同条の趣旨は，人格の尊厳，生活の平穏という各々の利益を保護する点にあり，その利益保護の必要性は前者のほうが大きい。 ⇒趣旨

そうだとすれば，場所に対する捜索差押令状によって第三者の身体は捜索できないのが原則である。 ⇒原則

もっとも，第三者が捜索・差押えの目的物を隠匿した場合やそれが合理的に疑われる場合，いっさい捜索できないのでは捜索・差押えの実効性を確保しえない。 ⇒反対利益

そこで，⑦捜索場所に現在する人が捜索の目的物を所持していると疑うに足りる十分な理由があり，④ただちにその物を確保する必要性・緊急性がある場合には，「必要な処分」として，第三者の身体を捜索できると解する。 ⇒規範（論点の問題提起に対応させる）⇒東京地判昭和63年11月25日（判時1311号157頁）参照

(2) これを本問についてみると，乙はAらが入ると慌てて何かを衣服の中に隠していることから，⑦覚醒剤を所持していると疑うに足りる十分な理由がある。 ⇒あてはめ（規範に対応させる）

また，捜索の目的物である覚醒剤は証拠隠滅工作が容易であり，④ただちにそれを確保する必要性・緊急性はあるといえる。

2 よって，Aらの行為は，「必要な処分」として，適法である。 ⇒問いに答える

以上

1　本問前文前段について

　(1)　Aらは捜索差押令状に基づき，合鍵を使ってドアを開け，鎖錠を切断して甲宅の玄関に立ち入っているが，かかる行為は適法であろうか。

　(2)　思うに捜索・差押につき捜査の実効性確保の要請から，222条1項・111条1項は令状の執行について「錠をはずし，……その他必要な処分」をすることを認めている。

　　　もっとも捜査機関による人権侵害の危険性があることから，捜査機関の処分は必要性・緊急性，相当性があることを必要とすると解する。

　(3)　本問に於て，本件は覚醒剤自己使用罪であり，粉末の覚醒剤はトイレに流す等により容易かつ短時間に証拠隠滅を図りうることから甲に気付かれず住居に立ち入る必要性・緊急性はあるといえる。

　　　またドアを破壊したのならともかく，合鍵を用いて鎖錠を切断する程度なら今だ相当性を肯定しうる。

　(4)　よって合鍵を使ってドアを開けたのは「錠をはずし」に，鎖錠の切断は「必要な処分」（222条1項・111条1項）として許されるといえ，Aの行為は適法であるといえる。

2　本問前文後段について

　(1)　Aらは玄関ではなく甲宅の中心まで来てから捜索差押令状を甲に呈示しているが，かかる行為は適法か。

　　　222条1項・110条は令状を処分を受ける者に「示さなければならない。」としているが，Aらの行為はかかる事前呈示の原則に反しないか問題となる。

　(2)　思うに222条1項・110条で令状の呈示を要求したのは捜査機関に対し捜査権限の範囲を限定すると共に処分を受ける者に受忍限度を明示することで住居の平穏・プライバシーの侵害を防止することにある。

　　　そこで捜査の必要性と住居の平穏・プライバシー保護の調和の観点から両者を比較衡量して個別具体的に適法性を判断すべきであると解する。

　(3)　本問について，住居の平穏・プライバシーの保護の点からすればドアの前で令状を呈示することが望ましい。

　　　もっとも証拠隠滅を防止する要請も無視することはできない。

　　　そして家の中心まで来たものの捜索開始前であることから今だプライバシー・住居の平穏への侵害は受忍限度内であるともいえる。

　(4)　よってAらの令状呈示は222条1項・110条より適法であると解する。

3　本問後文について

　(1)　Aらは乙の着衣を捜索しているが，かかる捜索は適法

5

10

15

20

25

30

35

40

← △問題提起が抽象的である。何条の問題なのか明らかにしてほしい

← △趣旨から論証しないと説得力がない

← △正確には「222条1項本文前段」

← ○自分なりの規範を示している

← ○規範に対応させて丁寧にあてはめをしている

← ○問いに答えている

← ○的確な問題提起である

← ○趣旨から論証している

← ○自分なりに規範を示している

← △覚醒剤事犯であることに着目した証拠隠滅のおそれを指摘できるとなおよい

← ○問いに答えている

← △結論部分で「解する」必要はない。「適法である」と断定するべき

であろうか。

「甲の自宅」という場所に対する捜索差押令状で人の身体を捜索することは許されるのだろうか。

(2) この点218条1項・219条1項は捜索する対象につき「場所」と人の「身体」とを明確に区別していること，さらに身体に対する捜索によって侵害される利益は場所に対する利益と比べて非常に大きいことから，かかる捜索は原則として許されないというべきである。

(3) もっとも目的物を自己の身体に隠したという場合にも一切捜査が許されないとするのでは捜査の実効性を確保できず妥当でない。

そこで捜査の必要性と人権保護の調和の観点から，目的物を所持していると認められる合理的理由が存在し，かつただちに捜索すべき緊急性がある場合には例外として222条1項・111条1項の「必要な処分」として許容されると解すべきである。

(4) 本問について，夫甲のことを良く知っていると思われる「妻」乙が，Aら警察官を見て「あわてて」衣服の中に隠していることから目的物たる覚醒剤を所持していると認められる合理的理由があるといえる。

また覚醒剤は前述のとおり破棄・証拠隠滅が容易であることからただちに捜索する緊急性も認められる。

(5) 以上よりAの行為は222条1項・111条1項の「必要な処分」として許され，適法であると解する。

以上

45

50

55

60

65

⇐○的確な問題提起である

⇐○条文の文言に絡ませている点がよい

⇐○反対利益OK

⇐○自分なりに規範を示している

⇐○規範に対応させて丁寧にあてはめをしている

⇐△この部分も「解する」必要はない。「適法である」と断定するべき

答案作成上の注意点

　問題文を分析するにあたり，Aらが令状を呈示するまでの行為を1つにまとめるか，立ち入る際の行為と令状呈示までの行為との2つに分けるかを決めることになる。後者のほうが緻密な分析ができると思われる。

　次に，どの行為がどの条文との関係で問題になるのか，適法性を考える際の法律構成をどうするかを考えることになる。「必要な処分」にあたるかを判断するに際しては，規範を定立し三段論法を守って論じるべきである。なお，110条は文言上事前の呈示を求めていないことにも注意する必要がある。

　あてはめについては，問題文の事情をなるべく多く使うことを心掛けるとよい。拾った事情を適切に評価していくことによって，周りの受験生と大きく差をつけることができる。判例の考慮要素をおさえて，それを念頭におきながらあてはめるようにしたい。

答案構成

第1　設問前段
1　合鍵を使い鎖錠を切断した行為は，222条1項本文前段，110条に反し許されないか
　(1)　同条の趣旨は，被処分者に裁判内容を了知させ，手続の明確性・公正を担保し，不服申立ての機会を付与
　　　とすれば，事前呈示が原則
　　　もっとも，常に事前呈示とすると協力してくれない場合，不都合
　　　特に，薬物犯罪では，容易に証拠隠滅工作にでるおそれ
　　　そこで，①令状執行のため不可欠で，②執行目的達成のため社会的に相当な措置をとることは，「必要な処分」（222条1項本文前段，111条1項前段）として許される
　(2)　本問では，覚醒剤は証拠隠滅がきわめて容易ゆえ，スムーズに甲宅に立ち入ることは令状執行のため不可欠（①）
　　　また，合鍵の使用・鎖錠の破壊も，執行目的達成のため社会的に相当（②）
　(3)　よって，Aらの行為は適法
2　としても，甲宅の中央まで進んだ行為は，事前呈示の原則に反しないか
　(1)　この点，被処分者の抵抗・証拠隠滅工作のおそれ
　　　そこで，証拠隠滅工作のおそれがあれ

ば，準備行為・現場保存的行為も「必要な処分」として行いうる
　(2)　本問では，甲に前科あり，証拠隠滅工作のおそれあり
　　　他方，Aらは捜索に来た旨を告げ，呈示までは捜索に着手せず
　(3)　よって，Aらの行為は適法
第2　設問後段
1　甲の自宅に対する捜索差押令状で，妻乙の身体を捜索できるか
　(1)　法は「人の身体」と「場所」を区別（222条1項本文前段・102条2項）
　　　また，身体捜索は侵害利益が大きい
　　　とすれば，場所に対する令状の効力は，身体には及ばないのが原則
　　　もっとも，捜索の実効性確保の必要
　　　そこで，㋐捜索の目的物を所持していると疑うに足りる十分な理由があり，㋑必要性・緊急性があれば「必要な処分」として身体を捜索できる
　(2)　本問では，何かを衣服の中に隠しているから，㋐覚醒剤を所持していると疑うに足りる十分な理由がある
　　　また，覚醒剤は証拠隠滅工作が容易であり，㋑必要性・緊急性もある
2　よって，Aらの行為は適法

以上

【参考文献】
試験対策講座5章4節1【1】。判例シリーズ13事件，14事件。条文シリーズ110条2 2(1)・(2)，111条2 2(1)，219条2 2。

第4問 B⁺ 令状に基づく捜索・差押え(2)

　捜査官甲らは，被疑者Aらに対し，その使用する自動車につき使用の本拠地について虚偽の申請をし，自動車登録ファイルに不実の記録をさせ，これを備え付けさせたという電磁的公正証書原本不実記録，同供用の嫌疑を抱いた。そこで，差し押さえるべき物を「組織的犯行であることを明らかにするための磁気記録テープ，フロッピーディスク，パソコン一式，その他本件に関係のある一切の書類等」とする捜索差押許可状の発付を得て，Aらのマンションに赴いたが，玄関扉が施錠されていた。甲は，Aらがコンピュータを起動させる際そこに記録されている情報を瞬時に消去するソフトを開発したとの情報を得ていたので，チャイムを鳴らし屋内に向かって「宅急便です。」と声をかけ，Aが宅急便と誤信して玄関扉の錠を外して開けたところを「警察だ。令状が出ている。」と言いながら捜索差押許可状を示すと同時に部屋に入り，部屋の中にあったパソコン，フロッピーディスク等を内容を確認することなく包括的に差し押さえた。

　本問において刑事訴訟法上問題となりうる点をあげて論ぜよ。

【論　点】

1　「差し押さえるべき物」（219条1項）の特定の程度
2　住居への立入り方法の適法性
3　フロッピーディスク等の包括的差押え

答案構成用紙

第1　本件許可状には，差押対象物につき「その他本件に関係のある一切の書類」という概括的な記載がなされている。

　そこで，このような概括的記載であっても，憲法35条1項を受けて規定された刑事訴訟法219条1項（以下「刑事訴訟法」法名省略）にいう「差し押さえるべき物」の要件をみたすか，令状の特定の程度が問題となる。　　5

　　1　この点，219条1項の趣旨は，捜査機関に対し権限の範囲を明確にするとともに，被処分者に対して受忍すべき強制処分の範囲を明示することによって，一般的・探索的捜索押収を防止する点にある。　　10

　　　そうだとすれば，差押対象物は，名称，材質，製品番号等で個別的・具体的に特定されていることが望ましい。

　　　もっとも，捜索・差押えは，犯罪捜査の初期に行われることが多く，この段階で詳細な明示を要求することは，実際上不可能を強いることになり，かえって被疑者・参考人　　15の取調べ中心の捜査を助長することにもなる。

　　　そこで，類型的表示に付加して概括的に表示する方法であれば，明示に欠けるところはなく，「差し押さえるべき物」の要件をみたすと解する。

　　2　本問では，単なる概括的な記載ではなく，「磁気記録テ　　20ープ，フロッピーディスク，パソコン一式」といった類型的表示に付加して「その他本件に関係のある」という概括的な表示をする方法であるから，明示に欠けるところはなく，「差し押さえるべき物」の要件をみたす。

　　　したがって，本件許可状の記載は，憲法35条1項および　　25219条1項に反せず，適法である。

第2　次に，甲らは，被疑者A宅内に立ち入る際に宅急便の配達人を装い，Aに玄関扉を開けさせている。

　そこで，この詐称による立入り行為は，222条1項本文前段において準用する110条に反し許されないかが問題となる。　　30

　　1　この点，同条の趣旨は，被処分者に裁判の内容を了知させることにより，手続の明確性と公正を担保するとともに，押収に対する不服申立ての機会（430条）を与えようとする点にある。

　　　そうだとすれば，令状の呈示は，執行着手前に被処分者　　35に呈示するのが原則である（事前呈示の原則）。

　　2　もっとも，証拠隠滅の容易な犯罪で，相手方が捜索に拒否的態度をとるおそれのある場合には，正直に来意を告げれば，開扉までに証拠を隠滅される危険性が高い。

　　　また，令状の呈示を要求する110条は，刑事手続の明確　　40性と公正を担保するものではあるものの，憲法の定める令状主義（憲法35条）に直接基づくものではない。

　　　そこで，被処分者による証拠隠滅や強い抵抗が予想されるなどの場合には，①令状の執行のために不可欠であり，

➡問題点の抽出

➡問題提起，憲法上の権利から

➡趣旨

➡趣旨からの帰結

➡反対利益

➡規範（問題提起に対応させる）
⇨最大決昭和33年7月29日（判例シリーズ12事件）

➡あてはめ（規範に対応させる），結論

➡形式的に問いに答える

➡問題点の抽出

➡問題提起

➡趣旨

➡原則

➡反対利益（必要性）

➡反対利益（許容性）。憲法と絡める
⇨酒巻116頁，117頁

➡規範（論点の問題提起に対応させる）

②執行の目的達成のために社会的に相当と認められる措置 45
　をとることは、「必要な処分」（222条1項本文前段・111条
　1項前段）として許されると解する。

⇨大阪高判平成6年4月20日
（判タ875号291頁）

　3　本問では、警察が来たと知られれば記録されている情報
　を消去されるおそれがあり、警察の身分を詐称する行為は
　①令状執行のために不可欠といえる。 50

　　また、甲らの行為は、有形力を行使したものでも財産的
　損害を与えるものでもなく、むしろ平和的に行われた至極
　穏当なものであって、②執行の目的達成のために社会的に
　相当と認められる措置といえる。

　　よって、甲らの行為は、「必要な処分」として適法であ 55
　る。

第3　そうだとしても、甲らはフロッピーディスク等を内容を
　確認することなく包括的に差し押さえている。

　　そこで、このような包括的な差押えは、一般的・探索的捜
　索押収を禁止した憲法35条1項、218条、219条に反し許され 60
　ないかが問題となる。

　1　この点、憲法35条1項等の趣旨は、被疑事実に関連しな
　　い一般的・探索的捜索押収を禁止し、被処分者のプライバ
　　シー・財産権等の人権を確保しようとする点にある。

　　　そうだとするなら、捜索・差押え対象物と被疑事実との 65
　　関連性の有無を確認せずに包括的に差押えをすることは、
　　原則として許されないと考える。

　　　もっとも、フロッピーディスク等の場合には、文書の場
　　合と異なり、直接的な可視性・可読性がなく内容確認が困
　　難なうえ、キーボード操作で瞬間的に消去等ができ罪証隠 70
　　滅が容易であるという特性を考慮する必要がある。

　　　そこで、⑦フロッピーディスク等のなかに被疑事実に関
　　する情報が記録されている蓋然性が認められること、およ
　　び④そのような情報が実際に記載されているかをその場で
　　確認していたのでは情報を破壊される危険があるなどの事 75
　　情のもとでは、内容を確認することなく差し押さえること
　　も許されると解する。

　2　本問では、Aらが情報を瞬時に消去するソフトを開発し
　　たとの情報があり、④その場で確認していたのでは記録さ
　　れた情報を消去される危険が大きい。 80

　　　そこで、⑦フロッピーディスクのラベルや所在場所等に
　　より被疑事実に関する情報が記録されている蓋然性が認め
　　られていれば、内容を確認することなく差し押さえること
　　も、憲法35条1項等に反しない。

第4　以上より、⑦フロッピーディスク等により被疑事実に関 85
　する情報が記録されている蓋然性が認められれば、甲らの捜
　査は適法である。

　　　　　　　　　　　　　　　　　　　　　　　以上

⇨あてはめ（規範に対応させる）

⇨他の手段と比較することで相当性をアピール

⇨三段論法の帰結

⇨問題点の抽出

⇨問題提起、憲法上の権利から

⇨趣旨

⇨原則

⇨反対利益

⇨規範（問題提起に対応させる）

⇨最決平成10年5月1日（判例シリーズ16事件）

⇨あてはめ（規範に対応させる）

⇨三段論法の帰結

⇨形式的に問いに答える

1(1)　本問ではまず，甲らが呈示した捜索差押許可状における差押物の対象について，具体的例示の後に「その他本件に関係のある一切の書類等」という概括的な記載がなされているが，かかる記載が捜索差押令状の「差し押さえるべき物」（219条）の特定として十分であり適法なものかが問題となる。

←○的確な問題提起がなされている。文言解釈の姿勢もよい

←△正確には「219条1項」

(2)　思うに，刑訴法219条が憲法35条（「押収する物を明示する」）の規定を受けて目的物の特定を要求している趣旨は，裁判官が捜査機関に許可した捜索・差押えをする権限の範囲を明確にするとともに，被処分者に強制処分を受忍する範囲を明示することによって，一般的探索的・恣意的な捜索差押えを禁じ被処分者の私生活平穏・プライバシーの保護を図ることである。

←○趣旨から論証している
←△正確には「憲法35条1項」

とすると，同条の目的物の特定としては，捜査機関・被処分者が令状の記載を対照すれば目的物を誤りなく識別できる程度に明確かつ具体的に表示されていなければならないのが原則である。

←○趣旨から原則がしっかり導かれている

(3)　しかし，捜索・差押えは捜査の初期になされることが通常であり，あまりに個別具体的な記載を要求すると，捜査機関側に不可能を強い，ひいては取調べ中心の捜査を招き，自白強要の危険すらある。そこで，捜査の必要性と人権保障（1条参照）の調和の見地から，「差し押さえるべき物」（219条）の特定としては，①具体的例示に付加してなされ，②本件の内容が明確である等によって，令状に記載すれば誤りなく識別することが可能であれば，ある程度包括的・概括的な記載も許されると解する。

←○反対利益OK

←○通説的見解からの正確な規範定立である

(4)　本問では，「組織的犯行～パソコン一式」という①具体的例示に付加してなされているので，あとは②電磁的公正証書原本不実記録・供用罪という罪名の記載がある等本件の内容が明確であれば，目的物の特定として十分であり，当該令状は適法であると解する。

←○規範に対応させて丁寧にあてはめをしている

←△ここで「解する」必要はない

2(1)　次に，甲は「宅急便です。」との詐言を用いAを欺いて捜索場所へ侵入しているが，かかる立ち入り行為は適法かが問題となる。

←△的確な問題提起がなされているが，何条の問題であるかを示すべき

(2)　確かに，捜索・差押え（218条）は強制処分であり，被処分者の重要な人権を侵害する行為であるので，適法に令状を呈示し，捜索・差押えである旨を伝え被処分者による開扉等を待ってから侵入する方が適切であると言える。

←△令状の事前呈示の原則を示したうえで，同原則の趣旨から論証してほしい

しかし，捜索差押えの際，被処分者が侵入を拒んだり又は捜査官を待たせている間に証拠をいん滅することは十分に考えられるので，詐言を含めたある程度の強引な侵入が必要な場合もありうると考えられる。

そこで，捜索・差押えの実効性と人権保障の調和の観点から①被処分者の抵抗・証拠いん滅等を防止する必要性・緊急性があり，②社会通念上相当な方法であれば詐言・実力行使等による侵入も「必要な処分」（222条・111条）として許されると解する。

(3) 本問では，Aらがコンピュータに記録されている情報を瞬時に消去するソフトを開発したとの情報を甲は得ていたので，①証拠いん滅防止の必要性・緊急性は満たされ，②しかも無理やり扉を壊すといった有形力を行使する方法をとらずに詐言を使ってではあるがAが自ら扉を開けたところ，部屋に入るのと同時ではあるが令状を呈示して入っているので相当な行為といえ，甲の侵入行為は適法であると解する。

3(1) 最後に，甲らは部屋の中にあったパソコン・フロッピーディスク等を内容を確認することなく包括的に差し押さえているが，かかる行為は219条が目的物の特定を要求した趣旨に反し違法ではないかが問題となる。

(2) この点，同条が目的物の特定を要求した趣旨は，前述のように一般的探索的な差し押え・捜索を許す一般令状を禁止することにあることからすれば，同条で差し押えることのできる目的物は，①被疑事実と関連性があり，②被疑事実の捜査のため必要なものと確認されたものに限られるのが原則であるとすると，関連性を確認しないで包括的に差し押えをすることは許されないのが原則であると解する。

(3) しかし，本問のようなパソコン・フロッピーディスク等は，外見から関連性を判断することは無理であり，記録されている情報をその場で一々確認することも証拠保存のためにも困難な場合もある。しかも，このような情報物は処理・加工が容易であって，罪証いん滅のおそれが極めて高い。
　　そこで，①差し押さえる物に対象となっている情報が入っている疑いが高く，②選別が容易でなく，③罪証いん滅のおそれがある場合には，内容を確認することなく包括的な差し押えも許されるものと解する。

(4) 本問では，①容疑となっている犯罪の性質上①パソコン等に関連情報が含まれている疑いは高く，③前述のように罪証いん滅のおそれもあるので，②差押えの対象であるフロッピーディスクが大量にあったり，システムが複雑になってるため情報の引出しも容易でない等の事情があれば，甲らの内容を確認することのない包括的な差押えも適法であると解する。

以上

45

50

55

60

65

70

75

80

85

◁○規範OK

◁△「222条１項本文前段・111条１項前段」と項まで正確に示す

◁○規範に対応させて丁寧なあてはめがなされている

◁△憲法35条１項，刑事訴訟法218条もあげること

◁○趣旨から論証されている

◁△一文が長い。「……ことにある。」「そうだとすれば……」と２文に分けるとよい

◁○原則がしっかり示されている

◁○自分なりに規範を定立している

◁○規範に対応した丁寧なあてはめがなされている

◁△「なっている」と書きたい

◁△ここで「解する」必要はない（解するとは，解釈するとの意味で使うべき）

　本問ではまず，令状における記載の特定性が問題になる。捜索差押許可状における差し押さえるべき物の表示の特定性については，判例（最大決昭和33年7月29日〔百選A5事件〕）があるため，この判例を意識した規範を定立し，端的にあてはめればよい。

　次に，令状に基づく住居への立入り方法の適法性が問題になる。甲がAを欺いて玄関扉を開けさせ捜索現場に立ち入っていることが問題となることを指摘し，問題文の具体的事情をしっかりと使って適法性を検討することが求められる。このような立入り方法を適法とする理論構成としては，222条1項本文前段・111条1項前段にいう「必要な処分」にあたるとする構成が考えられる。

　最後に，フロッピーディスクについて被疑事実との関連性を確認せずに差し押さえた点が問題となる。この点についての論理的な説明は非常に難しい。そのため，答案政策上は，不用意に議論に立ち入ることをせず，ひとまずは判例の示した基準を使えるようになれば十分であろう。

答案構成

第1　本件許可状の概括的記載でも憲法35条1項，刑事訴訟法219条1項にいう「差し押さえるべき物」の要件をみたすか
　1　この点，同条の趣旨は，権限の範囲を明確にするとともに，被処分者の受忍すべき範囲を明示することにより，一般的・探索的捜索押収を防止
　　　とすれば，差押対象物の個別的・具体的な特定が望ましい
　　　もっとも，詳細な明示を要求すると，かえって取調べ中心の捜査を助長
　　　そこで，類型的表示に付加されていれば，「差し押さえるべき物」の要件をみたす
　2　本問では，「磁気記録テープ……等」といった類型的表示に付加
　　　したがって，憲法35条1項および刑事訴訟法219条1項に反せず，適法
第2　としても，本問立入り行為は，222条1項本文前段・110条に反しないか
　1　この点，同条の趣旨は，手続の明確性と公正を担保するとともに，不服申立ての機会（430条）を与えることにある
　　　とすれば，事前呈示が原則
　2　もっとも，証拠隠滅の危険
　　　また，110条は憲法に基づかない
　　　そこで，①令状執行のために不可欠で，②執行目的達成のため社会的に相当なら，「必要な処分」（222条1項本文前段・111条1項前段）として許される
　3　本問では，警察と知られれば情報を消去されるおそれがあり，警察の身分を詐称する行為は①令状執行のために不可欠
　　　また，平和的に行われており，②執行目的達成のため社会的に相当
　　　よって，「必要な処分」として適法
第3　としても，フロッピーディスク等の内容を確認しない包括的な差押えは，憲法35条1項，刑事訴訟法218条，219条に反しないか
　1　この点，これらの規定の趣旨は，一般的・探索的捜索押収を禁止し，被処分者のプライバシー等の人権確保
　　　とすれば，関連性を確認せずに，包括的に差押えをすることは，原則として違法
　　　もっとも，フロッピーディスク等は，可視性・可読性なく内容確認が困難，瞬間的に消去でき罪証隠滅が容易という特性
　　　そこで，⑦情報が含まれる蓋然性，⑦情報破壊の危険があれば，包括的差押えも許される
　2　本問では，⑦その場で確認していては情報を消去される危険
　　　そこで，⑦情報が含まれる蓋然性があれば，包括的差押えも憲法35条1項等に反せず
第4　以上より，⑦情報が含まれる蓋然性があれば，甲らの捜査は適法　　　　　　以上

【参考文献】
試験対策講座5章4節①【1】。判例シリーズ12事件，14事件，16事件。条文シリーズ111条②2(1)，219条②1(3)・(4)，②2。

第5問 A　逮捕に伴う捜索・差押え

　警察官甲は，被疑者Xについて，Aをバットで殴打し左肩を骨折させた旨の傷害の被疑事実により逮捕状の発付を得て，X宅に赴いた。次の各小問における，甲の行為の適法性について論ぜよ。

(1)　Xは不在であり，同居しているXの娘Bの話によると，間もなくXは帰宅するとのことであった。そこで，甲は，Bに逮捕状を示したうえ，X宅内を捜索し，Xの居室でバットを発見し，差し押さえた。

(2)　甲は，Xの居室内で逮捕状を示しXを逮捕した後，その場でタンスの引出し内部を捜索したところ，覚醒剤が入った小袋を発見し，差し押さえた。

【論　点】

1　逮捕に伴う捜索・差押えが認められる趣旨
2　逮捕に伴う捜索・差押えの時間的範囲
3　逮捕に伴う差押えの対象物の範囲（物的限界）

答案構成用紙

第1　小問(1)について

1　甲は，X宅を捜索場所とする捜索差押令状の発付を得る　　　　　　→問題文の分析
ことなく，X宅を捜索し，バットを差し押さえている。

　捜索・差押えを実施するには，令状主義の原則（憲法35　　　　　　→原則
条，刑事訴訟法218条1項等。以下「刑事訴訟法」法名省　5　　　　　　憲法の条文もあげること
略）により，事前に裁判官が発付する各別の令状が必要で
ある。

　その趣旨は，捜索・差押えによって，被処分者の財産権
やプライバシー権が不当に制約されないように，司法的抑
制を及ぼす点にある。　　　　　　　　　　　　　　　　10

　したがって，本件の捜索・差押えは原則として違法であ
る。

2(1)　もっとも，甲は，Xに対する逮捕状をXの娘Bに呈示　　　　　　→問題文の分析
してから捜索に着手していることから，本件捜索・差押
えは，逮捕に伴うもの（220条1項2号，3項）として　15
なされたものと認められる。

　ただし，その適法性については，甲が捜索に着手した　　　　　　→事案の問題提起
時点において，Xの逮捕はなされていなかったことから，
220条1項柱書にいう「逮捕する場合」にあたるか，「逮
捕する場合」の意義が問題となる。　　　　　　　　　20　　　　　　→論点の問題提起

(2)　この点について，判例は，被疑者不在のまま，逮捕に　　　　　　⇒最大判昭和36年6月7日（判
伴う捜索・差押えがなされ，その後間もなく被疑者が帰　　　　　　例シリーズ18事件）
宅し逮捕がなされたという事案について，帰宅次第逮捕
する態勢のもとに捜索・差押えがなされ，これと時間的
に接着して逮捕がなされるかぎり，「逮捕する場合」に　25
あたるとする。

　しかし，このように解すると，見込み捜査を誘発する　　　　　　→批判
おそれがあり，また偶然被疑者を逮捕できたか否かとい
う事後的な事情によって，捜索の適否が左右されるとす
ることになり妥当でない。　　　　　　　　　　　　30

　この点，強制処分について司法審査を要求することで
人権保障を全うしようとした令状主義の趣旨は厳格に貫
かれるべきである。

　そこで，220条の無令状の捜索・差押えは，逮捕者の　　　　　　→緊急処分説
安全を確保し，被疑者の逃亡を防止することに加え，証　35
拠隠滅を防止するに必要な範囲でのみ許されると解する。

　そうだとすれば，「逮捕する場合」は限定的に解され　　　　　　→規範（論点の問題提起に対応
るべきであり，逮捕に成功する必要はないが，逮捕に着　　　　　　させる）
手した状況があれば足りると解する。

(3)　本問では，捜索・差押えの際，Xは不在であり，逮捕　40　　　　　→あてはめ（規範に対応させる）
に着手したという状況にあったとは認められない。

　よって，本問捜索・差押えは「逮捕する場合」にあた
らず，逮捕に伴う捜索・差押えとして適法になることは
ない。

3　したがって，甲がした捜索・差押えは違法である。 45　　→形式的に問いに答える

第2　小問(2)について

　1　甲が令状を得ずになした本問捜索・差押えは，原則とし　　　→原則
　　て，令状主義違反を理由に違法となる。

　2(1)　もっとも，甲は，傷害罪での逮捕に伴い捜索を行った　　　→事案の問題提起
　　　ものと認められるので，逮捕に伴う捜索（220条1項2 50
　　　号）の要件にあたるかを検討する。

　　(2)　まず，甲はXの逮捕後にその場で，捜索・差押えを行　　　→あてはめ
　　　っている。これは，Xを逮捕した直後であって，逮捕に
　　　着手した状況にあったといえるから，「逮捕する場合」
　　　にあたる。 55

　　(3)　次に，甲はタンス内から覚醒剤の小袋を発見している。

　　　　　前述したように，220条の無令状の捜索・差押えは，
　　　逮捕者の安全を確保し，被疑者の逃亡を防止することに
　　　加え，証拠隠滅を防止するに必要な範囲でのみ許される
　　　とする立場からは，「逮捕の現場」とは被疑者の身体お 60　　→規範
　　　よびその直接支配下に限定すべきである。

　　　　　本問のタンスは，甲がXを逮捕したXの居室内にある　　　→あてはめ
　　　ことから，Xの直接支配下にあったと評価できる。
　　　　　したがって，「逮捕の現場」にあたる。

　　(4)　よって，甲がした捜索は，適法である。 65　　→形式的に問いに答える

　3(1)　覚醒剤の小袋の差押えについては，覚醒剤は逮捕の被　　　→事案の問題提起
　　　疑事実である傷害と関連しないことから，傷害罪での逮
　　　捕に伴い差し押さえることのできる物（222条1項本文
　　　前段・99条1項）にあたるか，差押対象物の限界が問題　　　→論点の問題提起
　　　となる。 70

　　　　　前述した立場からは，差押対象物は，逮捕者の安全確　　　→規範
　　　保のための武器，逃走用具，逮捕事件の証拠に限定すべ
　　　きである。

　　　　　本問の覚醒剤の小袋は，このいずれにもあたらない。　　　→あてはめ
　　　したがって，傷害罪での逮捕に伴い差し押さえることの 75
　　　できる物にあたらない。

　　(2)　もっとも，Xは，覚醒剤取締法違反（所持）の現行犯　　　→問題文の分析
　　　人（212条1項）にあたる。Xは現場に存在しており，
　　　甲が差押え前に逮捕に着手していれば，「逮捕する場
　　　合」にあたる。また，「逮捕の現場」，差押対象物にもあ 80
　　　たる。
　　　　　したがって，覚醒剤取締法違反を被疑事実とする逮捕
　　　に伴う差押えの要件をみたす。

　　(3)　よって，甲が差押え前に覚醒剤取締法違反を被疑事実　　　→形式的に問いに答える
　　　とする逮捕に着手していれば，甲がした差押えは適法で 85
　　　ある。

　　　　　　　　　　　　　　　　　　　　　　　　　　　　以上

第1　設問1

1　本問で甲は，捜索差押許可状（218条1項）なく，X宅内を捜索し，バットを差し押さえているため，原則として令状主義に反し違法となる。

△原則を確認できているが，憲法35条の指摘があるとなおよい

　しかし，Xには傷害を被疑事実とする逮捕状が発布されており，逮捕に伴う捜索差押え（220条1項2号，同条3項）とされれば適法となる。そこで，その要件をみたすかが問題となる。 5

2　「逮捕する場合」（220条1項柱書）

(1)　無令状の捜索差押が例外的に許容されるのは，逮捕する場合には被疑事実に関する証拠存在の蓋然性が高いこと，被疑者又は第三者による証拠隠滅のおそれがあり令状取得の時間的余裕がないことを理由とする。 10

　そこで，「逮捕する場合」とは，逮捕を実行する現実的可能性が認められる場合である必要があり，少なくとも捜索開始時点で被逮捕者がいる必要があると解する。 15

△判例と異なる解釈をとる場合であっても，判例をふまえたうえで解釈を示してほしい

(2)　本問では，Xは不在だったのだから，「逮捕する場合」にあたらない。

3　よって，無令状での捜索差押えとみることはできず，令状主義に反し違法である。 20

第2　設問2

1　本問でも捜索差押許可状（218条1項）なくX宅タンスの引き出し内部を捜索し，覚醒剤の入った小袋を差し押さえているため，原則として令状主義に反するが，逮捕に伴う捜索差押え（220条1項2号，同条3項）となれば適法となる。そこで，その要件をみたすかが問題となる。 25

2　甲は，逮捕状を示してXを逮捕しており，「逮捕する場合」（220条1項柱書）にあたることは明らかである。

3　「逮捕の現場」（220条1項2号）

(1)　上記の無令状で捜索差押えが許容される趣旨から，「逮捕の現場」とは，被疑事実に関連する証拠が存在する蓋然性が高く，被疑者ないし第三者による証拠隠滅のおそれがある範囲をいうと解する。 30

○趣旨から要件を解釈している

(2)　本問では，Xの被疑事実はバットを凶器とする傷害であるところ，同バットがX方に存在する蓋然性が高く，タンス内にしまわれている蓋然性も高い。そして，Xによる証拠隠滅のおそれがある範囲といえる。 35

△なぜ証拠隠滅のおそれがあるのか具体的に指摘できるとよりよい

　したがって，「逮捕の現場」にあたる。

4　よって，X方タンスの捜索は適法である。

5　差押えについては，被疑事実との関連性を要するため，覚醒剤が本件被疑事実と関連する証拠にあたる必要がある。 40

(1)　被疑事実との関連性は，被疑者を犯人と認定するための証拠足りうるかを判断するものから，犯行の動機や背景事情を示す証拠についても認められると解する。

(2)　本問では，被疑事実は傷害であるところ，覚醒剤は被 45
　疑事実と関連性がない。
　　よって，傷害罪での逮捕に伴う差押えにはあたらない。
(3)　もっとも，Xは覚醒剤を所持しており，甲は覚醒剤所
　持の被疑事実でXを現行犯逮捕（212条1項）しえた。
　　したがって，「逮捕する場合」にあたり，かつ，覚醒 50
　剤は容易に証拠隠滅されうるものであって甲方は「逮捕
　の現場」にあたるため，被疑事実との関連性も認められ
　るため，覚醒剤所持による現行犯逮捕に伴う差押えとし
　て適法（220条1項2号，同条3項）である。
　　　　　　　　　　　　　　　　　　　　　　　　以上 55

　逮捕に伴う捜索・差押えについては，旧司法試験では平成16年度第1問，平成19年度第1問において，新司法試験では平成18年第2問，平成25年第2問において，出題されている。この分野には基本的かつ重要な論点が複数存在することから，今後も出題可能性は高いといえる。220条1項2号，3項が無令状で捜索・差押えを認めている趣旨，その要件といった基本的知識から考える姿勢を確認する意図で出題した。

　小問(1)のメイン論点である逮捕着手前に捜索・差押えを行うことの可否については，最大判昭和36年6月7日（百選A7事件）という有名な判例がある。この判例に関しては批判が強く，異なる見解に立つとしても，判例を意識した論述が期待される。

　小問(2)のメイン論点である，逮捕に伴う捜索・差押えの対象物の範囲については，緊急処分説または相当説から規範を導いたうえであてはめることとなる。本問の差押えは，いずれの見解からも，傷害罪での逮捕に伴う差押えとしては，適法とすることができないであろう。そこで適法とする方法として，覚醒剤所持での現行犯逮捕とそれに伴う差押えという方法を用いることになろう。

答案構成

第1　小問(1)
1　甲によるバットの差押えは令状主義の原則（憲法35条，刑事訴訟法218条1項等）により違法となるのが原則
2(1)　もっとも，本件の捜索・差押えは，逮捕に伴うもの（220条1項2号，3項）としてなされている
　　　そこで，無令状捜索・差押えとして適法とならないか
(2)　判例は，帰宅次第逮捕する態勢のもとに捜索・差押え，時間的に接着して逮捕なら「逮捕する場合」にあたるとする
　　　しかし，見込み捜査誘発の危険，被疑者を逮捕できたか否かに捜索の適否が左右され，妥当でない。そこで，緊急処分説
(3)　本問では，X不在のため逮捕に着手した状況にはない
　　　したがって，「逮捕する場合」にあたらない
3　よって，甲がした捜索・差押えは違法
第2　小問(2)
1　令状を得ていないため，本件捜索・差押えは原則違法
2(1)　もっとも，傷害罪での逮捕に伴う捜索・差押えの要件にあたらないか

(2)　まず，逮捕後にその場で，捜索・差押えを行っていることから，「逮捕する場合」にあたる
(3)　次に，緊急処分説からは，「逮捕の現場」とは被疑者の身体およびその直接支配下
　　　本件のタンスはXの直接支配下であるから「逮捕の現場」にあたる
(4)　よって，適法
3(1)　覚醒剤の小袋の差押えは，傷害罪での逮捕に伴う差押えとしてできるか，差押え対象物の限界が問題
　　　緊急処分説から，差押対象物は，逮捕者の安全確保のための武器，逃走用具，逮捕事件の証拠に限定すべき
　　　本問の覚醒剤の小袋はあたらない
　　　したがって，傷害罪での逮捕に伴い差し押さえることができない
(2)　もっとも，Xは現行犯人
　　　「逮捕する場合」，「逮捕の現場」，差押対象物にもあたる
　　　したがって，覚醒剤取締法違反での逮捕に伴い小袋を差し押さえることができる
(3)　よって，適法
　　　　　　　　　　　　　　　　　　　以上

【参考文献】

試験対策講座5章4節②【2】。判例シリーズ18事件，19事件。条文シリーズ220条②1。

第6問 B⁺ 写真撮影，ビデオ撮影

次の設問における捜査方法の適法性について論ぜよ。

(1) 道路交通法上の速度違反が多発するA通りに，これを取り締まる目的で，いわゆる自動速度監視装置を設置し，速度違反車両運転者の容貌を写真撮影すること。なお，自動速度監視装置とは，感知器が捕えた速度違反車両のナンバープレート，運転者等を自動的に撮影し，同時に日付，時刻，場所，計測速度等を同一フィルムコマ上に記録するようになっており，これにより撮影された写真をもとに違反者が割り出されるものをいう。

(2) 甲地区乙通りでは，かねてより毎日午前5時30分ころから同7時30分ころにかけて，数百名の労務者が職を求めて公道上にたむろし，たびたび傷害事件および器物損壊事件を発生させていた。このような状況において，乙通りで今後発生するであろう犯罪の証拠保全のため，これに面する派出所前に立つ電柱の地上約8メートルの高さに雑踏警備用のテレビカメラ1台を設置し，終日，乙通り全体をビデオ撮影すること。

【論 点】

1 任意処分と強制処分の区別
2 写真撮影の法的性格・許容される要件
3 ビデオ撮影の法的性格・許容される要件

答案構成用紙

答案例

第1　設問(1)について

1　本問では，自動速度監視装置により速度違反車両運転者の容貌を写真撮影している。ところが，写真撮影については，刑事訴訟法218条3項（以下「刑事訴訟法」法名省略）のほか明文の規定を欠く。 5

　　そこで，写真撮影が「強制の処分」（197条1項ただし書）にあたれば，令状主義（憲法35条）に服し，令状が必要となるので，「強制の処分」の意義が問題となる。

(1)　この点，科学的捜査方法による人権侵害の危険が高まっている今日においては，強制処分か否かは処分を受ける側の侵害態様を基準とすべきである。 10

　　もっとも，権利・利益の侵害の程度を考慮しなければ，かえってほとんどの捜査活動が強制処分となってしまい，捜査の実効性を害する。

　　そこで，「強制の処分」とは，重要な権利・利益を侵害する処分をいうと解する。 15

(2)　そうすると，写真撮影は個人のプライバシー権（憲法13条後段参照）という重要な権利・利益を侵害するから，「強制の処分」にあたるようにも思える。

　　しかし，公道においては，住居内等に比べてプライバシー権保護の期待が減少している。 20

　　そこで，公道における撮影は，重要な権利・利益の侵害とまではいえず，任意処分にとどまると解する。

2　もっとも，任意処分といっても無制約ではなく，適正手続（憲法31条）の観点から，捜査のために必要な限度でのみ許される（捜査比例の原則，197条1項本文）。 25

(1)　そこで，①現行犯または準現行犯的状況の存在，②証拠保全の必要性および緊急性，ならびに③手段の相当性が認められる場合には，写真撮影が許されると解する。

(2)　これを本問についてみると，写真撮影されたのは，現に速度違反の犯罪が行われていることが自動速度監視装置によって感知測定された際であることが明らかであるから，警察官の現認と同視することができ，その測定が単なる目視によるよりはるかに正確であることも明らかであるため，①の要件は十分に充足する。 30
35

　　また，②高速度で疾走する膨大な数の自動車のなかから，速度違反車両を発見・検挙するために，証拠保全の必要性および緊急性も認められる。

　　さらに，③撮影対象が速度違反車両にかぎられていることから，手段としても相当である。 40

3　よって，本問の写真撮影は適法である。

第2　設問(2)について

1　本問では，設問(1)と異なり，犯罪発生前にテレビカメラを設置し，撮影しており，その適法性が問題となる。

⇒問題点の抽出

⇒問題の所在の明示

⇒論点の問題提起

⇒規範（論点の問題提起に対応させる）

⇒あてはめ（規範に対応させる）
⇒写真撮影一般

⇒公道における特殊性

⇒三段論法の帰結

⇒一般的な論証例223頁参照
⇒憲法上の権利から

⇒判例の規範は必ず記憶する

⇒最大判昭和44年12月24日（判例シリーズ22事件）

⇒あてはめ（規範に対応させる）

⇒「現認と同視」，これは裁判例の表現である

⇒「高速度」という事実を指摘することで，同時に「発見が困難」という評価も伴うことになる

⇒形式的に問いに答える

⇒問題点の抽出・事案の問題提起

(1) まず，本問ビデオ撮影は，公道にたむろする労務者の撮影であり，プライバシー権保護の期待が減少しているから，任意処分にとどまる。

(2) もっとも，ビデオ撮影は，断片的な記録を残す写真と異なり，対象物を継続的に映しだすものである。特に犯罪発生前あらかじめテレビカメラを設置する場合は，捜査対象の特定等が困難であるから，プライバシー権侵害の程度が高い。

また，このように犯罪発生以前に捜査を行うことは，証拠の収集・確保という捜査の性質になじまない。

したがって，犯罪発生前にテレビカメラを設置し，撮影することは，任意処分としても，原則として違法と解する。

2　もっとも，上述のようなビデオの性質上，写真よりも詳細な記録を残すことができ，証拠としての価値は高い。

また，多数人が関与し，重大犯罪が発生するおそれが大きい場合等には，あらかじめ犯行現場の状況をできるかぎり正確に撮影・録画しておくことが重要となる。

さらに，189条2項が「犯罪があると思料するとき」として，強制処分に関する199条1項や規則156条1項のように「罪を犯した」としていないことは，任意捜査に関しては，例外的に将来の犯罪発生を見越して捜査する場合をまったく排除する趣旨ではないと解される。

(1) そこで，㋐当該現場において犯罪が発生する相当高度の蓋然性，㋑あらかじめ証拠保全の手段，方法をとっておく必要性および緊急性，㋒手段の相当性が認められる場合には，ビデオ撮影は適法と解する。

(2) 本問では，たしかに，㋐乙通りでは，かねてより毎日数百名の労務者がたむろし，たびたび傷害事件等を発生していたという事情があり，当該現場において犯罪が発生する相当高度の蓋然性が認められる。

また，㋑数百名の集団の状況は刻々と変化するため，集団のなかからその場で被疑者を特定することは困難であり，あらかじめ証拠保全の手段，方法をとっておく必要性および緊急性があるといえる。

しかし，㋒数百名の労務者が乙通りにたむろするのは，毎日午前5時30分ころから7時30分ころであって，少なくともこの時間および前後数時間の撮影を行えば十分なはずである。それにもかかわらず，本問ビデオ撮影は何ら時間を特定することなく，「終日」行われているのであって，手段の相当性は認められない。

3　よって，本問のビデオ撮影は，違法である。

以上

45

50

55

60

65

70

75

80

85

➡「断片的」「継続的」のキーワードはぜひ使いたい
➡写真撮影との比較

➡原則（事案の問題提起に対応させる）

➡必要性①

➡必要性②

➡許容性
➡これらの条文の指摘は不可欠

➡規範（事案の問題提起に対応させる）

➡東京高判昭和63年4月1日（判時1278号152頁）
➡あてはめ（規範に対応させる）

➡「数百名」という事実に対する評価

➡「それにもかかわらず」という接続詞を使うことにより，問題文の事実に評価を加えていることをアピール
➡形式的に問いに答える

1　設問(1)について

　(1)　自動速度監視装置による写真撮影は適法か。

　　　そもそもかかる手法が強制処分にあたるとすると法律の特別の根拠規定なくば許されない（法197条1項但書）。

　　　そこで「強制の処分」の意義が問題となる。　　　　　　　　5

　　　ここに「強制の処分」とは個人の意思を制圧し，その者の重要な人権を侵害する処分をいうと解する。

　　　けだし，軽微な人権侵害であっても全て許されないとするのでは捜査の必要性をないがしろにするし，一方で有形力を用いずとも重要な人権侵害を伴う処分は考えら　　10
れるからである。

　　　とすれば，車両のナンバープレートや運転者の容貌も撮影する本問の写真撮影は，プライバシーを侵害するものとして，強制処分法定主義の規制に服するとも思える。

　　　しかし，本問の撮影がなされる場所が公道である点に　　15
鑑みれば，運転者も車のナンバープレートや自己の容貌が外から見られることを許容しているといえ，そのプライバシー侵害は未だ軽微なものにとどまるといえる。

　　　よって，本問写真撮影は重要な人権を侵害するものとまではいえず，強制処分とまではいえず，任意処分であ　　20
ると考える。

　(2)　しかし，任意処分であっても無制限に許されるわけではなく，被処分者の人権保障及び適正手続（憲法31条）の観点から一定の限界がある。

　　　本問の手法はこの限界を越えるものとして違法ではな　　25
いか。

　　　この点，写真撮影をし，証拠を保全しておく必要性と，被撮影者のプライバシー保障との調和の見地から，公道における捜査機関側の写真撮影が許容されるのは①現に犯罪が行われ，又は行われた後間がないと認められる場　　30
合であって②予め証拠を保全しておくだけの必要性・緊急性が認められ③その手段が社会通念上相当と認められる場合に限られると考える（京都府学連事件。判例結論に同旨）。

　(3)　これを本問の写真撮影につき見るに，自動速度監視装　　35
置が作動するのは①速度違反をした車両が通過した場合であって②運転者割り出しは現行犯でなければほぼ不可能であるといえるから，その証拠の保全の必要性・緊急性も認められる。

　　　そして③本問の装置の設置は速度違反の多発している　　40
A通りになされているのであり，そこにおいて写真撮影をなすことは社会通念上相当な程度の方法によりなされているといえる。

　　　以上より，本問写真撮影は任意処分の限界を超えず適

△あまり意味のない問題提起である

○条文解釈の姿勢OK

○規範OK

○理由づけOK

○規範からの論理的帰結OK

○公道の特殊性について触れられている（修正）

○修正からの帰結OK

○歯止めOK

○判例の正確な規範が示されている

○丁寧なあてはめがなされている（規範に対応している）

○問いに答えている

法と考える。

2　設問(2)について

　(1)　本件ビデオカメラ撮影は適法か。

　　　　この点，強制処分とまではいえない点は設問(1)と同様である。

　(2)　問題は任意処分の限界を超えるか，である。

　　　　本問ビデオ撮影が設問(1)と異なり，未だ発生していない将来の犯罪に対し向けられたものであることから前記基準に照らせば①の要件を欠き不適法とも思える。

　　　　しかし，将来確実に発生することが予期される場合においても後の証拠保全の必要性については何らかわりないことから一切許されないとするのでは，真実発見の観点（1条）から不当である。

　　　　そこで，将来確実に犯罪が発生する蓋然性が高い場合においても例外的にビデオ撮影による証拠保全が認められる場合があるといえる。

　　　　もっとも，あくまで例外的場合であるから，③の相当性は厳格に判断されるべきである。

　(3)　これを本問につき見るに①かねてより乙通りでは犯罪が発生し，それが今後も発生する蓋然性は認められ②数百名の労働者がたむろしているのだから，犯人割り出しのためにあらかじめ証拠を保全する必要性も緊急性も認められよう。

　　　　しかし，③犯罪発生時刻は午前5：30～7：30にかけてなのに，終日ビデオ撮影を実施するのは手段としての相当性に欠けるものと考える。

　　　　以上より，本問ビデオ撮影は相当性を欠くものとして違法と考える。

以上

45　⮜△ここで「考える」必要はない。「適法である」あるいは「適法といえる」で終えるべき

⮜○位置づけOK

50　⮜○問題の所在OK

⮜○設問(1)との違いを意識している

⮜○必要性OK

55

⮜△許容性（189条2項）の指摘がほしい（答案例参照）

60

⮜○歯止めの姿勢OK

⮜○規範に対応させて，丁寧なあてはめがなされている

65

70　⮜△あてはめで「考える」必要はない
⮜○問いに答えている
⮜△前述45行目と同様

答案作成上の注意点

　本問の写真撮影は令状なく行われている。そこで、「強制の処分」（197条1項ただし書）にあたるのであれば令状主義（憲法35条）に違反することになる。そのため、まずは強制処分と任意処分の区別について論じなければならない。任意処分にあたるとしても、すべての撮影が適法となるわけではない。この点については、判例の示した基準を意識して規範を定立し、具体的事情を使いながら論じる必要がある。一般的な任意処分の限界の問題の場合と同様に、捜査比例の原則から必要性・相当性という枠組みで論じることも可能ではあるが、判例がいちおうの基準を示している以上、それを用いるのが無難であろう。なお、近時の判例においては、現行犯的状況は必ずしも要求されていないことに注意が必要である（最決平成20年4月15日〔百選8事件〕）。

　設問(2)のビデオ撮影については、設問(1)の写真撮影と比較したうえで論述する必要がある。写真と異なり継続的である点で、プライバシー侵害の度合いが強いこと、また、撮影時点では犯罪が発生していないということが、設問(1)との差異である。

答案構成

第1　設問(1)
1　写真撮影が「強制の処分」にあたれば、令状主義に服し、令状が必要
　　そこで、写真撮影が強制処分かが問題
(1)　この点、処分を受ける側の侵害態様を基準とすべき
　　もっとも、権利・利益の侵害の程度を考慮しないと、ほとんどが強制処分
　　そこで、「強制の処分」とは、重要な権利・利益を侵害する処分
(2)　とすると、写真撮影はプライバシー権を侵害するから、「強制の処分」にあたるとも思える
　　しかし、公道ではプライバシー保護の期待減少
　　そこで、公道での撮影は、任意処分
2　もっとも、適正手続・捜査比例の原則（197条1項本文）
(1)　そこで、①（準）現行犯的状況の存在、②証拠保全の必要性・緊急性、③手段の相当性をみたせば、適法
(2)　警察官の現認と同視でき、①はある
　　また、高速走行する多数の車のなかから違反者を発見するため、②もある
　　さらに、撮影されるのは違反車のみであり、③もある

3　よって、適法
第2　設問(2)
1　犯罪発生前のビデオ撮影は適法か
(1)　公道でのビデオ撮影は、任意処分
(2)　もっとも、設問(1)の断片的な写真撮影とは異なり、ビデオ撮影は継続的
　　また、将来捜査はプライバシー権侵害の程度が高く、捜査の性質になじまず
　　したがって、犯罪発生前のビデオカメラ撮影は、原則として違法
2　もっとも、高い証拠価値・捜査の必要性
　　さらに、189条2項、199条1項、規則156条1項の文言
(1)　そこで、㋐犯罪が発生する相当高度の蓋然性、㋑あらかじめ証拠保全する必要性・緊急性、㋒手段の相当性があれば適法
(2)　本問では、たびたび傷害事件が発生しており、㋐はある
　　また、数百名の集団のなかから被疑者を特定するため、㋑もある
　　しかし、労務者がたむろする午前5時30分ころから7時30分ころのみならず、「終日」ビデオ撮影をすることは、㋒相当な手段ではない
3　よって、違法　　　　　　　　　　以上

【参考文献】
試験対策講座5章1節②【2】、4節④【1】・【2】。判例シリーズ22事件。条文シリーズ2編1章捜査■総説⑦3(1)・(2)。

2月21日午後8時ころ，甲は，殺人罪の被疑者として司法警察員乙に警察署への任意同行を求められた。任意にこれに応じた甲は，同日午後8時半ころから翌22日午前4時半ころまで事情聴取を受けた。その後，甲は甲方が犯行現場であることや，友人宅にも迷惑をかけることなどから，乙の勧めに従って，近くのホテルを手配されて宿泊することを了承し，警察の車で送られて宿泊した。なお，ホテルにおいて警察官は別室に宿泊しており，ドアの前に監視はなかった。その後，逮捕される25日まで4泊し，その間は，警察の車で送迎されながら，22日と24日，25日は午前10時ころから午後9時ころまで，23日は午前10時ころから翌24日午前2時まで，毎日警察署において取調べを受けた。この間の23日正午過ぎ，甲は殺害を認める自白をした。この時甲は，帰宅を望んだが，乙の説得で取調べは続行され，翌24日に調書が作成された。

　上記司法警察員乙の措置の適法性について，具体的事実を摘示しつつ論じなさい。

【論　点】
1　任意同行の許容性
2　実質的逮捕と任意同行の区別
3　任意取調べの限界

答案構成用紙

答案例

第1　本間において，司法警察員乙は，甲に対し殺人事件の捜
　　　査目的で任意同行を求めているところ，「出頭」（刑事訴訟法
　　　198条1項本文。以下「刑事訴訟法」法名省略）に任意同行
　　　は含まれないと解されるものの，上記のような任意同行は，　　　　　　　　▶端的な指摘
　　　197条1項本文により許容されると解する。　　　　　　　　　　　5

第2　もっとも，任意同行が被疑者の身体拘束期間（203条か
　　　ら205条まで，208条）の潜脱に利用される危険がある。それ
　　　ゆえ，本間における任意同行および任意同行後の一連の身体
　　　拘束が実質的逮捕に該当する場合には，令状主義（憲法33条，
　　　刑事訴訟法199条1項本文）に反し違法となる。　　　　　　　10
　　　　　そこで，乙の一連の措置が実質的逮捕にあたらないか，実　　　　　　▶事案の問題提起
　　　質的逮捕該当性の判断基準が問題となる。　　　　　　　　　　　　　　　▶論点の問題提起
　　1　この点について，被疑者の同行を断る意思決定の自由が　　　　　　　▶規範定立
　　　制圧されている場合には，実質的には逮捕にあたると解す
　　　る。具体的には，①同行を求めた時期・場所，②同行の方　　　　15　　▶考慮要素を明示
　　　法・態様，③同行を求める必要性，④同行後の取調べ方法
　　　などの事情を総合して判断するべきである。
　　2　これを本間についてみると，①同行を求めた場所は，警　　　　　　　▶あてはめ
　　　察署であるものの，時間は早朝や深夜ではなく午後8時こ
　　　ろという日常生活の範囲内である。また，②同行を求めた　　　　20
　　　のは司法警察員1人であって，方法・態様もさほど強制の
　　　要素はない。さらに，③殺人罪という重大な犯罪捜査目的
　　　であって，同行の必要性がある。しかも，④ホテルに宿泊
　　　させて取り調べる方法には，いささか行きすぎがあるとは
　　　いえ，ホテルには監視がつけられておらず，また甲は，甲　　　　25
　　　方が現場で，友人宅に迷惑をかけることを理由にこれに任
　　　意に応じている。
　　3　以上の事情を総合して判断すると，乙の一連の措置は，　　　　　　　▶結論
　　　実質的逮捕にあたらない。

第3　そうだとしても，任意捜査にも捜査比例の原則（197条　　　　30
　　　1項本文）は及ぼされるべきである。そこで，任意捜査の限　　　　　　　▶論点の問題提起
　　　界が問題となる。
　　1　たしかに，自己の意思により取調べに応じている場合に
　　　は，意思決定の自由に対する制約は観念できない。しかし，
　　　このような場合であっても，被疑者は取調べにより，精神　　　　35
　　　的・肉体的に負担を被る。
　　　　そこで，任意取調べであっても，事案の性質，被疑者に　　　　　　　▶規範定立
　　　対する容疑の程度，被疑者の態度等諸般の事情を考慮した　　　　　　　⇨最決昭和59年2月29日（判例
　　　うえ，当該手段を用いる捜査上の必要性とこれにより被疑　　　　　　　　シリーズ32事件）
　　　者が被る不利益とを比較衡量して社会通念上相当と認めら　　　　40
　　　れる場合に許容されるものと解する。
　　2　これを本間についてみると，甲の被疑事実は，重大犯罪　　　　　　　▶相当性を肯定する事情
　　　である殺人罪であるから，警察署まで同行を求めて取調べ
　　　を行う必要性は高い。また，甲方が犯行現場であるため，

甲を甲方以外の場所へ泊まらせる必要性が高かったといえ 45
る。そして，甲が友人に迷惑がかかることを理由に乙の勧
めに応じたことから，ホテルに泊まらせる措置自体は不当
なものとはいえない。

他方，甲に対する取調べは，5日間連続長時間にわたっ 50 ➡相当性を否定する事情
てなされている。特に21日と23日は深夜にわたってなされ
ており，23日は甲が帰宅を望んだにもかかわらず取調べが
続行されている。そうだとすると，甲は，深夜にわたりか
つ長時間取調べを受けていることから，肉体的・精神的な
負担を大きく被っているといえる。

以上を比較衡量するに，社会通念上相当と認められる限 55
度を超えたものといえる。
3　したがって，甲に対する取調べは任意捜査の限界を超え， ➡結論
違法である。
第4　よって，司法警察員乙の一連の措置は違法である。 ➡形式的に問いに答える

以上 60

1 まず，本問では形式的には任意同行（刑事訴訟法（以下省略）198条1項本文）という措置がとられているものの，乙の措置は実質的逮捕に当たるのではないか。当たるとすれば，無令状で行われた上記措置は令状主義（憲法33条，刑事訴訟法199条1項本文）に反し違法となり，これを利用した取調べも違法となるため，問題となる。

  ⑴ 表向きは被疑者の任意による同行，宿泊であっても，被疑者の意思決定の自由が奪われた状態で行われたのであれば実質的には被疑者の意思に反して身体の自由を制約する逮捕に当たるといえる。そこで，物理的あるいは心理的強制により被疑者の意思決定の自由が奪われていた場合，同行及び宿泊は実質的逮捕に当たると解する。そして，意思決定の自由が奪われていたか否かは，同行と宿泊の態様，時刻，場所，被疑者の対応等を総合考慮し判断するものとする。

  ⑵ これを本件についてみる。

    まず，同行と宿泊の態様についてみると，21日午後8時ころの乙による同行の求めは平穏に行われており，その後の取調べにおいても甲に説得を行ったのみで，甲の意思決定の自由を奪うほどの物理的心理的強制を加えた事情はない。宿泊についても，ホテルと警察署の往来は警察の車で送迎されこの間は少し帰宅を申し出づらいものの，乙による宿泊の勧めは平穏に行われているし，警察官の同室宿泊やドアの前の監視等の甲の退去を妨げるような心理的強制が加えられているともいえない。

    また，同行先は警察の支配が強く及ぶ警察署ではあるが，同行を求めた時刻は午後8時で，甲が通常同行を拒むような時刻とはいえない。そして，甲は同行に任意に応じ，その後も，甲が強く帰宅を申し出たにもかかわらず抑圧された等の事情はない。

    これらの事情から，甲の意思決定の自由を奪うような強制はなかったと認められる。

  ⑶ よって，乙の措置は実質的逮捕には当たらず，この点で違法となることはない。

2⑴ もっとも，実質的逮捕に当たらない任意同行，宿泊であっても，被疑者の積極的な申し出に基づくものでない限り被疑者に身体的及び精神的苦痛を与えるものである。そこで，捜査比例の原則（197条1項本文）に照らし，同行宿泊の必要性と，これにより被疑者が受ける身体的精神的苦痛を考慮し，具体的事情の下相当と認められる限度でのみ，適法となると解する。

  ⑵ これを本件についてみる。

    まず，捜査対象となっている被疑事実は殺人罪（刑法199条）であり，法定刑に死刑を含む極めて重大な犯罪

5

10

15

20

25

30

35

40

⬅️○198条1項本文を根拠とする考え方もある

⬅️○丁寧に理由づけをして規範を立てている

⬅️○考慮要素の定立OK

⬅️○事実の評価OK

⬅️○自分があげた考慮要素を意識したあてはめOK

⬅️○捜査比例の原則からの規範定立OK

⬅️○以下，捜査の必要性と捜査の態様とを具体的に検討できている

であるから，同行を求め取調べを行う必要性が高い。23
日正午すぎ時点で甲の自白が行われているが，具体的事
実について聞きだし裏を取る必要があるため，このこと
は同行の必要性を低減させる事情とはならない。また，
事件の重大性から取調べに日数がかかることが予想され
ること，甲方は犯行現場であり起臥寝食の場として不適
切であること，友人宅に泊まることも友人の迷惑となる
ことから，取調べのために甲にホテルへの宿泊をさせる
必要性も高いといえる。

　　他方，甲の取調べは連日8時間から16時間に渡りおこ
なわれており，しかも5日も行われている。このような
捜査により甲の受ける身体的精神的苦痛は相当程度に及
ぶことは否めない。甲は23日正午すぎ時点で帰宅を申し
出ており，このことは甲の精神的苦痛の大きさを裏づけ
る事情であるといえる。しかし，上記の捜査の強い必要
性に照らせば，説得という平穏な態様を用いつつ任意同
行を継続することは，不相当であるとまではいえない。
また，宿泊については，甲を監視するような体制がなく，
甲は宿泊により何ら苦痛を受けないといえるから，相当
といえる。
(3)　よって，捜査比例の原則との関係でも，乙の措置は違
　法となることはない。
3　以上より，乙の措置は適法である。

以上

45
50
55
60
65

⇦○事実に対する自分なりの評価
OK

⇦○説得力をもたせる論述である

　まず，任意同行には，①被疑者の出頭確保のため，捜査官がその居宅等から警察署等へ同行させる司法警察目的の任意同行（刑事訴訟法上の任意同行）と，②挙動不審者などに対して職務質問をするため，警察署へ同行させる行政警察目的の任意同行（行政警察上の任意同行〔警職法2条2項〕）とがあり，本問では前者が問題となっている。

　また，司法警察目的の任意同行が認められるかについて，かつては争いがあったが現在においては争いなく認められるため，論じるとしても端的に指摘するにとどめるべきであろう。また，加点事由であると考えられるが，任意同行の法律上の根拠について言及したい。これについては，答案例では，任意同行が「出頭」（198条1項本文）に含まれないことを前提に197条1項本文により許容されるとする見解から論述している。他方，198条1項本文の「出頭」の意義を広く解釈し，これに任意同行が含まれるとして，198条1項本文を根拠に許容されるとする見解もある。

　本問の中心論点は，一連の措置が実質的に逮捕にいたっているのではないかという点である。なお，同論点は，平成26年および令和2年の司法試験において出題されている。実質的逮捕該当性の判断にあたっては，㋐同行を求めた時間・場所，㋑同行の方法・態様，㋒同行を求める必要性，㋓同行後の状況（特に取調べ時間・方法），監視の状況，㋔捜査官の主観的意図，㋕被疑者の属性・対応の仕方，㋖同行を求めた時点で捜査機関が被疑者を逮捕しうる準備を完了していたか，などの具体的状況を総合的に検討して，事案ごとに個別的に判断するものと解されている。本問では，実質的逮捕にあたるか否かは問題文の事実を適切に評価していれば，いずれの結論でもかまわない。

　実質的逮捕にあたらないと評価した場合には，任意取調べの限界が問題になる。任意で行われる取調べにより被疑者の権利利益が侵害されるかについては，争いがある（最決昭和59年2月29日〔百選6事件〕解説参照）ため，自分のとる見解をあらかじめ決めておきたい。

第1　まず，司法警察活動としての任意同行について明文がないため許されるか問題となるも，197条1項本文により許容されうる

第2　としても，任意同行が被疑者の身体拘束期間（203条から205条まで，208条）の潜脱に利用される危険

　　　実質的に逮捕といえる場合には，令状主義違反（憲法33条，刑事訴訟法199条1項本文）

　1　この点，意思決定の自由が制圧されている場合，実質的逮捕にあたる

　　　具体的には，①同行を求めた時期・場所，②同行の方法，態様，③同行を求める必要性，④同行後の取調べ方法などの事情を総合して判断

　2　本問についてみると，①時間帯は午後8時ころという日常生活の範囲内②同行を求めたのは司法警察員1人で③殺人罪という重大な犯罪捜査目的④宿泊，監視なし，甲方が現場であり，任意に応じている

　3　以上から，実質的逮捕とはいえず

第3　としても，任意捜査にも捜査比例の原則（197条1項本文）

　　　そこで，任意捜査の限界が問題

　1　たしかに，意思決定の自由に対する制約は観念できず

　　　しかし，精神的・肉体的負担

　　　そこで，事案の性質，被疑者に対する容疑の程度，被疑者の態度等を考慮して社会通念上相当と認められる場合に許容

　2　本問では，殺人事件であるから重大犯罪ゆえ取調べの必要性高い，甲方以外に泊まらせる必要性，取調べの態様・時間帯

　　　このような状況から，取調べは社会通念上相当と認められる限度を超えている

　3　したがって，甲に対する取調べは，任意捜査の限界を超え，違法

第4　よって，乙の一連の措置は違法

以上

【参考文献】
試験対策講座5章5節①【2】。判例シリーズ31事件，32事件。条文シリーズ198条②1(1)(a)・(b)。

第8問 A 接見交通権

次の各小問におけるZの行為の適法性について論ぜよ。

(1) Xは，窃盗の容疑で現行犯逮捕され，警察署に引致された。その15分後，弁護人となろうとする弁護士Yが警察署を訪れ，Xとの接見を申し出たところ，司法警察職員Zが取調べ中であることを理由にそれを拒否し，接見の日時を翌日に指定した。

(2) その後，Xは勾留されたまま起訴されたが，別の窃盗についての容疑が生じ，これについて逮捕された。そこで，弁護人Yが接見しようとしたところ，捜査官Zは，余罪被疑事件である窃盗事件についての取調べを行っていることを理由にこれを拒否した。

【論　点】
1　接見交通権の意義・趣旨
2　「捜査のため必要があるとき」の意味
3　初回接見
4　起訴後の余罪捜査と接見指定

答案構成用紙

第1　小問(1)について

1　本問では，司法警察職員Zは，Xを取調べ中であること
を理由に接見指定をしている。
　　そこで，このような接見指定は，Xの接見交通権（刑事
訴訟法39条１項。以下法令名略）を侵害し，違法ではない　　5
か。「捜査のため必要があるとき」（39条３項本文）の意義
が問題となる。

　(1)　この点，接見交通権は，弁護人依頼権（憲法34条前
　　段）を実質的に保障するための重要な権利である。
　　　そうだとすると，接見交通権が制限されるのは必要や　　10
　　むをえない場合に限定されるべきである。
　　　そこで，「捜査のため必要があるとき」とは，現に被
　　疑者を取調べ中であるとか，実況見分・検証等に立ち会
　　わせる必要があるなど捜査の中断による支障が顕著な場
　　合をいうと解する。　　15

　(2)　これを本問についてみると，被疑者Xは現に取調べを
　　受けているのであるから，接見を認めると捜査の中断に
　　よる支障が顕著な場合であり，「捜査のため必要がある
　　とき」にあたるといえる。
　　　したがって，Zの接見指定は，39条３項本文には反し　　20
　　ない。

2　そうだとしても，本問でZは，弁護人Yの初回の接見申
出を拒否したうえで，翌日に接見指定をしている。
　　そこで，Zの接見指定は，「被疑者が防禦の準備をする
権利を不当に制限する」（39条３項ただし書）のではない　　25
か。初回接見の申出を受けた捜査機関は何を検討するべき
かが問題となる。

　(1)　この点，前述のように接見交通権は，憲法上の保障に
　　由来する重要な権利であり，とりわけ，初回接見は，身
　　体拘束をされた被疑者にとって，弁護人の選任を目的と　　30
　　し，かつ，捜査機関の取調べを受けるにあたって助言を
　　得るための最初の機会であって，憲法上の保障の出発点
　　をなすものであるから，これをすみやかに行うことが被
　　疑者の防御の準備のために特に重要である。
　　　そこで，初回接見の申出を受けた捜査機関は，弁護人　　35
　　と協議して，即時または近接した時点での接見を認めて
　　も，接見の時間を指定すれば捜査に顕著な支障が生じる
　　のを避けることが可能かどうかを検討するべきである。

　(2)　これを本問についてみると，弁護士Yが申し出たXと
　　の接見は，逮捕直後の初回のものである。　　40
　　　それにもかかわらず，Zは，Yと協議して即時または
　　近接した時点での接見を認めても捜査に顕著な支障が生
　　じるのを避けることが可能かどうかを検討する措置をと
　　らないまま，取調べ中であることを理由にそれを拒否し，

右段注記：

➡️問題点の抽出

➡️事案の問題提起

➡️論点の問題提起。必ず文言解釈から

➡️趣旨。憲法上の権利から

➡️趣旨からの帰結

➡️規範（論点の問題提起に対応させる）

➡️最判昭和53年７月10日（民集32巻５号820頁）
➡️あてはめ（規範に対応させる）

➡️問題点の抽出

➡️事案の問題提起

➡️論点の問題提起

➡️理由づけ

➡️「憲法上の保障の出発点」は判例のフレーズである

➡️規範（論点の問題提起に対応させる）

➡️最判平成12年６月13日（判例シリーズ34事件）

➡️あてはめ（規範に対応させる）

翌日に接見指定を行っている。

　　　　したがって，Zの接見指定は，Xの「防禦の準備をする権利を不当に制限する」ものであって，39条3項ただし書に反する。

3　よって，Zの行為は違法である。

第2　小問(2)について

1　接見指定は「公訴の提起前に限り」（39条3項本文）許されており，公訴提起後は，被告人と弁護人との接見交通を制限することはできない。

　　ところが，本問では，被告人Xと弁護人Yとの接見が，余罪である窃盗の取調べを理由に制限されている。

　　そこで，被告人が同時に被疑者たる地位も併有し被疑事件につき逮捕されている場合，余罪捜査を理由として接見指定をすることが許されるかが問題となる。

(1)　この点判例は，被告事件について防御権の不当な制限にわたらないかぎり，接見指定権を行使しうるとする。

　　　しかし，このようなゆるやかな要件で接見指定を認めてしまったのでは，事実上被告人の接見交通権を制約することとなり，被告人の訴訟の一方当事者たる地位およびその接見交通権の重要性に反する。

　　　そこで，余罪捜査を理由とする接見指定は原則として許されないと解する。

(2)　もっとも，余罪被疑事件について，実体的真実発見の要請（1条）に基づく捜査の必要性をまったく無視することはできない。

　　　そこで，①被告事件の起訴前には余罪の捜査が不可能または著しく困難であり，かつ，②捜査の緊急性がある場合にかぎり，例外的に接見指定をすることも許されると解する。

(3)　これを本問についてみると，たしかに，Xは余罪たる窃盗について逮捕されており，現に取調べ中であって，②捜査の緊急性はある。

　　　しかし，①被告事件たる窃盗の起訴前に余罪の捜査が不可能または著しく困難であったとの事情はない。

　　　したがって，接見指定することは許されない。

2　よって，Zの行為は，39条3項本文に反し違法である。

以上

45

50

55

60

65

70

75

80

➡三段論法の帰結（事案の問題提起に対応させる）

➡問いに答える

➡前提の確認

➡問題点の抽出

➡論点の問題提起

⇨最決昭和55年4月28日（判例シリーズ36事件）

➡判例の批判

➡原則（論点の問題提起に対応させる）

➡反対利益

➡規範（論点の問題提起に対応させる）

➡あてはめ（規範に対応させる）

➡三段論法の帰結

➡形式的に問いに答える

1　小問(1)について

　　ZのYに対する接見指定（39条3項）は適法か。

(1)　まず，そもそも接見指定自体が憲法34条で保障される
　　弁護人依頼権の保障を侵害するものとして違憲ではない
　　かが問題となる。思うに，弁護人依頼権の内容は必ずし
　　も接見交通権に限られるわけではないし，捜査の必要性
　　にも配慮する必要がある。　　　　　　　　　　　　　　　5
　　　　よって，接見指定自体は合憲である（判例は結論同旨）。

(2)　では，本問接見指定は許されるか。接見指定が許され
　　るためには①「捜査のため必要があるとき」であり，さ　　10
　　らに②指定が著しく不合理でないことが必要である。

　ア　まず本問の状況が「捜査のため必要があるとき」と
　　　いえるか。その意義が問題となる。

　　　　思うに，接見交通権（39条1項）は，捜査段階にお
　　　いてとかく不利益な立場に置かれがちな被疑者，被告　　15
　　　人に，弁護人依頼権（憲法34条）の実質化として認め
　　　られるものであり，非常に重要な権利である。

　　　　すなわち，被疑者，被告人は身柄拘束されることに
　　　よって，自らの防御活動を行うことが困難になる上，
　　　法律的知識や捜査能力の点でも，捜査機関とは圧倒的　　20
　　　な差がある。この差を是正し，実質的当事者主義的構造
　　　を実現するために弁護人依頼権は憲法上の権利とされ
　　　ているが，この弁護人依頼権を有効な弁護を受けられ
　　　る権利として実質化したものが，接見交通権なのであ
　　　る。　　　　　　　　　　　　　　　　　　　　　　　　25

　　　　かかる接見交通権の重要性にかんがみれば，接見交
　　　通権は認められるのが原則であり，接見指定は限定的
　　　に解するべきである。そして，接見指定を行うのは，
　　　1つしかない被疑者の身柄を捜査機関と弁護人のどち
　　　らが確保するのが妥当かという問題である。　　　　　　30

　　　　よって，「捜査のため必要があるとき」とは，現に
　　　取調べ中であるとか，実況見分・検証に立ち会わせる
　　　必要がある等，捜査の中断による支障が著しい場合に
　　　限られると解する（判例に結論同旨）。

　　　　本問においては，Xは取調べ中であるから，「捜査　　35
　　　のため必要があるとき」にあたる。

　イ　では本問指定は著しく不合理でないと言えるだろうか。

　　　　思うに，前述の接見交通権の重要性から，接見指定
　　　はなるべく被疑者・被告人，弁護人の希望どおりに行
　　　われるべきである。　　　　　　　　　　　　　　　　　40

　　　　よって，接見指定の合理性は接見指定の内容のみな
　　　らず，犯罪の性質，接見指定の回数，逮捕勾留の状況
　　　等を総合的に考慮して判断され，当該接見指定が，被
　　　疑者，被告人，弁護人側にとって，著しい不利益をも

＜×重要判例ではあるが，憲法の問題ではないため，余事記載である。論理的に問題となりうることと問われていることとは違う。知っていても書かない勇気が大切である

⇨最大判平成11年3月24日（百選33事件）参照

＜○文言解釈の姿勢OK

＜○憲法にさかのぼって展開している

＜△正確には「憲法34条前段」である

＜△内容に誤りはなく丁寧な論述であるが，一文が長く読みづらい

＜△「よって」ではつながらない（結論にいたる必然性はない）。「そこで」などとするのが適当であろう
＜○判例の指摘OK

＜△取調べ中→捜査の中断による支障が著しい場合→「捜査のため必要があるとき」というように手順をしっかりふむ必要がある
＜△判例の立場を意識したほうがよい

＜○自分なりに規範を定立している（事案を抽象化して要件を定立したと推察される）。
なお，①～④とナンバリングするとあてはめが読みやすくなる

たらすおそれのある場合に，著しく不合理な接見指定 45
であると認定すべきである。

　本問では，確かに逮捕直後で取調べを長時間継続す
る必要もあるから，翌日との指定もやむをえないとも
考えられる。しかし，Yの接見は，Xとの最初の接見
であり，黙秘権の担保などをする必要からも，なるべ 50
く早く認められる必要がある。そのためにYは，逮捕
後15分後という早い時間に接見に来ているものと思わ
れる。その上，Xの犯罪容疑は窃盗という重大犯罪で
あるし，現行犯逮捕であることからも，心理的な動揺
が大きく，弁護人との接見を早く認めてやる必要があ 55
る。したがって，Yの接見は最低でも逮捕当日中に認
められるべきであり，翌日を接見とする指定は，Yに
とってもXにとっても著しい不利益をもたらすおそれ
がある。よって，Zの接見指定は，著しく不合理な接
見指定にあたる。 60

(3) 以上より，本問ZのYに対する接見指定は，39条1項・
3項に反して許されず，違法である。

2　小問(2)
(1) 本問ではZは起訴された事件以外の余罪（窃盗罪）を
理由に接見指定をしているが，このような接見指定は認 65
められるか。

(2) たしかに事件単位の原則からすれば，窃盗罪について
は被疑者にすぎず，接見指定は許されるとも考えられる。
　しかしながら，余罪につき接見指定を認めれば，事実
上起訴事件についても接見が認められないこととなり， 70
被告人の防御の利益を害する。

　思うに，そもそも公判段階においては当事者主義が妥
当し，被告人は検察官と対等の立場に立つ以上，検察官
はいやしくも被告人の主体的な防御活動を阻害してはな
らないというべきである。39条3項が被告人について接 75
見指定を認めないのも，かかる被告人の当事者性を考慮
したものと解される。

(3) 以上から，余罪につき接見指定をなすことは，被告人
の地位に鑑み，原則として許されないと解する。但し，
真実発見の要請に鑑み，①起訴前の捜査が不可能又は著 80
しく困難であり，②捜査の緊急性が認められる場合には
例外的に接見指定をなしうると解する。

(4) 本問については，起訴後にはじめて余罪が発覚してい
るので，①は満たす。よって捜査の緊急性が特に認めら
れる場合は，本問Zの接見指定は適法と解する。 85

　　　　　　　　　　　　　　　　　　　　　　以上

⇦○自分が定立した規範に対応さ
せてあてはめをしている

⇦○形式的に問いに答えている

⇦○問題の所在OK

⇦○39条3項にひきつけて論述で
きている

⇦△原則・例外が示されているが，
「真実発見の要請」の一言でな
く具体的に示すべき

⇦○形式的に問いに答えている
⇦△「解する」必要はない

答案作成上の注意点

　小問(1)では，初回接見の場合における接見指定の可否が問題となる。「捜査のため必要があるとき」にあたるかを検討したうえで，「防禦の準備をする権利を不当に制限」しないかを論述したい。初回接見に関しては，重要判例があるので，判例を意識した規範を定立することが強く求められる。初回接見は重要論点であり，平成28年の司法試験においても出題されている。

　小問(2)では，起訴後の余罪捜査と接見指定が論点となっている。答案の流れとしては，条文上は，「公訴の提起前に限り」(39条3項本文)接見指定できると規定されていることをまず示したい。そのうえで，判例の立場に立つか，判例を批判して答案例の立場に立つか自説を明確にしてほしい。判例ではない立場をとる場合においては，時間的に余裕のない場合でないかぎり，必ず判例の見解に言及すべきである。実務では，最高裁判例が学説よりも重要視されているため，実務家登用試験である司法試験においては，まず，判例の見解を書くべきである。そのうえで，判例の見解に問題があるのであれば，それを指摘しつつ，学説に立脚した論述をすればよい。

答案構成

第1　小問(1)
1　Zの接見指定は，「捜査のため必要があるとき」(39条3項本文)といえるか
　(1)　接見交通権は，弁護人依頼権(憲法34条前段)を実質的に保障するための重要な権利
　　　とすると，接見指定は限定的
　　　そこで，「捜査のため必要があるとき」とは，現に被疑者を取調べ中であるとか，実況見分，検証等に立ち会わせる必要がある場合など，捜査の中断による支障が顕著な場合をいう
　(2)　本問では，現に取調べ中であり「捜査のため必要があるとき」といえる
2　としても，「防禦の準備をする権利を不当に制限」(39条3項ただし書)しないか
　(1)　接見指定をするときでも，接見交通権を最大限保障すべき
　　　とりわけ，逮捕直後の初回の接見は憲法上の保障の出発点
　　　そこで，初回接見の申出を受けた捜査機関は，即時または近接した時点での接見を検討すべき
　(2)　本問では，即時または近接した時点での接見を検討せず

3　よって，Zの行為は違法
第2　小問(2)
1　「公訴の提起前に限り」(39条3項本文)接見指定できるのだから，公訴提起後は接見指定できないはず
　　もっとも，Xは被告人であると同時に被疑者でもある
　　そこで，余罪である被疑事件の捜査を理由に接見指定できるか
　(1)　判例は，被告事件について防御権の不当な制限にわたらないかぎり接見指定可
　　　しかし，被告人の一方当事者たる地位を損なう
　　　そこで，余罪捜査を理由とする接見指定は，許されないのが原則
　(2)　もっとも，捜査の必要性
　　　そこで，①起訴前に余罪捜査が不可能または著しく困難であり，②捜査の緊急性があれば，例外的に接見指定できる
　(3)　本問では，②捜査の緊急性はある
　　　しかし，①起訴前には余罪捜査が不可能または著しく困難であったとの事情はない
2　Zの行為は，39条3項本文に反し違法
　　　　　　　　　　　　　　　　　以上

【参考文献】
試験対策講座5章6節④【1】・【2】・【4】。判例シリーズ34事件，36事件。条文シリーズ39条③2・6。

第9問 B　一罪の一部起訴

　検察官が次のような起訴をした場合，裁判所はどのようにすべきか。
(1)　委託を受けて他人の不動産を占有する者がこれに抵当権を設定して，その旨の登記を了した後，これについてほしいままに売却等の所有権移転行為を行いその旨の登記を了した場合において，後行の所有権移転行為のみを横領罪として起訴した場合。
(2)　強盗罪の立証が十分可能なのに，その手段である住居侵入罪についてのみ起訴した場合。

【論　点】
1　一罪の一部起訴の可否
2　一罪の一部起訴の限界

答案構成用紙

第1　各小問における検察官の起訴は，一罪の全体について公
　　訴の提起が可能であるにもかかわらずその一部を不起訴とし，
　　その一部のみを起訴する，一罪の一部起訴である。

　1　このような一罪の一部起訴が許されれば，裁判所は実体　　5
　　審理に入るべきことになる。そこで，一罪の一部起訴が許
　　されるかが問題となる。

> ⑴　たしかに，実体的真実発見の要請（刑事訴訟法1条。
> 　　以下「刑事訴訟法」法名省略）を重視し，単一の犯罪は
> 　　訴訟上不可分に扱うべきとすれば，一罪の一部起訴は許
> 　　されないとも考えられる。　　　　　　　　　　　　　　10
>
> 　　　しかし，立証の難易，訴訟経済の要請，刑事政策的配
> 　　慮（248条）から，事件のすべてを起訴することが困難
> 　　または不適当な場合があることも否定できない。
>
> ⑵　この点，当事者主義的訴訟構造を採用した現行法（256
> 　　条6項，298条1項，312条1項等）のもとでは，審判の　　15
> 　　対象は一方当事者たる検察官の主張である具体的事実と
> 　　しての訴因と解される。
>
> 　　　そして，この訴因の設定・変更は検察官の専権とされ
> 　　ているので（247条，312条1項），いかなる事実を訴因
> 　　として構成するかは，検察官の訴追裁量に委ねられてい　　20
> 　　るといえる。
>
> 　　　そこで，一罪の一部起訴は原則として許されると解す
> 　　る（判例も吸収一罪の関係にある罪の一部起訴を認めて
> 　　いる）。
>
> ⑶　もっとも，検察官の訴追裁量もまったくの自由裁量で　　25
> 　　はなく，「公益の代表者」（検察庁法4条）としての準司
> 　　法官的地位から，実体的真実発見の要請（1条）や，人
> 　　権保障の見地により拘束される。
>
> 　　　そこで，一罪の一部起訴も，①実体的真実発見の要請
> 　　に著しく反する場合，あるいは②特定の法制度の趣旨を　　30
> 　　没却する結果をもたらす場合には，訴追裁量を逸脱する
> 　　ものとして許されないと解する。

　2　以上を前提に，各小問について検討する。

第2　小問⑴について

　1　本問では，先行する抵当権設定行為と後行の所有権移転　　35
　　行為は横領罪（刑法252条1項）の包括一罪となると解さ
　　れるところ，検察官は後行の所有権移転行為のみを横領罪
　　として起訴している。このような一罪の一部起訴は許され
　　るか。

　　　この点，検察官が事案の軽重，立証の難易等諸般の事情　　40
　　を考慮したうえで，後行の所有権移転行為のみを横領罪と
　　して起訴することも合理的必要性があるといえる。

　　　また，先行する抵当権設定行為でなく，後行の所有権移
　　転行為を取り上げて起訴しても，横領罪として起訴される

右側注記

- 問題点の抽出（定義も盛り込む）
- 「裁判所はどのようにすべきか」という問題文に絡める
- 論点の問題提起
- 反対説
- 反対説の批判。この3つの必要性はあげられるように
- 訴訟構造からダイナミックに
- 審判対象論
- 審判対象論からの帰結。条文も引用する
- 原則（論点の問題提起に対応させる）
- 最決昭和59年1月27日（刑集38巻1号136頁）
- 反対利益
- この条文も引用できるとよい
- 規範（論点の問題提起に対応させる）
- 問題点の抽出
- 事案の問題提起
- 11行目とのリンク

に変わりはないから，①実体的真実発見の要請に著しく反　45
するとは考えられない。

　　さらに，後行の所有権移転行為を取り上げて起訴しても，
②特定の法制度の趣旨を没却することはない。

　　したがって，本問での一罪の一部起訴は許される。

　2　よって，裁判所は実体審理に入るべきである。　50

第3　小問(2)について

　　本問では，強盗罪の立証が十分可能なのに，その手段であ
る住居侵入罪についてのみ起訴しているので，このような一
罪の一部起訴が許されるかが問題となる。

　1　この点，強盗罪は5年以上の有期懲役にあたる重大犯罪　55
であって（刑法236条），住居侵入強盗のうち，強盗は犯罪
事実の主要部分である。

　　そうすると，小問(1)と異なり，強盗罪の手段である住居
侵入罪についてのみ起訴する刑事政策的理由があるとはい
えない。　60

　　しかも，強盗罪の立証も十分可能であり，その立証が困
難であるという事情もない以上，立証の難易といった訴訟
技術的観点も考慮する必要はない。

　　そうであるなら，これを起訴しないことは，①実体的真
実発見の要請に著しく反するといえる。　65

　　したがって，本問での一罪の一部起訴は許されない。

　2　よって，裁判所は公訴棄却の判決（338条4号）を言い
渡すべきである。

以上

⇨29行目とのリンク

⇨30行目とのリンク
⇨事案の問題提起に対応させる
⇨最大判平成15年4月23日（百
　選39事件）

⇨問題点の抽出をしてから事案
　の問題提起へ

⇨小問(1)との対比

⇨「立証の難易」。これは11行目
　とのリンクである

⇨29行目とのリンク

⇨事案の問題提起に対応させる
⇨形式的に問いに答える

1　裁判所がどのようにすべきかは，検察官のなした一罪の
　一部起訴が認められるかにかかわることから，まず一罪の
　一部起訴の可否について検討する。

⮜○問題点の抽出をしている

　(1)　確かに，一罪の一部のみを起訴したのでは実体的真実
　　発見（1条）が妨げられる。　　　　　　　　　　　　　　5
　　　しかし，証拠収集の困難性・審理の迅速性・刑事政策
　　的考慮から，事件のすべてを起訴することが困難または
　　不適当な場合もある。
　　　思うに，「公平な裁判所」（憲法37条1項）を確保する

⮜○丁寧な論証である

　　ため当事者主義的訴訟構造（247条，256条6項，298条　10
　　1項，312条1項）をとった現行法下では，審判対象は
　　検察官の具体的な事実の主張たる訴因である。そして，
　　この訴因の設定・変更は，一方当事者たる検察官にゆだ
　　ねられている（247条，312条）。よって，いかなる訴因

⮜△「312条1項」が正確である
⮜△17行目と「よって」が重複している。「したがって」にするとよい

　　を認定するかは，検察官の広い訴追裁量にゆだねられて　15
　　いる。

⮜○原則OK

　　　よって，一罪の一部が一個の構成要件をなし独立の訴
　　因となるときは，原則として一罪の一部起訴も許される
　　と解する。
　(2)　ただ，検察官の広い訴追裁量にゆだねられているとい　20

⮜○修正OK

　　っても，刑事訴訟の目的たる真実発見，人権保障（1
　　条）による制約はある。すなわち，一罪の一部起訴によ
　　って①実体的真実発見が著しく害される場合，および②
　　人権保障のための特定の法制度の趣旨が害される場合に
　　は，一罪の一部起訴は認められないものと解する。　　　25
2　小問(1)について
　(1)　本件において裁判所はどのように対応すべきか。

⮜△問いを繰り返す必要はない

　(2)　本件では，先行する抵当権設定行為について，横領罪
　　となることが確定すれば，後行の所有権移転行為につい
　　ては，不可罰となる関係にあると考えられる。　　　　　30

⮜○刑法上の論点なので深入りする必要はない。なお，判例では不可罰的事後行為ではなく共罰的事後行為と理解されている
⮜○総論部分とかぶらないように配慮できている

　　　しかしながら，検察官は，事案の軽重，立証の難易等
　　を考慮して訴因の設定をなしうる。さらに，所有権移転
　　行為のみ取り出して検討すれば，横領罪が成立するので
　　ある。
　　　そうだとすれば，先行行為について起訴せず，後行行　35
　　為についてのみ起訴しても，①実体的真実発見の要請を
　　著しく損なうとはいえない。また，複数の横領行為のい
　　ずれによって有罪とするかが検察官に委ねられたとして
　　も，②特定の法制度の趣旨を没却するとは考えられない。

⮜△②についてはやや説得力が弱い

　(3)　したがって，裁判所としては，訴因として記載された，40
　　後行行為について審理判決すべきである。
3　小問(2)について
　(1)　裁判所はどのようにすべきか。

⮜△問いを繰り返すべきではない

　(2)　まず，本小問の一罪の一部起訴は認められるか。

確かに，具体的事情によっては証拠収集の困難性，審　45
　理の迅速性，刑事政策的考慮から強盗罪の手段たる住居
　侵入罪のみ起訴する必要があるかもしれない。

⇦△23行目とのリンクを意識して①とナンバリングするべき

　　　しかし，強盗罪の立証が十分可能な場合には，その手
　段たる住居侵入罪のみの起訴ではあまりにも実体的真実
　発見を害することになってしまう。　　　　　　　　　　50

　　　よって，このような場合には一部起訴は認められない
　ものと解する。

　　　本小問についても，強盗罪の立証が十分可能であるこ
　とからその手段たる住居侵入罪での起訴は認められない。

⑶　そこで，裁判所は検察官の起訴が不適法であるとして，55
　公訴を棄却すべきである。

⇦○問いに答えている

　　　　　　　　　　　　　　　　　　　　以上

　本問は，一罪の一部起訴について事例への応用力を問うものである。近時，検察官の訴追裁量および犯罪被害者保護・救済に対する関心が高まっており，一罪の一部起訴は，予備試験での出題可能性が比較的高い分野といえる。

　まず，一罪の一部起訴についての規範定立にあたり，当事者主義訴訟構造（256条6項等）を示し，原則として訴因の設定が検察官の裁量に委ねられることを指摘したい。そのうえで，裁量が，真実発見の要請や人権保障の見地（1条）から一定の制約に服することを論ずるべきである。

　各小問へのあてはめについて，(1)では，問題文や条文を意識していない答案や逆に問題文の事実を引っ張っただけの答案は，評価が低くなる。(2)では，(1)との違いがわかるかたちで必要性・許容性からあてはめてほしい。

答案構成

第1　1　一罪の一部起訴は許されるか
　　　　　許されれば裁判所は実体審理に入るべきことから問題
　　　(1)　たしかに，実体的真実発見の要請からは，許されないとも
　　　　　しかし，立証の難易，訴訟経済の要請，刑事政策的配慮
　　　(2)　当事者主義のもとでは審判対象は訴因
　　　　　そして，訴因の設定・変更は検察官の専権とすれば，いかなる事実を訴因とするかは，検察官の訴追裁量
　　　　　そこで，一罪の一部起訴も許されるのが原則
　　　(3)　もっとも，訴追裁量は，実体的真実発見の要請や他の法制度により拘束
　　　　　そこで，①実体的真実発見の要請に著しく反する場合や，②特定の法制度の趣旨を没却する場合は，許されない
　　　2　以上を前提に，各小問を検討

第2　小問(1)
　　　1　この点，後行の所有権移転行為のみを横領罪として起訴することも合理的必要あり
　　　　　また，①実体的真実発見の要請に著しく反するとはいえない
　　　　　さらに②特定の法制度の趣旨を没却せず
　　　　　したがって，起訴は許される
　　　2　よって，実体審理に入るべき
第3　小問(2)
　　　1　住居侵入強盗のうち，強盗という重大犯罪について起訴していない
　　　　　しかも，強盗罪の立証も十分可能だから，立証の難易も考慮する必要はない
　　　　　とすれば，強盗を起訴しないことは，①実体的真実発見の要請に著しく反する
　　　　　したがって，起訴は許されない
　　　2　よって，公訴棄却の判決を言い渡すべき
　　　　　　　　　　　　　　　　　　　　　　　以上

【参考文献】
試験対策講座6章2節①【1】。条文シリーズ247条②3。

第10問 B⁺ 訴因の特定（覚醒剤），訴因変更の可否

甲の尿中から覚醒剤が検出されたという尿鑑定に基づき，甲は覚醒剤自己使用罪で起訴された。

(1) 当該起訴における起訴状に「被告人は法定の除外事由がないのに，令和3年10月2日ころから同月9日までの間，自宅において覚醒剤若干量を自己の身体に注射または服用して使用し，もって覚醒剤を使用したものである。」と記載されていた場合，このような起訴は適法か。

(2) 甲の自白に基づき，起訴状に「被告人は令和3年10月5日午前1時ころ，自宅において覚醒剤水溶液約0.15ccを自己の左腕に注射し，もって覚醒剤を使用したものである。」と記載して起訴したが，公判審理の過程で甲が供述を翻したため，検察官は甲の新供述に基づき，日時の点を「同月6日の午前1時半ころ」に変更することを求めた。このような訴因変更は認められるか。

【論 点】
1 訴因特定の程度（覚醒剤）
2 訴因変更の可否

答案構成用紙

答案例

第1　小問(1)について
1　本問起訴状には，日時につき「令和3年10月2日ころか
ら同月9日までの間」，方法につき「身体に注射または服
用して使用」という幅のある記載がなされている。
　　そこで，このような記載は，訴因の特定を規定する刑事　　5
訴訟法256条3項（以下「刑事訴訟法」法名省略）に反し
ないか，「できる限り」の意味が問題となる。
(1)　この点，当事者主義的訴訟構造を採用する現行法(256
条6項，298条1項，312条1項等)のもとでは，審判の
対象は検察官の主張する犯罪事実たる訴因であると解　　10
する。
　　そして，256条3項が訴因の特定を要求しているのは，
裁判所に対して審判の対象を明確にするとともに（訴因
の識別機能），被告人に対して防御の範囲を明示するた
めである（訴因の告知機能）。　　15
　　このような訴因の両機能にかんがみれば，「できる限
り」とは，「できるだけ正確，厳格に」の意味と解すべ
きであって，原則として厳格な犯罪日時等の特定が必要
と解する。
　　もっとも，あまりに厳格な訴因の特定を要求すること　　20
は捜査機関に酷であり，また，自白強要，捜査の長期化，
裁判官の予断などの弊害を招くおそれがある。
　　そこで，犯罪の性質上厳格に訴因を特定しえない特殊
事情があるときには，訴因特定の機能を害さないかぎり，
256条3項に反しないと解する。　　25
(2)　これを本問についてあてはめる。
ア　まず，本問は覚醒剤自己使用事犯であって，被害者
がなく，密行性が高いという性質を有する。
　　それゆえ，犯罪の性質上厳格に訴因を特定しえない
特殊事情があるといえる。　　30
イ　尿鑑定の結果は，覚醒剤検出可能期間内に覚醒剤使
用があったことを示すのみで，複数回使用の可能性が
あり，他の犯罪事実と区別できないとも思われる。
　　しかし，冒頭手続において求釈明（規則208条1項，
2項）により検察官が最終使用行為につき起訴した旨　　35
を主張すれば，他の犯罪事実との区別ができるため，
訴因の識別機能を害さない。
ウ　さらに，覚醒剤自己使用事件では，被告人の防御の
重点は尿の鑑定結果を覆すことにある。
　　それゆえ，犯行の日時等の具体的事情はそれほど重　　40
要ではないから，覚醒剤の検出試験の経過と結果を示
した鑑定書または鑑定意見書を被告人に事前開示すれ
ば，訴因の告知機能も害されない。
2　よって，冒頭手続終了までに求釈明により検察官が最終

（右側欄外の書き込み）

➡問題点の抽出

➡問題提起

➡訴訟構造から展開する
➡審判対象論

➡訴因の2つの機能は正確に

➡機能からの帰結（問題提起に
　対応させる）
➡原則

➡反対利益①
➡反対利益②

➡規範（問題提起に対応させ
　る）

➡あてはめ(規範に対応させる)
➡事実の指摘
➡事実に対する評価
➡特殊事情の認定

➡留保をつける

➡三段論法の帰結

使用行為につき起訴した旨を主張し，被告人に鑑定結果が 45
事前に開示された場合には，本件起訴状の訴因は「できる
限り」特定されているといえ，256条3項には反しない。
　　以上のような場合には，本件起訴は適法である。
第2　小問(2)について
1　本問において，訴因変更が認められるためには，新旧両 50
　訴因の間に「公訴事実の同一性」（312条1項）が認められ
　る必要がある。
　　そこで，「公訴事実の同一性」，すなわち，ここでは狭義
　の同一性の判断基準が問題となる。
　(1)　この点，同条項が訴因変更につき「公訴事実の同一 55
　　性」と限定を付したのは，訴因が識別機能のみならず告
　　知機能を有することから，被告人の防御の利益に配慮し，
　　無制限の訴因変更による被告人への不意打ちを防止する
　　ためである。
　　　そこで，「公訴事実の同一性」とは，被告人に不意打ち 60
　　を与えて防御の利益を害することのないよう，新旧両訴
　　因の基本的事実が同一であることをいうと解する。
　　　具体的には，両訴因の主要な事実関係が社会的に同一
　　または共通と認められるかを一次的基準とし，一方の犯
　　罪の成立が認められるときは他方の犯罪の成立が認めら 65
　　れないという非両立性を補完的に考慮するものと解する。
　(2)　本問では，覚醒剤自己使用罪が問題になっており，同
　　罪は各使用行為ごとに一罪が成立し，併合罪関係に立つ
　　以上，新旧両訴因は両立しうるようにも思える。
2　しかしながら，「公訴事実の同一性」を否定すると，被 70
　告人が黙秘している場合には，小問(1)のように幅のある訴
　因による起訴で有罪となりうるのに，捜査段階での自白に
　基づき日時を特定して起訴した場合には，訴因変更できな
　くなり不均衡である。
　(1)　この点，被告人から採取した尿鑑定の結果によって確 75
　　定しうるのは，最終使用行為のみである。
　　　そうだとすると，起訴した対象を最終使用行為とすれ
　　ば，他の行為と識別できるし，検察官の通常の訴追意思
　　に合致する。
　　　そこで，検察官は尿鑑定により検出された被告人の最 80
　　終使用行為を起訴したものと解する。
　(2)　そうすると，新旧両訴因事実はともに被告人の最終使
　　用行為である点で共通し，両立しえない。
3　よって，「公訴事実の同一性」が認められ，訴因変更は
　認められる。 85
　　　　　　　　　　　　　　　　　　　　　　　以上

⇨最決昭和56年4月25日（判例
シリーズ41事件）
▭問いに答える

▭問題文からの要件定立（オウ
ム返し）

▭論点の問題提起

▭機能から
13, 14行目とのリンク

▭機能からの帰結（論点の問題
提起に対応させる）
▭規範
⇨最判昭和29年5月14日（刑集
8巻5号676頁）
⇨最決昭和53年3月6日（判例
シリーズ46事件）

▭あてはめ（規範に対応させる）
▭理論的帰結

▭不都合性
小問(1)との対比

▭31行目とのリンク

▭政策的修正

▭三段論法の帰結

▭問いに答える

1　小問(1)について

　本問起訴状は，覚醒剤使用の日時につき，「令和3年10月2日ころから同月9日までの間」というように幅のある記載がなされている。そこで，本問起訴は訴因の特定を要求する256条3項に反し違法ではないか。　　　　　5

⑴　思うに，当事者主義を採用する現行法上（298条1項等），裁判所の審判の対象は，検察官の具体的犯罪事実の主たる訴因である。そして256条3項が訴因の特定を要求する趣旨は，裁判所に審判の対象を明示するとともに（識別機能）被告人の防御権の範囲を限定する点（告　10知機能）にある。

　　とすれば訴因の特定は厳格になされるべきようにも思える。

　　もっとも，厳格に訴因の特定を要求するのは事件によっては，検察官に酷であり，かえって捜査の長期化や取　15調べ中心の捜査により人権保障を害するおそれもある。

　　そこで，①訴因の特定を厳格に要求しえないような特段の事情があり②訴因の特定の趣旨を没却しない場合には訴因につき幅のある記載をすることも許されると解する（白山丸事件判例もほぼ同様の結論をとっている）。　20条文上も256条3項が「できる限り」としているのはこのような趣旨であろう。

⑵ア　これを本問についてみると，覚醒剤自己使用罪は，被害者がなく密行性の強い犯罪であり，訴因の特定を厳格に要求しえないような特段の事情があるといえる　25（①）。

　イ　また，尿鑑定によって確定できるのは覚醒剤の最終使用行為であるから，検察官の意思としては，訴因に記載された日時の内の最終使用行為につき，被告人を起訴したと解するのが合理的である。そこで，求釈明　30（規則208条）に応じて検察官が甲の最終使用行為につき起訴した旨の釈明をすれば，訴因の特定の識別機能を害することもない。

　　　さらに，甲の防御の中心は尿鑑定の結果についてであり，覚醒剤を使用した日時につき幅のある記載をし　35ても訴因の特定の告知機能を害することにもならないと解する（②）。

　ウ　以上より，検察官が釈明をすれば本問起訴状の覚醒剤使用の日時についての幅のある記載は許されると解する。　　　　　40

　　　よって本問起訴は256条3項に反せず適法である。

2　小問(2)について

　本問の訴因変更は認められるだろうか。

⑴　まず本問において覚醒剤を使用する日時を異にする以

◁○問題点の抽出がなされている（いきなり論点に飛びついていない）

◁△条文の文言を示すとよい

◁△256条6項，312条1項も示すべき

◁○訴因の機能OK

◁△「厳格になされるのが原則」とはっきり書くべきである

◁△「特段の事情」→「特殊事情」

◁△白山丸事件は，国交未回復国への密出国の事例である。ここでとりあげるのは疑問

◁○規範に対応させて，丁寧にあてはめをしている

◁○丁寧なあてはめである

◁△正確には「規則208条1項，2項」

◁△あてはめで「解する」必要はない。「ならない」と断定するべき

◁△ここでも「解する」必要はない

◁○問いに答えている

◁△意味のない問題提起である

上重大な事実の変化があり，訴因変更を要する場合といえる。

(2) では，本問において訴因変更は許されるであろうか。

訴因変更は「公訴事実の同一性」の範囲内で許されるので（312条1項），その意義が問題となる。

ア　思うに，両事実の基本的事実関係が社会通念上同一といえる場合には，同一の手続を利用する方が訴訟経済の観点から合理的であり，「公訴事実の同一性」の範囲内として訴因変更が許されるものと解する（判例に結論同旨）。

そして基本的事実関係が社会通念上同一といえるかは①事実的共通性を基準としつつも②両事実の非両立性を補完的に考慮して決すべきである。

イ　本問においては，甲の5日午前1時ころの覚醒剤自己使用罪と6日午前1時半ころの覚醒剤自己使用罪は実体法上数罪の関係にあり，形式的には両立しうる（②）。とすれば完全な事実的共通性も認められない以上（①），訴因変更は許されないようにも思われる。

しかし，小問(1)のような否認事件については訴因につき幅のある記載が許されその範囲内での審理判決が可能であるのに，自白事件においては，異なる日時の覚醒剤自己使用罪への訴因変更が認められないのでは均衡を欠く。

思うに，前述のように，覚醒剤自己使用罪においては検察官は被告の最終使用行為を起訴したと解するのが合理的である。

そこで，検察官がその旨の釈明をした場合には，甲の5日午前1時ころの覚醒剤自己使用罪と6日午前1時半ころの覚醒剤使用罪は最終使用行為として非両立の関係に立つものと解する（②）。そして，両事実は共に覚醒剤使用という点で，事実的共通性もある程度認められるので（①），本問の訴因変更は許されると解する。

(3) 以上より検察官が釈明すれば本問訴因変更は認められると解する。

以上

⇦○問題の所在OK

⇦△8行目以下の訴因の機能に絡めるとなおよい

⇦○判例OK

⇦○規範OK

⇦○規範に対応させて，丁寧にあてはめをしている

⇦○小問(1)との対比がすばらしい。問題点を十分に理解している

⇦○27行目以下とリンクしている

⇦△「解する」必要はない

⇦△「公訴事実の同一性」にあてはめていない
⇦△「解する」必要はない
⇦○問いに答えている
⇦△ここでも「解する」必要はない

答案作成上の注意点

　小問(1)は訴因の特定の問題である。落としてはいけないのは，訴因の機能２つ（識別機能，告知機能）と，概括的記載を認める必要性・許容性に配慮したうえで規範を立てること，規範に対応したあてはめをすることである。あてはめの部分では，訴因の告知機能との関係で，「覚醒剤使用事犯では犯行の日時は被告人の防御にとってそれほど重要ではない」旨指摘できていると好印象である。なお，答案例では，審判対象を明確にするという訴因の識別機能を述べる前提として，審判対象論について言及しているが，この部分を落としたとしてもそれほど差はつかないと思われる。なお，訴因の特定については，①構成要件該当性を判断するに足りるか，②他の犯罪事実との識別が可能か，という観点から検討する考え方もある（古江193頁）。その場合の論じ方については，第28問の答案例を参考にしてほしい。

　小問(2)は，訴因変更の可否を問う問題である。まず，公訴事実の同一性の判断基準については，学説も錯そうしていてわかりにくい論点である。ここでは，自説からの処理を丁寧に論じることが期待されている。また，覚醒剤の使用行為は，それぞれが併合罪関係にあるという問題意識を明示することが肝要である。答案例では，検察官は尿鑑定により検出された被告人の最終使用行為を起訴したものと解する最終使用行為説に立っている。これに対し，尿鑑定結果に対応しうる使用行為のうちの１つを起訴したものと解する最低一回行為説も有力である。

答案構成

第1　小問(1)
1　本問起訴状の幅のある記載は，訴因の特定を規定する256条3項に反しないか
　　「できる限り」の意味が問題
　(1)　当事者主義のもと，審判対象は訴因
　　　そして，256条3項が訴因の特定を要求する識別・告知機能にかんがみ，「できるだけ正確，厳格に」と解し，厳格な特定が必要なのが原則
　　　もっとも，あまりに厳格な特定を要求すると，自白強要などの弊害
　　　そこで，犯罪の性質上，特定しえない特殊事情があれば，特定の機能を害さないかぎり，256条3項に反しない
　(2)　まず，覚醒剤自己使用事犯は密行性が高く，犯罪の性質上，特定しえない特殊事情あり
　　　また，冒頭手続で求釈明により検察官が最終使用行為を起訴した旨主張すれば，識別機能を害さない
　　　さらに，防御の重点は鑑定結果を覆すことにあり，鑑定結果を被告人に事前開示すれば，告知機能も害しない
2　よって，256条3項に反せず起訴は適法
第2　小問(2)
1　訴因変更が認められるためには，「公訴事実の同一性」が必要
　(1)　「公訴事実の同一性」とは，新旧両訴因の基本的事実関係が同一である場合，すなわち，主要な事実関係が共通で，非両立の関係にあることが必要
　(2)　本問では，各使用行為ごとに併合罪ゆえ，両立しうるとも思える
2　しかし，「公訴事実の同一性」を否定すると，小問(1)の否認事件では有罪となりうるのに，小問(2)の自白事件では有罪とはできず，不均衡
　(1)　尿鑑定により確定するのは最終使用行為のみであり，検察官は最終使用行為を起訴したものと解する
　(2)　とすると，新旧両訴因はともに最終使用行為である点で共通し，非両立
3　よって，「公訴事実の同一性」が認められ，訴因変更は認められる　　　　　以上

【参考文献】
試験対策講座6章2節②【3】，7章3節①。判例シリーズ41事件，46事件。条文シリーズ256条②3，312条③5。

第11問 A 訴因変更の要否

以下の各小問に答えよ。なお，各小問は独立した問いである。

(1) 被告人Xは，借金苦から自殺をしようと企て，妻と子と暮らす自宅の台所内に都市ガスを充満させ，ガスに引火，爆発させて，自宅を全焼させたとして，現住建造物放火の罪で起訴された。起訴状記載の放火の方法は，台所の「ガスコンロの点火スイッチを作動させて点火し，同ガスに引火，爆発させて火を放った」というものであった。

　第一審は訴因の範囲内で，Xは「ガスコンロの点火スイッチを頭部で押し込み，作動させて点火し，同ガスに引火，爆発させ火を放った」と認定し，Xを有罪とした。

　控訴審は，第一審が認定した放火行為の態様は明らかに不合理であり，判決に影響を及ぼす事実誤認があるとして第一審判決を破棄した。そのうえで，訴因変更の手続を経ないまま，「なんらかの方法により」ガスを引火，爆発させたと認定し，Xを有罪とした。

　なお，控訴審の審理においては，もっぱらXがガスコンロの点火スイッチを頭部で押し込んだか否かについて争われており，他の方法による引火については弁護人・検察官からの主張はなく，裁判所の求釈明もなかった。

　訴因変更手続を経ないでXを有罪とした控訴審判決は適法か。

(2) 被告人Yは，当初強盗致死の訴因で起訴されたが，裁判所は傷害致死であるとの心証を抱いた。裁判所が有罪判決をするには訴因変更が必要か。

【論　点】

1　訴因変更の要否

2　縮小認定

答案構成用紙

第1　小問(1)について

　　本件訴因における実行行為は、「ガスコンロの点火スイッチを作動させ」たというものであるにもかかわらず、裁判所は、実行行為の態様について「なんらかの方法により」と認定している。このように訴因に記載された事実と認定事実に変更が生じる場合、訴因変更手続（312条1項）が必要となるのではないか、訴因変更の要否が問題となる。

　1　当事者主義訴訟構造を採用した現行法（256条6項、298条1項、312条1項等）のもと、審判対象は検察官の主張する具体的犯罪事実たる訴因であるから、具体的事実に変更が生じた場合に訴因変更を要するはずである。

　　　もっとも、軽微な事実変化の場合にまで常に訴因変更を要するとなると、迅速な裁判の要請に反する。

　　　そこで、重要な事実の変更が生じた場合には、訴因変更を要すると解する。

　　　このような重要な事実の変更とは、訴因の機能たる審判対象画定の見地から、①審判対象の画定に不可欠な事項に変更が生じた場合をいう。

　　　また、①に該当しない場合であっても、②事実の変更が一般的に被告人の防御にとって重要な事項であるときは、訴因において明示された以上、争点明確化による不意打ち防止の見地から、原則として訴因変更を要する。ただし、③具体的審理経過に照らし、被告人に不意打ちを与えるものでなく、かつ、判決で認定される事実が訴因に記載された事実と比べて被告人にとってより不利益であるとはいえない場合には、例外的に訴因変更は不要であると解する。

　2　これを本問についてみると、放火の態様の変更は、同一構成要件内の実行行為の方法の変更にすぎないから、①審判対象の画定に不可欠な事項とはいえない。

　　　しかし、放火の方法は現住建造物放火罪の実行行為の内容をなすものであって、②一般的に被告人の防御にとって重要な事項であるから、判決において訴因と実質的に異なる認定をするには、原則として、訴因変更の手続を要する。

　　　また、③具体的審理経過をみるに、もっぱらXがガスコンロの点火スイッチを頭部で押し込んだか否かについて争われており、他の方法による引火については弁護人・検察官からの主張はないとともに、裁判所の求釈明もなかった。そうだとすれば、「なんらかの方法により」放火したと認定することは、被告人にとって不意打ちであるといえる。

　　　したがって、訴因変更は必要であるといえる。

　3　よって、本問では、訴因変更を経ていない点で違法があり、Xを有罪とした控訴審判決は違法といえる。

第2　小問(2)について

　　強盗致死罪の訴因で傷害致死罪を認定することは許される

➡訴因事実と認定事実との違い

➡事案の問題提起

➡論点の問題提起
➡原則からの理由づけ

➡修正

➡規範定立
⇨最決平成13年4月11日（判例シリーズ43事件）
➡判例を意識した判断基準
➡審判対象画定の見地

➡不意打ち防止の見地

➡例外

➡①についてのあてはめ

➡②についてのあてはめ

➡③についてのあてはめ

➡結論
➡形式的に問いに答える

➡事案の問題提起

か。強盗致死罪は，暴行を手段とし，致死を結果とするという態様および限度において傷害致死罪を包摂しているため，縮小認定の可否が問題となる。

1　小問(1)において明示した判断枠組み（平成13年決定の枠組み）は，訴因と異なる事実を認定する場面であるところ，縮小認定が訴因と異なる事実を認定する場面といえるか。縮小認定について平成13年決定の枠組みにより判断すべきかと関連して問題となる。

この点について，縮小認定は，訴因の記載と異なる事実の認定ではなく，包摂している事実について訴因の記載どおりの認定をしていると考えるべきである。

そこで，縮小認定は平成13年決定の枠組みで論ずるべきでない。

2　では，縮小認定をするにあたり訴因変更は必要か。

(1)　そもそも，訴因事実が認定事実を包摂する関係にある場合，認定事実は検察官により黙示的・予備的に主張されているといえる。また，このような場合，一般的には被告人の防御に不利益を与えることがない。したがって，縮小認定にあたり訴因変更は不要と解する。

もっとも，争点明確化による不意打ち防止の要請は，訴訟の全過程を通じて要請されるので，縮小認定の場合にも同様に妥当する。そこで，縮小認定が具体的審理経過のなかで不意打ちにあたる場合には，争点顕在化措置をとる必要があると解する。

(2)　本問において，強盗致死罪は傷害致死罪を包摂する関係にあり，訴因変更は不要といえる。また，本問では，不意打ちにあたるような事情はないため，争点顕在化措置をとる必要はない。

3　よって，裁判所が有罪判決をするにあたり訴因変更は不要である。

以上

45
50
55
60
65
70
75

→論点の問題提起
→問題となる判例を示している

→結論

→問題提起

→歯止め

→あてはめ

→結論

第1　小問(1)

1　本問における訴因は，放火の方法として，「ガスコンロの点火スイッチを作動させ」たとしているのに対して，控訴審は「なんらかの方法により」と認定している。このように訴因に記載された事実と認定事実に変更が生じる場合には，訴因変更手続（312条1項）が必要となるのではないか問題となる。

2　訴因は，第一次的には裁判所に対し審判対象を画定する機能（識別機能）を果たすから，その機能を害するような重要な事実の変化が生じたかを問題にする。

　そのため，①審判対象の画定に必要な事実に変化がある場合には訴因変更手続を要する。

　さらに，②一般的に被告人の防御にとって重要な事実の変化については，争点の明確化などのため，これを訴因において明示するのが望ましく，また，明示した以上，判決においてこれと実質的に異なる認定をするには，原則として訴因変更手続を要する。もっとも，③被告人の防御の具体的な状況等の経過に照らし，被告人に不意打ちを与えるものではないと認められ，かつ，判決で認定される事実が訴因に記載された事実と比べて被告人にとってより不利益であるとはいえない場合には，例外として訴因変更手続を経ることなく訴因と異なる事実を認定することも許される。

　「自宅の台所」という犯行の場所等の背景事情・「自宅」という放火の目的物・自宅の「全焼」という生じた結果において同一であるうえ，「ガスに引火，爆発させ」たという態様においても同一である以上，審判対象の画定に必要な事実に変化があるとはいえない（①充足）。

　もっとも，ガスに引火，爆発させた具体的方法は，放火の実行行為の内容をなすものであって，一般的に被告人の防御にとって重要な事実である（②充足）。

　実際にも，控訴審においては，もっぱらXがガスコンロの点火スイッチを頭部で押し込んだか否かについて争われており，他の方法による引火について何ら争われておらず，その契機もなかった。つまり，他の方法による引火の可能性について，被告人に防御の機会が与えられていない。そのため，実質的に他の方法による可能性を認定してXを有罪とした控訴審判決は，明らかに被告人にとり不意打ちであり，かつ不利益である（③不充足）。

　したがって，控訴審判決のごとく認定するためには，訴因変更手続が必要である。

　そうであるにもかかわらず，訴因変更手続を経ないで前記事実を認定した控訴審判決は，違法である。

第2　小問(2)

1　訴因に記載された事実に対して包摂関係が認められる事

5

10

15

20

25

30

35

40

⟸○まず，問題となる事実の食い違いを認定できている

⟸○判例を意識した規範を立てられている

⟸○事実に着目し，自分の言葉で説明できている

⟸○適切に事実を評価し論じることができている

⟸○コンパクトに理由づけしたうえで規範を定立できている

実を認定する場合には，一般的に検察官の訴追意思の範囲 45
内であり，審判対象の画定に必要な事実に変化がないとい
え，また，被告人にとっても不意打ちであるとはいえない。
　　そのため，⑦認定事実が訴因に包含される大小関係にあ
り，⑦認定事実に検察官の予備的・黙示的訴追意思が認め
られる場合には，訴因変更は不要である。 50
2　本問における訴因は強盗致死であるのに対し，認定すべ
　き犯罪事実は傷害致死である。一般に，傷害致死は，強盗
　致死に対してその財物奪取目的を欠いたものにすぎない。
　そのため，前者が後者に包含される大小関係にあるといえ
　る（⑦充足）。このような関係にある以上，一般的に財物 55
　奪取目的が証明できなかった場合等に備えた検察官の訴追
　意思が認められる（⑦充足）。
　　したがって，訴因変更は不要である。
　　　　　　　　　　　　　　　　　　　　　　　　以上

答案作成上の注意点

　小問(1)は，最決平成24年2月29日（刑集66巻4号589頁）を題材としている。訴因変更の要否に関する重要判例であるため，一読していただきたい。また，本問では，裁判所のなすべき判決については問題としていないが，上記判例は法廷意見と反対意見で結論が分かれており，複雑な問題を抱えている。ぜひ，判例集で補うなどしていただきたい。訴因変更の要否を判断するにあたっては，最決平成13年4月11日（百選45事件）に沿って論述すべきであろう。本問は，実行行為の態様の変更であるので，審判対象の画定に不可欠な事項の変更ではないものの，被告人の防御の見地から重要な事項の変更であるといえる。そして，本問の具体的審理経過からは，訴因変更は，不意打ちかつ不利益といえるから，訴因変更は必要であるという結論になろう。

　小問(2)では，縮小認定の可否が問われている。ここでは，縮小認定の特殊性から訴因変更が必要かどうかを論ずればよい。具体的には，①認定事実が検察官により黙示的・予備的に主張されているといえること，②一般的には被告人の防御に不利益を与えることがないことの2点に言及できていれば十分である。さらに，上記平成13年決定との関係に言及したうえで，訴因変更が必要かを論ずることができれば，印象がよい。

答案構成

第1　小問(1)
　　訴因と異なる放火方法を認定するにあたり，訴因変更が必要か
　1　当事者主義訴訟構造（256条6項等）
　　　もっとも，迅速裁判の要請
　　　そこで，重要な事実の変更の場合，訴因変更必要
　　　そして，審判対象確定の見地から，審判対象の画定に不可欠な事項の変更があれば，訴因変更必要
　　　また，被告人の防御の見地から重要な事項の変更も訴因変更必要
　　　ただし，具体的審理経過に照らし，被告人に不利益でなく，不意打ちでない場合には，訴因変更不要
　2　本問では，実行行為の態様の変更は，審判対象の画定に不可欠な事項ではない
　　　しかし，防御の見地からは重要な事項であるため，訴因変更必要であるとも
　　　もっとも，頭部でスイッチを押した方法以外主張なし
　　　なんらかの方法という認定は，被告人にとって不意打ちかつ不利益にあたる
　　　したがって，訴因変更必要
　3　よって，訴因変更手続を経ないでXを有罪とした控訴審判決は違法

第2　小問(2)
　　強盗致死罪の訴因で傷害致死罪を認定することは許されるか，縮小認定の可否が問題
　1　縮小認定を平成13年決定の枠組みで捉えるべきか争いあり
　　　この点について，縮小認定は，訴因の記載どおりの認定の一態様
　　　そこで，縮小認定は平成13年決定の枠組みで論ずべきでない
　2　では，訴因変更必要か
　(1)　そもそも，認定事実は検察官により黙示的・予備的に主張
　　　また，被告人の防御に不利益なし
　　　したがって，訴因変更不要
　　　もっとも，争点明確化による不意打ち防止の要請
　　　そこで，不意打ちになる場合，争点顕在化措置
　(2)　本問では，強盗致死罪は傷害致死罪を包摂する関係にあり，訴因変更不要
　　　また，争点顕在化措置も不要
　3　よって，訴因変更不要
　　　　　　　　　　　　　　　　　　　以上

【参考文献】
試験対策講座7章2節③。判例シリーズ43事件，45事件。条文シリーズ312条③4。

第12問 A 自白法則

　　XYは，共謀して窃盗をなした疑いで検察官甲による取調べを受けている。甲はXを取調べ中「Yはすでに自白をしている。初犯なら起訴猶予もありうるので，素直に本当のことを言ったほうがいい。」と述べた。Xは，もう黙っていてもしょうがないと思い，甲の言葉を信じ起訴猶予を期待して，窃盗の事実について自白した。しかし，YはXの自白時点ではいまだ自白をするにいたっていなかった。後にX，Yは起訴された。

(1)　裁判所はXの窃盗の事実についてXの自白調書を証拠とすることができるか。Xが自白調書を証拠とすることについて公判廷で同意した場合はどうか。

(2)　Yが，両手錠を施され供述を強要されたと主張し自白の任意性を争う場合，だれがどのような方法で立証すべきか。

【論　点】

1　自白の任意性の基準
2　不任意自白の同意
3　自白の任意性の立証方法

答案構成用紙

答案例

<table>
<tr><td>

第1　小問(1)前段について

1　被告人Xは，検察官甲の「Yはすでに自白をしている」
という切り違え尋問（偽計）および「初犯なら起訴猶予も
ありうる」という不起訴の約束を信じて窃盗の事実につい
て自白をしている。　　　　　　　　　　　　　　　5

そこで，このような自白は，憲法38条2項を受けて規定
された刑事訴訟法319条1項（以下「刑事訴訟法」法名省
略）の「任意にされたものでない疑のある自白」にあたり
証拠能力が否定されないか，その判断基準が問題となる。

(1)　この点，自白法則の根拠は，自白は類型的に虚偽の蓋 10
然性が高く，誤判を生じやすいし，また，不任意自白が
なされる場合，捜査による人権侵害が生じる可能性が高
いため，これを証拠から排除すべき点にあると解される。

そこで，「任意……疑のある自白」か否かは，①虚偽
自白を誘発するおそれがある状況の有無，②供述の自由 15
を中心とする人権を不当に圧迫する状況の有無を基準と
して判断すべきと解する。

(2)　本問では，Xは，甲により「Yはすでに自白をしてい
る」という虚偽の事実を告げられたうえ，「初犯なら起
訴猶予もありうる」という不起訴の約束をほのめかされ 20
て自白しているところ，このような偽計および約束があ
れば，通常，①虚偽自白を誘発するおそれがある状況が
あったといえるし，②供述の自由を不当に圧迫する状況
があったといえる。

したがって，「任意にされたものでない疑のある自 25
白」にあたり，Xの自白調書の証拠能力は否定される。

2　以上より，裁判所はXの窃盗の事実についてXの自白調
書を証拠とすることはできない。

第2　小問(1)後段について

1　不任意自白は，捜査機関が供述の自由という人権を侵害 30
するという意味でその採取過程に違法があるといえる。

ところが，Xは自白調書について公判廷で同意している。
そこで，これにより証拠とできるようにならないか。違法
収集証拠の一種である不任意自白について，被告人の同意
により証拠能力が認められるかが問題となる。　　　35

たしかに，供述の自由など処分可能な個人法益が問題と
なっている場合は，当事者主義の理念に照らし，被告人の
同意により証拠能力を認めるべきとも考えられる。

しかし，被告人の同意によって瑕疵が治癒されるとする
と，適正手続（憲法31条）・司法の廉潔性・将来の違法捜 40
査の抑止という違法収集証拠排除の趣旨が没却されてしま
う。

したがって，不任意自白について同意があっても証拠能
力は認められないと解する。

</td><td>

▶問題点の抽出

▶問題提起，憲法上の権利から

▶自説（任意性説）

▶規範（問題提起に対応させる）

▶あてはめ（規範に対応させる）

▶三段論法の帰結

▶形式的に問いに答える

▶前提の確認

▶問題点の抽出
▶事案の問題提起
▶論点の問題提起

▶反対利益

▶趣旨から自説を導く

▶論点の結論（論点の問題提起に対応させる）

</td></tr>
</table>

2 以上より，Xが自白調書について公判廷で同意した場合 45
であっても，裁判所はXの窃盗の事実についてXの自白
調書を証拠とすることはできない。

第3 小問(2)について

1 本問では，Yが両手錠を施され供述を強要されたと主張 50
し自白の任意性を争っているところ，自白の任意性に関す
る挙証責任はだれが負うかが問題となる。

(1) この点，疑わしいという見込みで有罪判決をすること
は，無辜（むこ）の者を処罰する可能性があり，適正手続（憲法
31条）の理念に反する（336条後段参照）。

したがって，刑事訴訟では，「疑わしきは被告人の利 55
益に」の原則が妥当し，公訴事実については検察官が挙
証責任を負うと解する。

もっとも，自白の任意性などの訴訟法的事実は，それ
を主張する当事者が挙証責任を負うと解する。

(2) 本問では，自白調書を証拠調べ請求するのは検察官で 60
あるから，検察官が挙証責任を負う。

2 そうだとして，自白の任意性に関する証明は，厳格な証
明（刑事訴訟法のもとにおいて証拠能力があり，適式な証
拠調べを経た証拠による方法・317条）を要するか，それ
とも自由な証明（証拠能力および証拠調べについて刑事訴 65
訟法の規定に基づくことを要しない証明方法）で足りるか
が問題となる。

(1) たしかに，自白の任意性は訴訟法的事実であって，刑
罰権の存否およびその範囲を画する事実ではないから，
理論上は厳格な証明を要しない。 70

しかし，自白は罪責問題に直結する直接証拠であり，そ
の任意性は実体法的事実に準ずべき重要性がある。

また，不任意自白の排除は憲法上の要求でもある。

そこで，自白の任意性に関する証明は，自由な証明で
は足りず，厳格な証明によるべきと解する。 75

(2) よって，検察官は，刑事訴訟法上の適当な方法により，
自白の任意性を立証すべきである。

以上

➡形式的に問いに答える

➡問題点の抽出
➡論点の問題提起

➡憲法上の権利から

➡原則にあたるものから述べる
のが丁寧である

➡論点の結論（論点の問題提起
に対応させる）

➡あてはめ（論点の結論に対応
させる）
➡結論
➡論点の問題提起

➡理論的帰結
➡政策的修正

➡論点の結論・自説（論点の問
題提起に対応させる）
➡形式的に問いに答える

1 小問(1)について

(1) 設問前段について

　ア　Xの自白調書を証拠とすることができるか。自白について319条1項が任意性に疑いのある自白の証拠能力を制限しているところ，本小問Xは甲の「Yはすでに自白をしている。」などの言葉を信じて自白している。そこで，319条1項にあたり証拠能力が認められないのではないか。同条項の趣旨が問題となる。

　イ　この点，同条項は自白採取過程における手続の排除する趣旨であるとする見解がある（違法排除説）。

　　　この見解によると，基準の客観性は確保できる。

　　　しかし，「任意にされたものでない疑いのある自白」というように，自白した者の心理状態を基準にしている文言に合致せず妥当でない。

　　　思うに，任意性に疑いのある自白には虚偽が混入するおそれが高く，また，たとえ真実であっても黙秘権（憲法38条1項，法311条1項）を中心とした人権を侵害しているといえる。よって，319条1項はこれら虚偽の混入を防止するとともに人権保障をはかる趣旨であると解する。

　ウ　このように319条1項の趣旨を解すると，同条項で証拠能力が制限される自白にあたるか否かは，①虚偽自白が混入するおそれのある情況の有無，②人権侵害がなされるおそれのある情況の有無を基準として判断すべきである。

　エ　では，本小問Xの自白は319条1項の「自白」にあたるか。

　　　この点，甲が「起訴猶予もありうる」と述べることにより，Xは起訴猶予を期待して自白をしている。このような場合，起訴を免れるために，虚偽自白が混入する危険が高くなるといえる（①）。また，共犯者が既に自白をしていると告げられることは，被疑者にとって心理的圧迫が強いといえる。さらに，本小問では実際にはXの自白の時点でYは自白をしておらず，いわゆる切り違え尋問にあたる。このような場合，被疑者の黙秘権を中心とした人権が侵害されているといえる（②）。

　　　よって，本小問のXの自白は「任意にされたものでない自白」にあたる。

　オ　したがって，Xの自白調書を証拠とすることはできない。

(2) 設問後段について

　　　Xが公判廷で同意した場合は，自白調書を証拠とすることができるか。

（欄外コメント）

⟸△冒頭の問題提起に意味はない。問題文を写しても無意味
⟸△憲法38条2項の指摘がない

⟸△論旨不明瞭である
「手続の排除」→「手続の適正を担保」

⟸○批判OK

⟸△「これら」が何を示しているのか不明

⟸△7行目で「証拠能力が認められないのではないか」と問題提起しておきながら，「証拠能力が制限される……」としており，対応していない

⟸○規範（22行目以下）に対応させて自分なりにあてはめをしている

⟸○三段論法の帰結までしっかりと示している

⟸○問いに答えている

⟸△問題の所在が不明確である。問題文を写しても無意味

この点，真実発見（1条）の観点からは証拠能力を認　45
めてもよいと思われる。また，黙秘権（憲法38条1項，
法311条1項）等は被告人の権利なので，真しな同意が
あれば，証拠能力は認められると解される。

⇦○自分なりに対立利益を示している

　　しかし，被告人の人権侵害の程度が著しい場合にまで
証拠能力を認めてしまっては人権保障（1条）の観点か　50
ら妥当でない。よって，このような場合には同意があっ
ても証拠能力は認められないと解する。

⇦○自分なりに規範を定立している

　　本問では，Xに対して甲が偽計を用いるなど，人権侵
害の程度が著しいといえる。

⇦○あてはめOK

　　したがって，Xの同意があっても自白調書を証拠とす　55
ることはできない。

⇦○問いに答えている

2　小問(2)について

(1)　自白の任意性を争う場合，だれがどのような方法で立
証すべきか。

⇦△唐突な問題提起である。また，問題の所在が不明確

　　この点，自白の任意性は手続上の問題であるので，立　60
証の方法については自由な証明で足りるとも思われる。

⇦△「手続上の問題」→「訴訟法的事実」

　　しかし，自白の任意性は刑罰権の存否を決める上で重
要な役割を果たし，被告人の人権保障にも関わる。

　　よって，証拠能力ある証拠による適式な証拠調べを経
た厳格な証拠により立証すべきである。　65

⇦△定義がおかしい

(2)　次に，客観的挙証責任は検察官にあると解する。

　　なぜなら，自白の任意性は国家の刑罰権の発動を適正
に行ううえで重要なので，通常の挙証責任は犯罪事実と
同様と解されるところ，犯罪事実の挙証責任は，適正手
続の観点（憲法31条）から，検察官に存するから（法　70
336条）である。

⇦△論旨不明瞭（言いたいことはわかるが……）

⇦△336条後段が正確

　　ただし，全ての事実につき自白の任意性を立証しなけ
ればならないとすると，訴訟遅延を招きかえって被告人
の人権保障が図れなくなるので，任意性がないという主
張は被告人がなすべきである。よってこのような意味で　75
の形式的挙証責任は被告人にあるといえる。

以上

⇦△「このような意味で」の意味が不明
⇦×問いに答えていない

答案作成上の注意点

答案例では，任意性説に立った論述をしている。小問(1)前段において，自白法則の根拠について任意性説に立つのであれば，あてはめをいかに説得的に行うかがポイントである。なぜ虚偽自白のおそれがあるのか，なぜ人権侵害のおそれに繋がるのかということをしっかりと論述してほしい。

小問(1)後段において，任意性説を採った場合であっても，重大な違法手続によって得られた供述は，違法収集証拠として排除されることを否定するものではないことに注意してほしい。ここでは，適正手続・司法の廉潔性・将来の違法捜査の抑止という違法収集証拠排除の趣旨は公益保護にあり，個人の同意によっては治癒されないのではないかという問題意識をだしてほしいところである。

小問(2)においては，「だれが」という点は，証拠能力は当該証拠を提出する者が立証するというあたり前のことを論じられればよい。「立証方法」については，自白の任意性は訴訟法的事実なので，自由な証明で足りるのではないかが問題となる。結論はどちらでもよいが，自白の任意性は訴訟法的事実であるから，自由な証明で足りるとするのが論理的であるということを示す必要がある。ここでは，原則論からしっかりと展開する答案が求められる。基礎的な事項が問われたときこそ原則論から展開し理解を示すことが高得点につながるだろう。

答案構成

第1　小問(1)前段
1　自白調書には，任意性があれば証拠とすることができるが，不任意自白として，証拠能力が否定されないか
 (1)　任意性説
　　そこで，①虚偽自白誘発状況の有無，②人権不当圧迫状況の有無を基準
 (2)　本問では，虚偽事実を告げられ，不起訴の約束をほのめかされており，①虚偽自白誘発状況あり，②人権不当圧迫状況あり
　　したがって，不任意自白として，自白調書の証拠能力は否定
2　以上より，自白調書を証拠とできない
第2　小問(1)後段
1　違法収集証拠の一種である不任意自白について，被告人の同意により証拠能力が認められるか
　　たしかに，当事者主義
　　しかし，適正手続（憲法31条）・司法の廉潔性・将来の違法捜査の抑止
　　したがって，同意があっても証拠能力は

認められない
2　以上より，Xが同意しても，自白調書を証拠とできない
第3　小問(2)
1　自白の任意性の挙証責任はだれが負うか
 (1)　適正手続の理念から利益原則が妥当し，公訴犯罪事実については検察官が挙証責任を負う
　　もっとも，訴訟法的事実は，それを主張する当事者が挙証責任を負う
 (2)　本問では，自白調書を証拠調べ請求するのは検察官だから，検察官が挙証責任を負う
2　としても，自白の任意性に関する証明は，厳格な証明を要するか
 (1)　たしかに，理論上は自由な証明
　　しかし，自白の任意性は重要度が高い
　　また，不任意自白の排除は憲法上の要求
　　そこで，厳格な証明
 (2)　よって，検察官は刑事訴訟法上の適当な方法により，立証すべき　　　　以上

【参考文献】
試験対策講座10章1節②・④，3節②。判例シリーズ58事件・69事件。条文シリーズ2編3章■4節②4・5，319条③2・3。

第13問 B+ 補強法則

次の事実を認定するためには，被告人の自白のほかに補強証拠を必要とするか。

(1) 自動車の無免許運転罪（道路交通法117条の2の2第1号）で起訴されている被告人について，当該自動車を運転した者が被告人であること

(2) 上記の被告人が自動車運転の際免許を有していなかったこと

(3) 覚醒剤取締法によって覚醒剤の所持を許可されている者でないのに覚醒剤を所持したとして同法違反で起訴されている被告人について，同人が当該物件を覚醒剤であると知っていたこと

(4) 上記の被告人が覚醒剤取締法によって覚醒剤の所持を許可されている者にあたらないこと

【論　点】

1　補強法則の意義・趣旨

2　補強証拠が必要な範囲

答案構成用紙

答案例

第1　憲法38条3項，刑事訴訟法319条2項（以下法令名略）
　　は，自白が自己に不利益な唯一の証拠である場合には有罪と
　　されない，という補強法則を規定して，自白に補強証拠を要
　　求する。

➡️補強法則の説明

　　　そこで，各小問の事実を認定するにつき，被告人の自白の　　　5
　　ほかに補強証拠が必要とならないか，補強証拠が必要な事実
　　の範囲が問題となる。

➡️問題提起

　　　この点について，判例は，自白にかかる事実の真実性を保
　　障しうる証拠があれば足りるとする。しかし，301条は，自白
　　は他の証拠が取り調べられた後にしかその取調べを請求でき　　10
　　ないと規定し，補強証拠が自白と独立して取り調べられるこ
　　とが予定されているので，上記のように解することは現行法
　　の建前に合わない。

➡️判例への言及
➡️判例に対する批判

　　　そもそも，補強法則の趣旨は，自由心証主義（318条）を
　　制限して，自白偏重による誤判を防止する点にあるので，補強　　15
　　証拠が必要な事実の範囲については，客観化された明確な基
　　準を用いるべきである。

➡️趣旨から自説の理由づけ

　　　そこで，補強証拠の必要な事実の範囲は，犯罪事実の主要
　　部分であると解する。

➡️論点の結論（罪体説）

第2　小問(1)について　　　　　　　　　　　　　　　　　　　20
　1　本小問の事実は，犯人が被告人であるという事実である。
　　　そこで，犯人と被告人の同一性が犯罪事実の主要部分に含
　　まれるかが問題となる。

➡️問題提起

　2　たしかに，補強法則の趣旨である自白偏重による誤判防
　　止を強調すれば，犯人と被告人との同一性についてまで補　　　25
　　強を必要とすることが望ましい。

➡️反対説への配慮

　　　しかし，犯人と被告人の同一性については補強証拠が少
　　ないことが多く，一律に補強を必要とするとあまりに真実
　　発見の要請（1条）が害されてしまう。また，このような
　　補強証拠の有無という偶然の事情により，有罪・無罪が左　　　30
　　右されるという弊害を生じてしまう。

➡️理由づけ

　　　そこで，犯人と被告人との同一性は犯罪事実の主要部分
　　に含まれないと解する。

➡️結論

　3　よって，本小問の事実を認定するには，補強証拠は不要
　　である。　　　　　　　　　　　　　　　　　　　　　　　35

➡️形式的に問いに答える

第3　小問(2)について
　1　本小問の事実は，被告人が無免許であったという無免許
　　運転罪の身分的側面にかかる事実である。そこで，このよ
　　うな事実が犯罪事実の主要部分に含まれるかが問題となる。

➡️事案の問題提起

　2　そもそも，無免許運転の罪は，自動車の運転行為と，無　　　40
　　免許の事実から構成されるといえる。
　　　そして，国民の多くが自動車運転免許を有している今日
　　では，自動車の運転行為自体は無色透明な社会的行為にす
　　ぎず，何ら犯罪的色彩のない性質の行為というべきである。

そうだとすると，このような運転行為に犯罪的色彩を与え 45
るのが無免許の事実といえる。
　したがって，被告人が無免許であったという事実は，無 `→結論`
免許運転罪の成立につき不可欠な主要部分であり，犯罪事
実の主要部分に含まれると解する。
3　よって，本小問の事実を認定するには，補強証拠が必要 50 `→形式的に問いに答える`
である。
第4　小問(3)について
1　本小問の事実は，被告人が当該物件が覚醒剤であると知
っていたという，故意に該当する主観的構成要件事実であ
る。そこで，このような事実が犯罪事実の主要部分に含ま 55 `→事案の問題提起`
れるかが問題となる。
2　この点について，主観面にこのような事実にも補強証拠
を要するとすると，このような事実については自白以外の
証拠が少ないことが多いので，小問(1)同様，処罰の偶然性
などの弊害が生じうる。 60
　そこで，故意のような主観的構成要件事実は，犯罪事実 `→結論`
の主要部分に含まれないと解する。
3　よって，本小問の事実を認定するには，補強証拠は不要 `→形式的に問いに答える`
である。
第5　小問(4)について 65
1　本小問の事実は，被告人が覚醒剤の所持を許可されてい
る者にあたらないという覚醒剤所持罪の身分的側面にかか
る事実である。そこで，このような事実が犯罪事実の主要 `→事案の問題提起`
部分に含まれるかが問題となる。
2　この点について，覚醒剤所持の許可が存しないことも， 70 `→反対説への配慮`
小問(2)の無免許の事実同様，一種の身分として補強を要す
るとも思える。
　しかし，覚醒剤の所持行為はそれ自体が著しく社会的妥
当性を欠き，許可等の除外事由により所持が適法とされる
のはきわめて例外的な場合といえる。 75
　そうだとすると，覚醒剤所持罪は，運転行為のうち無免
許の場合を特に禁圧し無免許の事実が積極的構成要件要素
である無免許運転罪とは異なるといえる。すなわち，覚醒
剤の所持は一般的に禁止されているもので，許可の不存在
は積極的犯罪構成要件要素でなく，許可の存在が犯罪成立 80
阻却事由となるにすぎないと解される。
　そこで，犯罪事実の主要部分といえるのは，覚醒剤所持 `→結論`
行為そのものであり，覚醒剤所持を許可されていることは
犯罪の消極的要件にすぎず，犯罪事実の主要部分に含まれ
ないと解する。 85
3　よって，本小問の事実を認定するには，補強証拠は不要 `→形式的に問いに答える`
である。
以上

1　補強法則

　(1)　補強証拠は，自白内容の真実性が実質的に担保できる
　　証拠であれば足りるとする見解もある。

　　　しかし，かかる見解は，自白の証拠調べ請求時期を，
　　犯罪事実に関する他の証拠調べ請求後に限定している法　　5
　　の建前（301条）に反し，妥当でない。

　　　思うに，319条2項の趣旨は，自由心証主義を制限し，
　　自白偏重による誤判を防止することにある。したがって，
　　補強証拠は，犯罪事実を構成する要素のうち，客観的要
　　素の重要部分の範囲で必要である。　　　　　　　　　　10

　　　具体的には，存在しない犯罪による処罰を防止するた
　　め，①客観的な法益侵害行為の存在と，②①が何人かに
　　起因するものである事実で足りる。

　(2)　以下，具体的に検討する。

2　小問(1)　　　　　　　　　　　　　　　　　　　　　　　15

　　　無免許運転の罪において，自動車の運転者が被告人であ
　　ることは被告人と犯人の同一性を示す。したがって，かか
　　る事実は犯人性を示す事実であり，①や②にあたらない。

　　　よって，補強証拠を要しない。

3　小問(2)　　　　　　　　　　　　　　　　　　　　　　　20

　　　無免許運転の罪において，自動車の運転それ自体は法益
　　を侵害する行為ではない。すなわち，自動車運転の罪は，
　　自動車運転の事実とその際の免許不携帯の事実で構成され
　　る。したがって，免許不携帯という事実が客観的法益侵害
　　行為を構成する。かかる事実は①にあたる。　　　　　　25

　　　よって，補強証拠を要する。

4　小問(3)

　　　覚醒剤所持の罪において，覚醒剤の所持は法益侵害事実
　　にあたる。そして，覚醒剤の認識は法益侵害事実の認識に
　　あたり，故意にあたる。かかる事実は，主観的構成要件要　30
　　素にあたり，①や②にあたらない。

　　　よって，補強証拠を要しない。

5　小問(4)

　　　覚醒剤の所持の罪において，覚醒剤の所持は一般的に禁
　　止されている。すると，覚醒剤所持の事実が法益侵害事実　35
　　にあたる。他方，覚醒剤所持の許可を取得した者という事
　　実は，覚醒剤所持の一般禁止を解除し，覚醒剤所持を社会
　　的に妥当とする評価を与える事実にあたる。

　　　したがって，違法性を否定する事実にあたり，違法性阻
　　却事由に該当する。かかる事実は①や②にあたらない。　　40

　　　よって，補強証拠を要しない。

　　　　　　　　　　　　　　　　　　　　　　　　　　　　以上

⇐○反対説に配慮できている

⇐△憲法38条3項も引用する

⇐△この規範をだすとその後の設
問がすべて処理できてしまうた
め，この点についてもっと説明
したほうがよいだろう

⇐△「したがって」の前と後とが
言い換えになっており，適切な
説明となっていない

⇐△説明が若干不十分である

⇐△「したがって」の前と後との
つながりが不明確である

答案作成上の注意点

　本問では，特定の犯罪に関わる各事実について，それぞれ自白のほかに補強を要するかを検討しなければならない。その際には，補強法則の趣旨に言及していただきたい。319条2項のみならず，憲法38条3項も引用することを忘れないようにしたい。

　また，4つの事実いずれについても，一貫した立場から論述する必要がある。そのため，まずは補強証拠を要する範囲について自己のとる見解を説明しなければならない。判例は実質説を採用していると解されるが，実質説からは補強を要する範囲を一義的に説明することができず，答案をうまく書くのは難しい。そのことをふまえ，罪体説を採ったうえで明確に論じるほうがよい答案となるのではないかと思われる。罪体説を採るのであれば，判例の立場に言及できるとよいであろう。

答案構成

第1　憲法38条3項，刑事訴訟法319条2項は，補強法則を規定
　　そこで，補強証拠が必要となる範囲が問題
　　この点，判例は実質説
　　しかし，301条の規定から実質説は現行法の建前に合わない
　　そもそも，補強法則の趣旨は，自白偏重による誤判の防止
　　そこで，補強証拠が必要なのは主要事実の重要部分
第2　小問(1)
　1　犯人と被告人の同一性は罪体に含まれるか
　2　たしかに，趣旨からは補強を必要とすることが望ましい
　　　しかし，真実発見の要請（1条），また，偶然の事情により結論が左右される
　　　そこで，犯人と被告人の同一性は罪体に含まれない
　3　よって，補強証拠不要
第3　小問(2)
　1　無免許であったという事実が罪体に含まれるか
　2　そもそも，無免許運転の事実は，自動車の運転行為＋無免許の事実
　　　そして，自動車の運転行為自体は無色透明な行為
　　　とすると，それに犯罪的色彩を与えるのが無免許の事実
　　　したがって，無免許であった事実は罪体に含まれる
　3　よって，補強証拠必要
第4　小問(3)
　1　覚醒剤であると知っていたことが罪体に含まれるか
　2　この点，主観については自白以外の証拠が少ないことが多いから小問(1)と同様の弊害
　　　そこで，故意のような主観的事実は罪体に含まれない
　3　よって，補強証拠不要
第5　小問(4)
　1　覚醒剤の所持について許可がないことが罪体に含まれるか
　2　この点，小問(2)と同様とも
　　　しかし，覚醒剤の所持はそれ自体社会的妥当性欠き，所持が適法となるのはきわめて例外
　　　とすると，無免許運転罪とは，覚醒剤所持罪を同様に考えるのは妥当性に欠ける
　　　すなわち，許可の存在が犯罪成立阻却事由となる
　　　そこで，覚醒剤所持を許可されていることは罪体に含まれない
　3　よって，補強証拠不要

以上

【参考文献】
試験対策講座10章3節③【2】・【3】。判例シリーズ74事件。条文シリーズ319条③4(2)。

第14問 B　共犯者の自白

CHECK ☐☐☐

殺人被告事件において，被告人甲・乙両名が共同被告人として共同審理を受けている。乙が公判廷において被告人として検察官の質問に対し「甲とともに被害者を殺害した。」と供述した場合，この乙の供述を用いて甲の有罪を認定するうえでの問題点を論ぜよ。

また，乙の供述が公判廷外でなされ，その内容を記載した供述録取書を用いる場合はどうか。

【論　点】

1　共同被告人の公判廷での供述の証拠能力
2　共犯者の自白と補強証拠の要否
3　共同被告人の公判廷外での供述の証拠能力

答案構成用紙

答案例

<table>
<tr><td>

第1　設問前段について

1　被告人甲の有罪認定に供せられるべき証拠は，適式な証拠調べ手続を経た証拠能力ある証拠でなければならない（刑事訴訟法317条。以下「刑事訴訟法」法名省略，厳格な証明）。　　　　　　　　　　　　　　　　　　5

それでは，共同被告人乙の本件供述に証拠能力を認めることはできるか。共同被告人の公判廷における供述は相被告人に対する証拠となりうるかが問題となる。

</td><td>

⇨要件の定立，317条を忘れずにまず証拠能力から

⇨事案の問題提起
⇨論点の問題提起

</td></tr>
<tr><td>

(1)　この点判例は，相被告人には311条3項により反対質問（被告人質問）の機会が与えられているので，共同被告人の供述に証拠能力を認めてよいとしている。　10

しかし，共同被告人は被告人たる地位にあるかぎり黙秘権（憲法38条1項，311条1項）を有しているのだから，反対質問をなしうるというだけで証拠能力を認めるのは，相被告人の反対尋問権（憲法37条2項前段参照）が十分に保障されたことにならない。　　　　15

そもそも，共同被告人には黙秘権があり，反対質問に応じる義務はないから，その公判廷における供述は，反対尋問を経ない供述であり，伝聞法則（320条1項）の適用を受けると解する。　　　　　　　　　20

したがって，原則として証拠となりえないと解する。

もっとも，相被告人の反対質問が十分に行われれば，反対尋問による吟味に代えることも可能であって，これを許容しても反対尋問権の保障という伝聞法則の趣旨に反しない。　　　　　　　　　　　　　　25

そこで，相被告人の反対質問に対して共同被告人が黙秘権を行使することなく答えた場合，すなわち反対質問が十分効果をあげた場合には，相被告人に対して証拠となりうると解する。

</td><td>

⇨最判昭和35年9月9日（刑集14巻11号1477頁）
この判例の指摘は不可欠

⇨憲法上の権利をもちだすことにより，批判の説得力が格段と増す

⇨自説

⇨伝聞証拠について実質説を採ることが前提

⇨原則（論点の問題提起に対応させる）
⇨反対利益

⇨規範定立（論点の問題提起に対応させる）

</td></tr>
<tr><td>

(2)　そうすると，本問において，甲の反対質問が十分効果　30
をあげた場合には，乙の供述は甲に対して証拠となりうる。

2　そうだとしても，乙の供述は，自己の犯罪事実を認める供述なので「自白」にあたり，乙に対する証拠として用いる場合には，補強法則が適用される（319条2項）。　35

そこで，甲に対する証拠として用いる場合にも，補強法則が適用されるか。共犯者の自白に補強証拠が必要かが問題となる。

</td><td>

⇨あてはめ（規範に対応させる）

⇨問題点の抽出
証拠能力の次に証明力を検討する

⇨事案の問題提起
⇨論点の問題提起

</td></tr>
<tr><td>

(1)　この点，共同被告人は被告人本人からすれば第三者であるから，「本人の（「その」）自白」（319条2項）とはいえない。　　　　　　　　　　　　　　　　　　　40

また，自白した者が無罪となり，否認した者が有罪となっても，自白が反対尋問を経た供述より証明力が弱い以上，当然であり，必ずしも不合理とはいえない。

</td><td>

⇨条文解釈は必須

⇨許容性

</td></tr>
</table>

しかも，補強法則は自由心証主義（318条）の例外で
あって，安易に例外を広げるべきではない。
　　　そこで，共犯者の自白に補強証拠は不要と解する。
　　　これに対しては，共犯者はみずからの刑事責任を軽く
するために他人を引っ張り込む自白をする危険性が大き
く，このような自白を安易に信用すると誤判を招くおそ
れがあるので不当であるとの批判がある。
　　　しかし，反対尋問によってこの危険性を十分えぐりだ
すとともに，自由心証主義の範囲内で共犯者の自白の評
価を慎重に行うこともできるから，不当とまではいえな
いと解する。
　(2)　よって，補強証拠は不要であり，乙の供述のみを用い
　　て，甲の有罪を認定することができる。
第2　設問後段について
　1　共同被告人乙の供述録取書は，「公判期日における供述
　　に代え」た「書面」であるから，伝聞証拠にあたる。
　　　それゆえ，甲の同意（326条）がないかぎり，原則とし
　　て証拠能力は認められない（320条1項，伝聞法則）。
　2　もっとも，常に証拠能力を否定すると，真実発見の要請
　　（1条）に反する。
　　　そこで，共同被告人の供述録取書は，相被告人に対して，
　　伝聞例外に関するいかなる規定により証拠能力を認めるべ
　　きかが問題となる。
　(1)　たしかに，共同被告人もまた「被告人」（322条1項）
　　　であるとして，322条1項によるべきとも考えられる。
　　　　しかし，これでは，任意性が肯定されればただちに証
　　　拠能力が肯定されることになり，反対尋問権の保障とい
　　　う伝聞法則の趣旨を失わせる。
　　　　この点，共同被告人も，当該書面の証拠調べ請求を受
　　　けた相被告人との関係ではあくまでも第三者であるから，
　　　「被告人以外の者」（321条1項柱書）といえる。
　　　　そこで，共同被告人の供述録取書は，321条1項各号
　　　により証拠能力を認めるべきと解する。
　(2)　よって，乙の供述録取書は，321条1項各号の要件を
　　　みたせば，証拠能力が認められる。
　　　　なお，補強証拠（憲法38条3項，刑事訴訟法319条2
　　　項）を不要とするという点は，前段と同様である。
　3　以上より，321条1項各号の要件をみたした場合は，乙
　　の供述録取書のみを用いて，甲の有罪を認定することがで
　　きる。
　　　　　　　　　　　　　　　　　　　　　　　　　　以上

45　⇨必要性

　⇨論点の結論（論点の問題提起
　　に対応させる）
　⇨最判昭和51年10月28日（判例
50　シリーズ76事件）
　⇨自説への批判

　⇨反論（自説の許容性）

55

　⇨形式的に問いに答える

　⇨問題点の抽出
60　　定義を示してもよい

　⇨原則，326条を忘れずに

　⇨反対利益

65　⇨論点の問題提起

　⇨反対説

70　⇨反対説の批判
　⇨趣旨にさかのぼるとよい

　⇨自説，条文解釈は必須

75

　⇨論点の結論（論点の問題提起
　　に対応させる）
　⇨最決昭和27年12月11日（刑集
　　6巻11号1297頁）
　⇨あてはめ・結論
80　⇨忘れずに

　⇨形式的に問いに答える

1 設問前段について

(1) 本件の乙の供述を用いて甲の有罪を認定するためには，まず乙の供述に証拠能力が認められなければならない。

　ところが被告人である乙には黙秘権（311条1項）が保障されているため，甲の反対尋問権（憲法37条2項）が制限され，乙の供述に証拠能力が認められないのではないかが問題となる。　　　　　　　　　　　　　　5

　この点，判例は被告人には反対質問（311条2項）をなしうることから証拠能力を肯定する。

　しかし，被告人には黙秘権が保障されている以上，常に反対質問が有効に機能するとはいえない。　　　　　10

　そこで，被告人が黙秘権を行使せず，事実上反対尋問権が功を奏した，といえる場合に限り，証拠能力を肯定すべきである。

　なぜなら，かかる場合であれば乙の黙秘権を侵害することなく，甲の反対尋問権を保障することができるからである。　　　　　　　　　　　　　　　　　15

　従って，乙が黙秘権を行使せず，事実上反対尋問権が功を奏したといえる場合であれば乙の供述に証拠能力が認められる。　　　　　　　　　　　　　　　　20

(2) 乙の供述に証拠能力が認められるとしても，乙の供述だけで甲の有罪を認定することができるか。

　本人の自白が自己に不利益な唯一の証拠である場合には有罪とされないが（補強法則，憲法38条3項，法319条2項），共犯者の自白が「本人の自白」に含まれるかが問題となる。　　　　　　　　　　　　25

　この点，判例は「本人の自白」には共犯者の自白は含まれないとし，補強証拠を不要とする。

　しかし，補強法則の趣旨は自白偏重における誤判を防止する点にあり，共犯者の自白においても引っ張り込みの危険性があり自白偏重による誤判のおそれは否定できない。　　　　　　　　　　　　　　　　　30

　従って，「本人の自白」には共犯者の自白も含まれると解する。

　よって，乙の供述を用いて甲の有罪を認定するために　35
は，乙の供述を補強する証拠が必要である。

2 設問後段について

(1)ア　本件供述録取書に記載された乙の供述は裁判所の面前での反対尋問を経ていない供述証拠であり伝聞証拠にあたる。　　　　　　　　　　　　　　　40

　かかる伝聞証拠は法廷に顕出されるまでの知覚・記憶・表現・叙述の各過程に誤りの介入するおそれがあるため，原則として証拠能力が否定される（伝聞法則，320条1項）。

⇦△317条も示すとよい

⇦△憲法38条1項も示すべき

⇦△憲法37条2項前段が正確である

⇦×「311条3項」である。項まで正確に書く

⇦△原則・修正の順で書くべき（答案例参照）

⇦△最大判昭和23年7月29日（百選A34事件）との関係で，公判廷での供述に関する設問前段において憲法38条3項を引用することは疑問が残る

⇦○的確な問題提起である。条文解釈の姿勢もよい。また，判例の指摘OK

⇦○趣旨から説得的に論証している

⇦○形式的に問いに答えている

⇦○定義を盛り込んでいる点OK

⇦○趣旨をうまく入れ込んでいる

⇦○原則OK

イ　もっとも，伝聞例外にあたれば証拠能力が認められ　45
　るが，本件供述録取書が伝聞例外にあたるか。
ウ　まず，甲の同意があれば上記供述録取書に証拠能力
　が認められる（326条）。
エ　では，甲の同意がない場合はどうか。
　　この点，共同被告人も「被告人」（322条）にあたる　50
　とし322条と321条1項2号の要件を満たした場合に証
　拠能力が認められるとする見解もある。
　　しかし，甲にとっては共同被告人乙も第三者にすぎ
　ず「被告人以外の者」（321条1項）というべきである。
　　従って，321条1項2号の要件を満たせば本件供述　55
　録取書に証拠能力が認められる。
(2)　上記供述録取書に証拠能力が認められるとしても，前
　述のように共犯者の自白も「本人の自白」にあたるので，
　補強証拠がない限り，これを甲の有罪認定の証拠とする
　ことはできない（憲法38条3項，法319条2項）。　60
　　　　　　　　　　　　　　　　　　　　　　　　以上

△場合分けはしなくてよい

△文言に絡めている点OK。ただ，なぜ321条1項2号がでてくるのか不明

△規範とあてはめが一体化している
△正確には「321条1項柱書」
△本問では，何号の問題か不明のはずである

○問いに答える姿勢OK

　設問前段については，証拠能力と補強証拠の要否が問題となる。これら双方を検討することを忘れずにしたい。また，これらを混同して論述しないよう注意が必要である。

　証拠能力については，黙秘権と反対尋問権の対立をどう調整するかがポイントになる。双方の要請をあげ，価値判断をきちんとしてほしい。また，311条3項についても言及すべきである。

　証拠能力を検討した後は，補強証拠の要否を検討することとなる。まず，問題提起については，「自白」という条文（憲法38条3項，刑事訴訟法319条2項）の文言にひきつけた論述が望まれる。

　設問後段については，まず伝聞証拠にあたるという原則は指摘してほしい。次に，いずれの条文により伝聞例外を認めるかという議論になる。ここでは，判例・通説に立つのであれば，共同被告人が被告人との関係では第三者であるという理由に加えて，実質的な理由に言及することができるとなおよい。最後に有罪を認定するうえでの問題点が問われていることから，有罪の認定に関わるかたちで問いに答えてほしい。

答案構成

第1　前段
1　被告人甲の有罪認定に供せられる証拠には，厳格な証明（317条）が必要
　　では，共同被告人の公判廷供述は，相被告人に対して証拠能力があるか
　(1)　判例は，反対質問（311条3項）を理由に証拠能力を認める
　　　しかし，共同被告人には黙秘権あり
　　　反対質問をなしうるというだけでは相被告人の反対尋問権が保障されない
　　　この点，共同被告人には黙秘権あり，反対尋問に応じる義務はない
　　　とすれば，その供述は反対尋問を経ない供述といえ，伝聞法則の適用あり
　　　したがって，証拠能力ないのが原則
　　　もっとも，反対尋問が効果をあげれば，証拠能力を認めうる
　(2)　よって，甲の反対尋問が効果をあげれば，証拠能力を認めうる
2　としても，乙の自白を甲に対する証拠として用いる場合，補強証拠が必要か
　(1)　文理上，「本人の自白」ではない
　　　また，自白した者が無罪，否認した者が有罪となっても，不合理ではない
　　　しかも，自由心証主義（318条）の例外を広げるべきではない

　　　そこで，共犯者の自白に補強法則は不要
　　　これに対しては，引っ張り込みの危険・誤判のおそれありと批判
　　　しかし，評価を慎重に行えば足りる
　(2)　よって，乙の供述のみを用いて，甲の有罪を認定できる
第2　後段
1　乙の供述録取書は，伝聞証拠ゆえ，甲の同意なきかぎり，証拠能力否定が原則
2　もっとも，真実発見の要請
　　そこで，伝聞例外のどの規定により証拠能力を認めうるか
　(1)　たしかに，322条1項とも思える
　　　しかし，これでは，伝聞法則の趣旨を失わせる
　　　共同被告人も，あくまでも第三者であるから「被告人以外の者」（321条1項柱書）
　　　そこで，321条1項各号によるべき
　(2)　よって，321条1項各号の要件をみたせば，証拠能力が認められる
　　　なお，前段同様，補強証拠は不要
3　以上より，321条1項各号の要件をみたせば，乙の供述録取書のみを用いて，甲の有罪を認定できる　　　　　　　　　　　以上

【参考文献】
試験対策講座10章3節④。判例シリーズ76事件。条文シリーズ319条③5。

次の各小問に答えよ。

(1) 強盗事件で起訴された被告人Xの事件当日のアリバイについて，Xの妻Aが証人となり，弁護人の主尋問に対して詳細に供述したが，検察官の反対尋問に対しては，夫が有罪判決を受けるおそれがあるという理由でいっさいの供述を拒否した。Aの主尋問に対する証言部分に証拠能力が認められるか。

(2) 甲は，「被告人は，かねて乙（20歳）と情を通じたいとの野心をもっていたところ，令和3年6月1日午後8時ころ，Y市の路上を通行中の乙に出会った際，同女に対し強制性交等をしようと決意し，同女を道路下の草むらに連れ込み，何かの拍子で倒れた同女の頸部を手で押さえて同女に対し強制性交等をしようとして同女の頸部を圧迫する暴行を加えた結果，同女をその場で窒息死させた」という強制性交等致死の訴因で起訴された。

冒頭手続において，甲は，犯人と被告人の同一性を否定して，当該起訴事実を否認した。そこで，検察官は，強制性交等の故意を推認させる事実としての「被害者と情を通じたいとの野心をもっていた事実」を証明する証拠として，丙の証人尋問を請求した。証人尋問において，丙は，以下のように供述した。

「私は，乙の10年来の友人です。令和3年3月ころ，乙と2人で話していたとき，乙が『自分はY市で勤めているが嫌になった』と言うので，どうしてかと聞いたところ，乙は『甲に付け回された』と言っていました。私が，甲がどこから出てきたのかと尋ねると，乙は『Y市の川の土手近くの草むらから出てきた。それで自分はおそろしくなって，飛んで帰った。』と言っていました。

また，令和3年4月ころ，乙は『あの人すかんわ，いやらしいことばかりする。』と言っていました。」

公判廷における丙の供述中の「あの人すかんわ，いやらしいことばかりする。」という乙の発言部分は，伝聞証拠といえるか。

上記ケースと異なり，冒頭手続において，甲は，同意があったと主張して，当該起訴事実を否認し，検察官が，甲が乙の意思に反して性交等をしたこと（同意に基づく性交等でないこと）を証明する証拠として，丙の証人尋問を請求した場合はどうか。

【論　点】
1　主尋問のみに対する供述の証拠能力
2　伝聞・非伝聞の区別

第1　小問(1)について

1　Aの供述は，公判廷において裁判所の面前でなされているが，検察官の反対尋問を経ていない。

そこで，このような供述に証拠能力が認められるか。伝聞証拠の意義と絡んで争いがある。　5

(1)　この点，伝聞証拠の意義を反対尋問を経ない供述証拠と捉えて，当該供述を伝聞証拠とする見解がある。

しかし，上記供述も，宣誓のうえ裁判所の面前でなされているのだから（154条），証人の供述態度については十分な観察ができたはずである。　10

それにもかかわらず，これを「公判期日外……の供述」（320条1項）とみなし，証拠能力を否定してしまうほどの必要性があるかは疑問である。

(2)　思うに，伝聞法則は，反対尋問がされないだけでなく，宣誓や供述態度の観察がされないことを理由に，証拠能　15力を否定する。

そうだとするなら，反対尋問の保障がないことをただちに伝聞証拠の定義に組み込んでしまうことには疑問が生じ，刑事訴訟法の規定に則していえば，公判廷外の供述証拠をもって伝聞証拠と理解すべきである。　20

そこで，伝聞証拠とは，公判廷外の供述を内容とする証拠で，供述内容の真実性を立証するためのものをいうと解する。

しかも，このように解しても，反対尋問に答えなかったことにより主尋問に対する供述部分の信用性は決定的　25に失われているのが通常だから，反対当事者の利益を不当に侵害することはありえない。

(3)　よって，Aの供述は，反対尋問を経ていないが，公判廷でなされているので，公判廷外の供述を内容とする証拠で，供述内容の真実性を立証するためのものとはいえ　30ず，伝聞証拠にあたらない。

2　以上より，Aの供述には証拠能力が認められる。

第2　小問(2)前段について

1　前述の基準を本問についてみると，丙の証人尋問についての検察官の立証趣旨は強制性交等の故意であり，証明の　35対象となる事実（要証事実）は，強制性交等の故意を推認させる事実である。そして，「いやらしいことばかりする」という乙の発言が真実であれば，甲が乙に対してわいせつな行為を頻繁に行っていたことが明らかとなり，甲が乙に対して強い性的関心を有していたといえることから，　40強制性交等の故意が推認できる。

2　したがって，「いやらしいことばかりする」という乙の発言についてその内容の真実性が問題となるから，当該部分は伝聞証拠といえる。

（右欄の注記）

→問題点の抽出

→事案の問題提起
→論点の問題提起

→反対説

→反対説の批判

→自説
趣旨にまでさかのぼる

→規範（論点の問題提起に対応させる）

→許容性

→あてはめ（規範に対応させる）

→三段論法の帰結
→形式的に問いに答える

→要証事実

→結論

第3　小問(2)後段について

1　前述の基準を本問についてみると，丙の証人尋問につい
　　ての検察官の立証趣旨は同意に基づく性交等ではないこと
　　であり，証明の対象となる事実（要証事実）は，性交等が
　　乙の意思に反していたことを推認させる事実である。そし
　　て，「あの人すかんわ」という乙の発言が真実であれば，
　　乙が甲に対して嫌悪の感情を有していた事実が明らかとな
　　り，乙が性交等に同意するとは考えにくいことから，性交
　　等が乙の意思に反したものであるということが推認できる。

2　ここでは，本当に乙が甲を嫌っていたのかという供述内
　　容の真実性が問題となることから，伝聞証拠となるとも思
　　える。しかし，供述時の精神状態に関する供述は，知覚・
　　記憶の過程を欠くため，誤りが混入する危険性が低いとい
　　えることから，非伝聞というべきである。

　　したがって，乙の「あの人すかんわ」という発言部分は
　　伝聞証拠とはいえない。

　　　　　　　　　　　　　　　　　　　　　　　　　　　以上

45

→要証事実

50

55

→結論

60

第1　小問(1)

1　伝聞証拠とは，公判期日における供述に代わる書面又は公判期日外における他の者の供述を内容とする供述をいい，原則としてその証拠能力は否定される（320条1項，伝聞法則）。 5

その趣旨は，伝聞証拠には，知覚・記憶・叙述の過程を経るところ，その各過程において誤りが混入するおそれが強いため，公判廷における反対尋問等によるその内容の真実性の吟味が必要とされるところにある。

2　本問におけるAの主尋問に対する証言部分は，公判廷 10 においてなされているものの，反対尋問を経ていない。そうだとすれば，公判廷における内容の真実性の吟味が十分になされていないとして，証拠能力が否定されるようにも思われる。

しかし，公判廷においては，反対尋問のみならず，宣誓 15 と偽証罪による処罰の予告，裁判所による供述態度の観察による供述の真実性の吟味・担保が予定されている。そのため，反対尋問を経ていなくとも，主尋問が公判廷でなされていることにより，上記の真実性の吟味・担保が十分になされているといえる。 20

以上より，Aの主尋問に対する証言部分は伝聞証拠にあたらず，その証拠能力は認められる。

第2　小問(2)前段について

1　上記のような伝聞法則の趣旨からすれば，これが適用されるのは，要証事実との関係で，その供述の内容の真実性 25 が問題になるものに限られる。

2　「あの人すかんわ，いやらしいことばかりする。」という乙の発言部分（以下「本件発言部分」とする）の要証事実は，「被害者と情を通じたいとの野心をもっていた事実」である。 30

甲がそのような野心をもっていた事実を証明するためには，現に甲が被害者に対して「いやらしいこと」をしていたことをしていたかどうかが問題となる。そのため，本件発言部分はその要証事実との関係で，その内容の真実性が問題になるものといえる。 35

したがって，本件発言部分は，伝聞法則が適用される伝聞証拠にあたる。

第3　小問(2)後段について

1　本問における本件発言部分の要証事実は，「甲が乙の意思に反して性交等をしたこと」である。 40

甲の性交等が乙の意思に反することを証明するためには，現に乙が甲に好意をもっていなかったのかどうかが問題となる。そのため，本件発言部分はその要証事実との関係で，その内容の真実性が問題になるものといえる。

○まず伝聞証拠の定義を示している

○書きすぎがちなところであるがコンパクトに論じられている

○形式説から一貫して論じられている

○自分の言葉で適切な説明ができている

2　もっとも，供述内容の真実性が問題となる場合でも，そ　45
の当時の原供述者の内心を問題とする場合には，伝聞法則
が適用される伝聞証拠にはあたらないと考える。このよう
な原供述者の供述は，その者のその当時の内心を推認する
最良の証拠である。一方で，知覚・記憶の過程を経ないた
め，誤りが混入するおそれは小さい。そのため，このよう　50
な供述については，叙述の正確性についてのみ一般的関連
性の問題として吟味することで足りるからである。
　　本件発言部分の要証事実は，乙が甲に好意をもっていな
かったのかという乙の内心に関するものである。
　　したがって，本件発言部分は，伝聞法則が適用される伝　55
聞証拠にあたらない。
　　　　　　　　　　　　　　　　　　　　　　　　　　　以上

⇐○本問が例外的な場合である
ことに気づけている

⇐○適切である

　小問(1)については，伝聞証拠の定義を「反対尋問を経ない供述証拠」としつつ（実質説），被告人の反対尋問権は害されていないから非伝聞であるとする者も多いと思われる。しかし，このような定義をとる以上，反対尋問を経ているのに非伝聞とするのは無理があるし，被告人の利益からの必要性の側面しか触れていない点で不十分である。この定義を前提とするならば，伝聞にはあたるが，①公判廷供述であり，宣誓をしたうえで裁判官の面前で証言しているという信用すべき状況があること，②被告人に決定的に有利な内容であり証拠採用の必要性が高いことから，伝聞例外として認められないかという流れが論理的である。形式説・実質説いずれに立つかによって結論が異なってくる場合があるので，いずれの説に立つか決めておき，処理方法を身につけておくべきである。

　小問(2)については，伝聞と非伝聞の区別が問われている。伝聞法則のなかでも受験生がもっとも苦手にしている部分のひとつであるから，しっかりと理解しておきたい。解答にあたっては，立証趣旨をふまえ，推認過程を示しつつ，内容の真実性が問題となるかを丁寧に示すことが求められる。

　また，精神状態供述について非伝聞とする見解は，内容の真実性は問題となるものの，精神状態供述の特殊性から非伝聞となるとする構成であることに注意したい。

答案構成

第1　小問(1)
1　Aの供述に証拠能力が認められるか，伝聞証拠の意義との関係で問題となる
　(1)　検察官の反対尋問を経ていない供述証拠と捉えれば，この供述は伝聞証拠となる
　　　しかし，この供述も宣誓のうえ裁判所の面前でなされており，証人の供述態度は十分観察できたはず
　　　にもかかわらず，証拠能力を否定してしまうほどの必要性があるかは疑問
　(2)　伝聞法則の根拠は，宣誓の欠如や供述態度の観察欠如にもある
　　　とすれば，公判廷外の供述証拠をもって伝聞証拠と理解すべき
　　　そこで，伝聞証拠とは，公判廷外供述を内容とする証拠で，供述内容の真実性を立証するためのもの
　(3)　よって，Aの供述は伝聞証拠ではない
2　以上より，証拠能力が認められる
第2　小問(2)前段
1　検察官の立証趣旨は，強制性交等の故意

証明の対象となる事実は，強制性交等の故意を推認させる事実
　「いやらしいことばかりする」という乙の発言から，甲が乙に対して強い性的関心を有していたと推認
　強制性交等の故意を推認
2　したがって，内容の真実性が問題となるから，伝聞証拠
第3　小問(2)後段
1　立証趣旨は，同意に基づく性交等ではないこと
　証明の対象となる事実は，性交等が乙の意思に反していたことを推認させる事実
　「あの人すかんわ」から乙の甲に対する嫌悪の情
　同意があったとは考えにくい
　性交等が乙の意思に反したものと推認
2　ここでは，内容の真実性が問題となる
　しかし，精神状態供述
　したがって，伝聞証拠とはいえない

　　　　　　　　　　　　　　　　　　　以上

【参考文献】
試験対策講座10章4節①・②【2】(5)。判例シリーズ77事件。条文シリーズ320条②1・2。

Xは，工事現場で働いていたところ，工事現場付近で起きた殺人事件を目撃した。そこで，Xは，事件の参考人として検察官の取調べを受け，「甲が，乙を刃物で刺すのを目撃した。」と供述し，その調書が作成された。次の各小問に答えよ。

(1)　Xは，外国人であり，前記調書作成後，不法就労を理由に国外へ退去させられたが，検察官がそれを知っていたにもかかわらず，あえて何らの措置もとらなかった場合，裁判所は，被告人甲の同意なく前記調書を証拠とできるか。

(2)　Xが，前記調書作成後，記憶喪失に陥った場合，裁判所は，被告人甲の同意なく前記調書を証拠とできるか。また，裁判所が前記調書を証拠として採用後，結審前にXの記憶が回復した場合，裁判所は証拠排除すべきか。

【論　点】
1　証人が国外強制送還された場合
2　証人の記憶喪失
3　321条1項2号前段と特信情況
4　供述不能事由の存否の判断時期

答案構成用紙

第1　小問(1)について

1　本問において，Xの検察官面前調書（以下「検面調書」
という）は，公判廷外の供述を内容とする証拠で，供述の
内容の真実性を立証するためのもの，すなわち伝聞証拠で
ある。 5

このような伝聞証拠は，被告人の同意（刑事訴訟法326
条。以下「刑事訴訟法」法名省略）なきかぎり，証拠能力
が否定されるのが原則である（320条1項）。その趣旨は，
供述証拠は知覚・記憶・叙述の過程を経るため誤りが生じ
やすく，公判廷での反対尋問（憲法37条2項前段参照）等 10
により，その信用性を吟味する必要があることにある。

もっとも，真実発見の要請（1条）のための証拠として
の必要性と，反対尋問に代わる程度の信用性の情況的保障
があれば，320条1項の趣旨に反しないので，例外的に証
拠能力が認められる（321条から324条まで）。 15

2　そこで，本問の検面調書も，例外的に証拠能力が認めら
れないか。供述者が国外退去させられた場合にも，321条
1項2号前段の適用があるか問題となる。

(1)　たしかに，形式的には「国外にいる」場合にあたる。
また，検察官は，強制送還につき法律上・事実上の権限 20
を有せず，公判で証人尋問のないことがすべて不公正と
はいえない。

しかし，被告人の反対尋問権の重要性および適正手続
の保障（憲法31条）から，安易に伝聞法則の例外を認め
るべきではない。 25

そこで，当該外国人の検面調書を証拠請求することが
手続的正義の観点から公正さを欠くと認められるときは，
321条1項2号前段の適用はなく，証拠能力が認められ
ないと解する。

(2)　これを本問についてみると，検察官は供述者Xが国外 30
退去させられることを知りながら，あえて何の措置もと
らなかったのであるから，Xが国外退去されるという事
態をことさら利用しようとした場合といえる。

そうだとすると，検察官が証拠請求することが手続的
正義の観点から公正さを欠くと認められる。 35

したがって，321条1項2号前段の適用はなく，本件
調書の証拠能力は認められない。

3　よって，裁判所は，被告人甲の同意なく前記調書を証拠
とできない。

第2　小問(2)前段について 40

1　本問調書も伝聞証拠であり，原則として，証拠能力を欠
く（320条1項）。

そうだとしても，321条1項2号前段により，証拠能力
が認められないか。記憶喪失という文言が同条の供述不能

右側の注釈：

→問題点の抽出
→伝聞証拠の定義（形式説）

→原則（伝聞法則）

→趣旨

→憲法上の権利から

→反対利益

→事案の問題提起
→論点の問題提起

→条文解釈から
→反対利益

→憲法上の権利から

→規範定立（論点の問題提起に
対応させる）
⇒最判平成7年6月20日（判例
シリーズ79事件）

→あてはめ（規範に対応させる）
→事実→評価の順で

→認定

→三段論法の帰結

→形式的に問いに答える

→原則

→事案の問題提起
→論点の問題提起

事由にないため，同条の適用があるかが問題となる。　45

(1)　まず，同条が限定列挙か例示列挙か問題となるも，同
号列挙事由は，供述不能により証拠として使用する必要
性を要件化したものにすぎず，例示列挙と解する。

(2)　そうだとしても，記憶喪失が同条の供述不能事由にあ
たるかは争いがある。　50

この点，例外を容易に認めると，被告人の反対尋問権
の保障が危うくなるので，他の供述不能事由に匹敵する
ような事由にかぎるべきである。

そこで，相当長期間回復の見込みがなく，証言を得る
ことが不可能または著しく困難で，誘導尋問（規則199　55
条の3第3項3号）をしても効果がなかったような場合
のみ，供述不能事由にあたると解する。

本問では，具体的な事情は明らかではないが，このよ
うな場合のみ供述不能事由にあたる。

(3)　また，321条1項2号前段の場合，後段と異なり特信　60
情況については明文上要求されていないが，被告人の反
対尋問権保障の観点から，必要と解する。

2　以上より，供述不能事由にあたり，かつ，特信情況ある
場合にかぎり，裁判所は，被告人甲の同意なくして321条
1項2号前段により，前記調書を証拠とできる。　65

第3　小問(2)後段について

1　本問では，Xの記憶が結審前に回復しているので，321条
1項2号前段の要件をみたさず，裁判所は証拠排除（規則
207条）すべきか。供述不能の判断時期が問題となる。

この点，伝聞例外が認められるのは，証拠として現在使　70
用する必要があるからであり，証人尋問可能な時期が遠い
将来ならば，それを待たなければならないとするのは不合
理である。

そこで，供述不能の判断時期は証拠調べ時と解する。
よって，321条1項2号前段の要件をみたしうる。　75

2　そうだとしても，Xの記憶が結審前に回復していること
から，Xの証人尋問が可能となっている。

そこで，すでに証拠調べのすんだ検面調書は要件を欠き，
事後的に証拠能力を喪失しないかが問題となる。

この点，事後の事情変化で証拠能力が否定されると，裁　80
判官の心証形成を覆すこととなる。また，証拠調べの時点
で要件を備えていれば，後に事情が変化したとしても，裁
判所の証拠採用が誤っていたわけではない。

そこで，後に証人尋問が可能となっても，すでに証拠調
べずみの検面調書は，証拠能力を喪失しないと解する。　85

3　よって，本問のXに対する検面調書は証拠能力を喪失し
ないので，裁判所は証拠排除すべきではない。

以上

論点の問題提起

論点の結論（論点の問題提起に対応）

最大判昭和27年4月9日（刑集6巻4号584頁）

論点の問題提起

規範定立（論点の問題提起に対応させる）

あてはめ・三段論法の帰結

忘れずに

実務は不要としている

形式的に問いに答える

事案の問題提起

論点の問題提起

論点の結論（論点の問題提起に対応させる）

三段論法の帰結

問題点の抽出

論点の問題提起

必要性

許容性

論点の結論（論点の問題提起に対応させる）

三段論法の帰結

形式的に問いに答える

1 小問(1)について

(1) 本問の検察官面前調書は「甲が，乙を刃物で刺すのを目撃」したとの内容のものであり，その事実性につき，反対尋問を行う必要があり伝聞証拠となる。よって原則として証拠能力は否定される（320条1項）。　5

⇐○原則OK

なぜならば，伝聞証拠は供述者の知覚・記憶・叙述の各過程に誤りが混入しているおそれがあり，各々につき反対尋問により真実性を検討する必要があるからである。

⇐○趣旨OK

従って，原則として，裁判所は甲の同意（326条1項）ない限り，本件調書を証拠とすることは出来ない。　10

⇐△326条2項も考えられるので「326条」で足りる

(2) しかし，全ての証拠能力を否定すると，迅速な裁判・真実発見に反する。よって必要性が高く，かつ信用性の情況的保障があるものは，伝聞例外（321条以下）として証拠能力が付与される。

⇐○例外OK

本問調書は検察官面前調書ゆえ，321条1項2号の要件を満たすかが問題となる。　15

⇐○事案の問題提起OK

(3) まず，供述者Xは「国外へ退去させられ」ており，同条の「国外にいるため供述できないとき」の要件を満たすとも思える。

⇐○文言にあてはめている

⇐×条文の文言を正確に引用するなら「国外にいるため……供述することができないとき」となる

しかし，検察官が国外退去がなされることを利用した　20
場合や，証人尋問決定がなされていた場合等にまで無条件で調書に証拠能力を付与することは，被告人の反対尋問権（憲法34条）を軽んじることとなってしまう。また検察官面前調書はあくまで捜査機関の一方である検察官が作成したもの故，認められる場合を広く解するのは公　25
平の観点から妥当でない。

⇐×「憲法34条」→「憲法37条2項前段」

よって，①検察官が，供述者が国外退去がなされることを知りつつ，何ら証人尋問の措置も採らず，これを利用して調書を提出する場合や，②裁判所・裁判官が証人尋問決定をなしていたにもかかわらず，国外退去がなさ　30
れた場合等，検察官の調書提出が適正手続の要請（憲法31条）に反すると考えられる場合，当該調書の証拠能力は認められないものと解する。

⇐○判例の規範が意識されている

本問では，検察官はXの国外退去の事実を知りつつ，あえて何らの措置も採っておらず，調書の提出は適正手　35
続の要請に反するものと言える。よって，321条1項2号の要件を満たさず，伝聞例外にはあたらない。

⇐△規範に対応した丁寧なあてはめである。ただ，①とナンバリングするほうが読みやすい

(4) 以上より，原則通り，裁判所は甲の同意なく本件調書を証拠として採用することは出来ない。

⇐○問いに答えている

2 小問(2)について　40

(1) 小問前段について

ア　本小問においても，本件調書は伝聞証拠であり，原則として証拠とすることは出来ない。但し，321条1項2号の要件を満たし，伝聞例外とされれば，証拠と

なりうる。よって，本条の要件を満たすか，以下検討 45
する。
　イ　本小問で供述者Xは記憶喪失に陥っているが，これ
　　は「精神……の故障」にあたり「供述することができ
　　ないとき」にあたるか。
　　　思うに，確かに病的な記憶喪失に陥り，全く供述が 50
　　期待できない状況にまで至れば，供述不能事由と解す
　　ることができる。但し，部分的に記憶を喪失したにす
　　ぎないような場合であれば，記憶喚起のための書面ま
　　たは物の提示等の方法（規則199条の11）により記憶
　　をとり戻しながら尋問をなすことができ，供述不能と 55
　　まではいえない。
　　　よって，記憶喚起のための方法が奏効しないような，
　　全く供述が期待できないような記憶喪失の時に限り，
　　供述不能事由にあたる。
　ウ　また，同号前段の時も，信用性の情況的保障が必要 60
　　であり，相対的特信情況を必要とするものと解する。
　エ　以上よりXが全く供述できないような記憶喪失でか
　　つ相対的特信情況が認められれば，証拠とできる。
(2)　小問後段について
　ア　まず証拠の採用の適否として，不能事由の判断基準 65
　　時が問題となるが，迅速な裁判（憲法37条）の観点か
　　ら証拠請求時と考えるので，採用行為自体は適法であ
　　る。
　イ　では，採用後記憶が回復したら，証拠排除されるの
　　か。 70
　　　思うに，一度採用された証拠は，それが存在するも
　　のとして当事者の攻防がなされ，証拠も積み重ねられ
　　ている。また，裁判所も，その積み重ねられた証拠に
　　より，徐々に心証を形成していっている。
　　　よって，それらの証拠が全てくつがえされるとなる 75
　　と，訴訟運営の混乱が生じ，訴訟経済の点からも妥当
　　でない。
　　　従って，一度証拠が採用された以上，仮に，供述不
　　能事由が後に解消されたとしても，証拠排除はなすべ
　　きではない。 80
　ウ　本問でも，裁判所は証拠排除すべきではない。
　　　　　　　　　　　　　　　　　　　　　　　　　以上

← ○このような問題設定もありう
ると思われる
（正確な問題設定は答案例参照）

← △一言理由がほしい

← ○問いに答えている

← △スペースとの関係であろうが，
もう少し展開してほしい
← △「憲法37条1項」が正確であ
る

← △事実（問題点の抽出）から論
点に入るほうがよい

← ○論証OK

← ○問いに答えている

　小問(1)については，まず，端的にXの検面調書が伝聞証拠にあたることを示したい。そのうえで，321条1項2号前段の要件をみたし，伝聞例外として証拠能力が認められないかを検討していくことになる。ここでは，まずは形式的に321条1項2号前段の「国外にいる」場合にあたることを示すとよい。次に，論証では，最判平成7年6月20日（百選81事件）を意識した規範を心掛けてほしい。また，近時，この論点について東京地判平成26年3月18日（刑集70巻8号831頁）がでているので，余裕があれば一読するとよいだろう。なお，「手続的正義の観点から公正さを欠く」と認められる場合は，伝聞法則とは別個の法原理の要請から証拠能力が認められないと解される（古江354頁，355頁）。

　小問(2)前段については，321条1項2号前段の供述不能事由が例示列挙であることを示したうえで，記憶喪失が供述不能事由にあたるかを検討する。また，特信性の要否についても簡潔に言及する必要がある。

　小問(2)後段については，供述不能事由の存否の判断時期が問題になることをしっかりと答案上に示してほしい。

答案構成

第1　小問(1)
1　Xの検面調書は，伝聞証拠
2　供述者が国外退去させられた場合にも，321条1項2号前段の適用あるか
　(1)　たしかに，形式的には「国外にいる」
　　　しかし，反対尋問権・適正手続からは，安易に伝聞例外を認めるべきでない
　　　そこで，検面調書の証拠請求が手続的正義の観点から公正さを欠くときは，2号前段の適用なし
　(2)　本問では，検察官は，Xが国外退去される事態をことさら利用
　　　とすると，検察官の証拠請求は手続的正義の観点から公正さを欠く
　　　したがって，2号前段の適用なし
3　よって，被告人甲の同意なく調書を証拠とできない
第2　小問(2)前段
1　記憶喪失に2号前段の適用あるか
　(1)　まず，同号前段は例示列挙
　(2)　では，記憶喪失が供述不能となるか
　　　伝聞例外は限定解釈すべき
　　　そこで，回復の見込みなく，誘導尋問

が奏功しないときのみ，供述不能になる
　(3)　また，2号前段にも特信状況必要
2　以上より，供述不能かつ特信状況あれば，調書を証拠とできる
第3　小問(2)後段
1　記憶を回復しており，2号前段の要件をみたさず，裁判所は証拠排除すべきか
　　　供述不能の判断時期が問題
　　　伝聞例外が認められるのは，証拠として現在使用する必要があるから
　　　そこで，供述不能の判断時期は証拠調べ時
　　　よって，2号前段にあたりうる
2　としても，記憶が回復しており証人尋問可能なので，この調書は要件を欠くにいたり，事後的に証拠能力を喪失しないか
　　　事後的に証拠能力が否定されると，裁判官の心証を覆す
　　　そこで，後に証人尋問が可能となっても，すでに証拠調べずみの検面調書は，証拠能力を喪失しない
3　よって，検面調書に証拠能力あるため証拠排除すべきではない　　　　　　　以上

【参考文献】
試験対策講座10章4節①・③【2】(2)。判例シリーズ78事件，79事件。条文シリーズ321条③3。

第17問 A　弾劾証拠，立証趣旨の拘束力

　Aの殺人被告事件の公判で，証人甲は公判廷でAの犯行を否認する供述をした。この場合に関する次の各小問に答えよ。

(1)　「Aの犯行を目撃した。」という内容のBの検察官面前調書を，検察官は甲の供述の証明力を争うための証拠として提出できるか。

(2)　甲が公判廷で供述をした後で作成されたAの犯行を認める旨の甲の検察官面前調書を，検察官は公判廷における甲の供述の証明力を争うための証拠として提出できるか。

(3)　甲が公判廷で供述する前に作成された，甲がAの犯行を見た旨の供述を記載した警察官作成の供述録取書を，公判廷における甲の供述の証明力を争うための証拠として提出できるか。なお，上記供述録取書には，警察官の署名・押印はあるものの甲の署名・押印はない。

【論　点】
1　328条の趣旨
2　証明力を争うための証拠は同一人の不一致供述にかぎられるか
3　証明力を争うための証拠は証言前になされたものにかぎられるか
4　弾劾証拠における供述者の署名・押印の要否

答案構成用紙

答案例

第1　小問(1)について
1　本問では，検察官面前調書（以下，検面調書という）は，証人甲とは別人であるBのものである。

　　そこで，刑事訴訟法328条（以下「刑事訴訟法」法名省略）によって提出される証拠（弾劾証拠）は同一人の不一致供述にかぎられるか，「証拠」の範囲が問題となる。 5

(1)　この点，328条が文言上何らの制限も設けていないことを理由として，同一人の不一致供述にかぎられないとする見解がある。

　　しかし，このように解すると，伝聞証拠を弾劾証拠として提出することで，事実上，伝聞証拠により裁判官に 10 心証形成させることが可能になり，当事者の反対尋問権（憲法37条2項前段参照）を保障しようとした伝聞法則（320条1項）を骨抜きにする危険がある。

(2)　そもそも，328条は，供述内容の真実性とは関係なく， 15 同一人が不一致供述をしたという事実の存在自体を証拠としてその供述の証明力を減殺するという，弾劾目的で非伝聞的に利用できる旨を確認的に規定したものである。

　　しかし，別人の不一致供述の場合，これにより証明力を減殺するためにはその供述内容の真実性が問題となる 20 ので，非伝聞的な利用はできない。

　　そこで，「証拠」とは，同一人の不一致供述にかぎられ，別人の不一致供述はこれに含まれないと解する。

(3)　そうすると，本問では，同一人の不一致供述ではないので，328条の「証拠」とはいえない。 25

2　以上より，検察官は，Bの検面調書を証拠として提出することはできない。

第2　小問(2)について
1　本問において，検面調書は，甲が公判廷で供述した後に 30 作成された甲自身の不一致供述を内容としている。

　　そこで，この調書を328条により証拠としうるか。同条により提出が許される証拠は同一人の以前の供述にかぎられるか，328条は，321条1項1号後段，2号後段と異なり，供述時期を明言していないので問題となる。

(1)　この点判例は，公判準備における証人の尋問終了後に 35 作成された同人の検面調書を，上記証人の証言の証明力を争う証拠として用いても，必ずしも328条に違反するものではないとしている。

　　しかし，証言後に得られた公判廷外の供述で証言を弾劾することは，不公正の危険を伴う。 40

(2)　この点，証人が公判廷で検察官の予期に反してそれに不利益な証言をした場合，その証人尋問中にその点について証人に問いただすか，あるいは当該証人を再尋問してあくまでも証人尋問によってその点をただすのが，公

右段（注釈）：
- 問題点の抽出
- 事案の問題提起
- 論点の問題提起，条文の文言に絡めるとよい
- 反対説（非限定説）
- 反対説の批判
- 憲法上の権利をもちだして批判すると説得力が増す
- 自説（限定説）
- 論点の結論（論点の問題提起に対応させる）
- あてはめ・三段論法の帰結
- 形式的に問いに答える
- 問題点の抽出
- 事案の問題提起
- 論点の問題提起
- 条文解釈から
- 最判昭和43年10月25日（百選A51事件）
- 判例への批判
- 自説

判中心主義（43条1項，282条1項，303条，320条1項
等）に照らし妥当である。 45

　　　そこで，328条によって証拠としうるのは，公判廷に
おける供述以前の供述にかぎられると解する。

　(3)　そうすると，本問では，甲が公判廷で供述した後に作
成された検面調書であるので，328条によって証拠とし 50
えない。

2　以上より，検察官は，甲の検面調書を証拠として提出で
きない。

第3　小問(3)について

1　本問では，甲がAの犯行を見た旨の供述を記載した警察 55
官作成の供述録取書を証明力を争うために提出することの
可否が問われている。

　　　甲が公判供述と供述録取書で異なった発言をしているこ
とで公判供述を弾劾することができるため，本件供述録取
書の供述内容の真実性は問題にならない。 60

　　　そのため，本件供述録取書は非伝聞であり，328条によ
り証拠能力が認められるとも思える。

2　もっとも，本問供述録取書は，甲の署名押印がない。そ
こで，328条により許容される供述録取書は，321条1項柱
書等の定める供述者の署名押印の要件をみたす必要がある 65
かが問題となる。

　(1)　前述のように，328条は非伝聞であることを注意的に
規定したものであるから，同条によって伝聞法則の制限
が解かれるのは原供述者の供述の伝聞性のみであり，録
取の伝聞性の問題は残ることになる。そして，321条1項 70
柱書等が署名押印を要求した趣旨は，録取の伝聞性を問
題のないものにする点にある。

　　　そこで，328条により許容される証拠は，321条1項柱
書等の定める供述者の署名押印の要件をみたす供述録取
書またはこれらと同視しうる証拠にかぎられると解する。 75

　(2)　これを本問についてみると，本件供述録取書は甲の署
名押印がなく，また，甲の署名押印のある供述録取書と
同視しうる証拠にあたりうる事情もない。したがって，
本件供述録取書は，328条で許容される証拠にはあたら
ない。 80

3　以上より，検察官は，甲の供述録取書を，公判廷におけ
る甲の供述の証明力を争うための証拠として提出できない。

以上

- 4つの条文はあげられるように
- 論点の結論（論点の問題提起に対応させる）
- あてはめ・三段論法の帰結
- 形式的に問いに答える
- 論点の問題提起
- 規範定立
- あてはめ
- 結論

1　小問(1)について

(1)　検察官は，Bの公判廷外の供述を録取した検察官面前調書（以下検面調書）を，甲の公判廷での供述の証明力を争う為の証拠（弾劾証拠，328条）として提出できるか。

　　この点，同条は弾劾証拠として提出できる証拠について何らの制限も設けていない。そこで，同条によって提出できる証拠は，自己矛盾供述に限られず，他人の公判廷外の供述でもよいか否かが問題となる。

(2)　思うに，供述証拠が伝聞法則（320条）の適用を受け証拠能力が否定されるのは，知覚・記憶・表現という過程をたどる供述証拠では，反対審問を経なければ，その内容の真実性が担保されないからに他ならない。

　　とすると，伝聞法則の適用を受ける供述証拠とは，要証事実との関係で供述内容の真実性が問題となる証拠のことである。

　　この点，自己矛盾供述は，同一の証人が同一の事実につき矛盾した供述を述べていることを証明する為のものであって，供述内容の真実性は問題とならない。

　　しかし，犯人の供述にあっては，その供述内容の真実性が担保されてはじめて，証明力を争うことができ，供述内容の真実性が問題となる。にもかかわらず，これを弾劾証拠として認めることは伝聞法則の趣旨を逸脱することになる。

(3)　よって，証明力を争うために提出できる証拠は自己矛盾供述に限られる。

　　検察官はBの検面調書を，甲の供述の証明力を争う為の証拠として提出できないと解する。

2　小問(2)について

(1)　当該検面調書は，甲の公判廷での供述後に作成されている。この点，実質証拠として用いる場合であれば，公判廷よりも「前の供述」でなければ証拠として採用できないが（321条1項2号），証明力を争う場合については，かかる内容の規定はない。

　　そこで，弾劾証拠として用いる場合は，公判廷での供述後に作成された調書でも認められるのではないかが問題となる。

(2)　確かに，条文上は何らの制限もなされていない。

　　しかし，かかる検面調書の作成を認めることは，証人の供述の証明力は公判廷での尋問によってその真偽が確かめられなくてはならないとする公判中心主義の理念に反する。また，一方当事者たる検察官に不当に有利に作成されるおそれがあり，当事者主義（312条，256条3項）にも反するといえる。

(3)　よって，弾劾証拠として用いる場合であっても，「前

5

10

15

20

25

30

35

40

△「証拠」の解釈である旨の指摘がほしい

△「320条1項」が正確である

○以下，十分な論証がなされている。他説に触れなくてもまったく問題はない

△ここは解釈なので，「解する」または「考える」と書くべき

○問いに答えている

△ここは「解する」と書く必要はない

○対比OK
なお，「321条1項2号後段」が正確である

○的を射た問題提起である

△32行目と重複している

△公判中心主義の条文をあげるべき（答案例参照）

×「256条6項，298条1項，312条1項」が正確である。312条2項は職権主義的規定である

の供述」の要件は妥当し，検察官は，公判廷での供述後に作成された甲の検面調書を証拠として提出できないと解する。

3　小問(3)について

(1)　本件供述録取書は，甲の公判廷における供述と矛盾する甲の供述を録取したものであり，自己矛盾供述を内容とするから「証拠」にあたるとも思える。

(2)　しかし，供述録取書には甲の署名・押印がない。
　　328条は，自己矛盾供述を録取した書面について署名・押印を求めていない。しかし，原供述の内容にかかわらず供述録取過程には伝聞性が存する。
　　よって，署名・押印によりその伝聞性を排除しなければならないと考える。
　　そして本件供述録取書には甲の署名・押印がない以上，証拠能力を争う証拠としてこれを提出することは出来ない。

以上

45　⇦○問いに答える姿勢OK

⇦△「解する」と書く必要はない

50

⇦○条文からの帰結とその不都合性を端的に示すことができている

55

60

　まず，弾劾証拠を論じるにあたり，伝聞法則の適否を検討した後，321条1項2号について展開する必要はない。本問では，「証明力を争う証拠」が問われているため，伝聞法則の適否・伝聞例外に言及せず，328条を検討すれば足りる（古江385頁）。

　次に，小問(1)では，単に「証明力を争う証拠であるから」という理由だけで，ただちに証拠能力を肯定しないように注意したい。328条の証拠の範囲については，非限定説もあるが，伝聞法則を骨抜きにするという重大な批判があるところであるから，その点について言及したい。

　小問(2)では，321条1項2号と異なり，328条には「前の供述」という文言がないという，条文に即した問題意識を示してほしい。また，公判廷での供述の後，取調べをすることが許されるかということに触れる答案も想定されるが，これは本問においては中心的な論点ではないので，触れるとしても数行にとどめるべきである。

　小問(3)では，本問書面が署名・押印を欠くことの問題点について問われている。署名・押印が要求される理由にさかのぼった論述ができれば，高評価につながるだろう。

第1　小問(1)
　1　弾劾証拠（328条）は同一人の不一致供述にかぎられるか
　(1)　たしかに，文言上制限ない
　　　しかし，事実上，伝聞証拠による心証形成が可能になる危険
　(2)　そもそも，328条は，証人の不一致供述自体を証拠として，証明力を争う趣旨
　　　しかし，別人の不一致供述の場合，非伝聞的利用できない
　　　そこで，「証拠」とは，同一人の不一致供述にかぎられる（限定説）
　(3)　本問では，同一人の不一致供述ではないので，「証拠」とはいえない
　2　以上より，証拠として提出できない
第2　小問(2)
　1　弾劾証拠は，公判廷供述以前の供述にかぎられるか
　(1)　判例は，かぎられないとする
　　　しかし，公判中心主義に抵触
　(2)　この点，証人尋問中に証言を問いただせばよいし，公判中心主義に照らし妥当
　　　そこで，「証拠」は，公判廷供述以前の供述に限定

　(3)　本問では，公判廷供述後に作成しているため，「証拠」にあたらない
　2　以上より，証拠として提出できない
第3　小問(3)
　1　甲が公判供述と供述録取書で異なった発言をしていることで，公判供述を弾劾可能であるため，録取書の供述内容の真実性問題にならず
　　　非伝聞として証拠能力が認められるとも
　2　もっとも，甲の署名押印がない
　　　そこで，328条は供述者の署名押印を要求しているか問題
　(1)　そもそも，328条は，非伝聞であることを注意的に規定
　　　署名押印ない場合，伝聞性が残る
　　　そして，署名押印が要求される趣旨は録取の伝聞性の払拭
　　　そこで，328条により許容される証拠は，署名押印の要件をみたす，または，署名押印ありと同視しうる証拠に限定
　(2)　本問では，甲の署名・押印がなく同視する事情もない
　3　以上より，証拠として提出できない
　　　　　　　　　　　　　　　　　　　　以上

【参考文献】
試験対策講座10章4節③【7】。判例シリーズ87事件。条文シリーズ328条。

第18問 B 択一的認定

　甲は自宅付近の雪を除雪している際，近くで除雪作業を手伝っていた妻Vを誤って雪の中に埋没させてしまった。雪の中からVを発見した甲は，Vが死亡してしまったと考えた。甲は，自己になんらかの嫌疑がかかると考え，事故に見せかけ遺棄しようと決意し，Vを国道わきに投げ捨てた。

　検察官は，甲について，第1次的訴因を保護責任者遺棄罪，予備的訴因を死体遺棄罪として，公訴を提起した。裁判所は，甲がVを遺棄した時点において，Vが生存していたのか，それとも死亡していたのか明らかでないとの心証を得た。

　裁判所は，「保護責任者遺棄又は死体遺棄」との択一的な事実を認定したうえ，軽い死体遺棄罪で処断することができるか。

【論　点】
択一的認定

答案構成用紙

答案例

第1　有罪判決をなすためには,「犯罪の証明があつた」(333
　条1項)といえることが必要である。すなわち,合理的な疑
　いを超える証明が必要となる。
　　本問では,保護責任者遺棄罪または死体遺棄罪のどちらか
　が成立することは疑いない。しかし,そのいずれかが確定で　　5
　きない場合,択一的認定をすることは許されるか。
1　異なる構成要件にまたがる択一的認定（明示的択一的認
　定）であるため,「犯罪の証明があつた」といえるか問題
　となる。
　⑴　たしかに,保護責任者遺棄罪についても,死体遺棄罪　　10
　　について,行為の時点で刑法に規定されており可罰的
　　であるから,罪刑法定主義に反しないとも思える。
　　　しかし,罪刑法定主義は,有罪判決が許されるために
　　証明すべき対象が実体法上の構成要件を基準に個別化さ
　　れることをも要請するものである。そうだとすれば,明　　15
　　示的択一的認定をすることは,個別特定の構成要件では
　　なく合成的構成要件によって処罰することとなり,罪刑
　　法定主義の証明対象の構成要件的個別化の要請に反する。
　　　また,利益原則に反する。
　　　したがって,明示的択一的認定は許されないと解する。　20
　⑵　本問において,「保護責任者遺棄又は死体遺棄」の事
　　実の択一的認定は許されない。
2　そうだとしても,保護責任者遺棄罪と死体遺棄罪は遺棄
　された人体が生体か死体かという点でのみ異なり,論理的
　択一関係にある。そこで,被告人に有利な軽い死体遺棄の　　25
　事実を認定すること（秘められた択一的認定）はできない
　か。
　⑴　たしかに,論理的択一関係にある場合,これを処罰で
　　きないとするのは国民の法感情に反する。
　　　しかし,両事実のいずれであるかについてしか証明さ　　30
　　れていないから,秘められた択一的認定であっても,実質
　　的にみれば合成的構成要件によって処罰するに等しく,
　　罪刑法定主義に反する。
　　　また,利益原則は,端的に要件を充足する事実が証明
　　不十分である場合に,その犯罪で有罪とすることを許さ　　35
　　ない機能を有するにすぎない。すなわち,同原則は,証
　　明不十分な事実を存在しなかったと積極的に認定するこ
　　とまで要求するものではないと解される。
　　　そうだとすれば,重いほうの事実に利益原則を適用し
　　ても,その事実の不存在が認定されるわけではないから,　40
　　やはり軽いほうの事実の存在は証明されていないという
　　べきであり,利益原則に反するといわざるをえない。
　　　したがって,論理的択一関係にある場合であっても,軽
　　い犯罪事実を認定することは許されないと解する。

右側注記：
➡条文の指摘
➡問題提起
➡罪刑法定主義との関係
➡利益原則にも言及
➡結論
➡形式的に問いに答える
➡問題提起
➡反対説への配慮
➡利益原則からの理由づけ
➡結論

(2)　本問において，被告人に有利な軽いほうの死体遺棄の　45
　　　　事実だけを認定することはできない。
第2　よって，裁判所は，「保護責任者遺棄又は死体遺棄」と
　　の択一的な事実を認定したうえ，軽い死体遺棄罪で処断する
　　ことはできない。
　　　　　　　　　　　　　　　　　　　　　　　　　　　　以上

1　有罪判決をだすには，被告事件について「犯罪の証明が
　あった」ことが必要である（333条1項）。本件で，「犯罪
　の証明があった」といえるか。

⬅○条文を示したうえで正確に問題提起できている

⑴　保護責任者遺棄罪と死体遺棄罪は，異なる構成要件に
　またがる犯罪であるため，このような認定は犯罪の証明
　があったといえるか（明示的択一的認定の可否）。　　　5

　ア　異なる構成要件にまたがる犯罪において，択一的に
　　認定することは，各犯罪事実それぞれについて合理的
　　な疑いを超える程度の証明がなされておらず，疑わし
　　きは被告人の利益にという原則に反する。また，刑法　10
　　に規定のない合成的な構成要件を作出することになる
　　ため，罪刑法定主義にも反する。

⬅○利益原則および罪刑法定主義に言及できている

　　そのため，異なる構成要件にまたがる犯罪を択一的
　　に認定することは，利益原則，罪刑法定主義の観点か
　　ら許されない。　　　　　　　　　　　　　　　　　15

　イ　本件では，裁判所は，甲がVを遺棄した時点におい
　　て，Vが生存していたのか，それとも死亡していたの
　　か明らかでないとの心証を得ており，合理的疑いを超
　　える程度の証明がなされていない。

　　したがって，「保護責任者遺棄又は死体遺棄」の事　20
　　実を認定し，「保護責任者遺棄又は死体遺棄」罪が成
　　立するとして有罪とすることはできない。

⬅○丁寧に論理的な説明ができている

⑵　「保護責任者遺棄又は死体遺棄」と認定することがで
　きなくとも，罰条の軽い死体遺棄罪の限度で「犯罪の証
　明があった」として死体遺棄罪で有罪にできるか（秘め　25
　られた択一的認定の可否）。

⬅△「罰条の軽い」という表現は不正確

　ア　確かに被害者が生存していたか，死亡していたかは
　　わからないため，それぞれの犯罪事実において犯罪の
　　証明がないとも思える。

⬅○反対説への配慮ができている

　　しかし，生か死かは論理的にいずれかしか存在せ　30
　　ず，一方で生存していたとし，他方で死亡していたと
　　認定することは矛盾する。

　　また，このような場合に，無罪とすることは，国民
　　の法感情に反する。

　　そして，疑わしきは被告人の利益という原則か　35
　　ら，重い犯罪事実の不存在が認定されるため，結果と
　　して重い犯罪事実と択一的関係にある軽い犯罪事実の
　　存在が認定できる。

　　このようなことからすれば，軽い犯罪事実において
　　犯罪の証明があったといえる。　　　　　　　　　　40

⬅○答案例とは異なるが，こちらの立場でもよいであろう

　イ　本件では，裁判所は，甲がVを遺棄した時点におい
　　て，Vが生存していたのか，それとも死亡していたの
　　か明らかでないとの心証を得ているため，重い保護責
　　任者遺棄罪は利益原則から認定できない。その結果，

　　　　軽い死体遺棄罪の存在を認定することができる。　　　　45
　　　　　したがって，死体遺棄の限度で犯罪の証明があった
　　　といえる。
　2　よって，裁判所は，軽い死体遺棄罪で処断することはで
　　　きる。

　　　　　　　　　　　　　　　　　　　　　　　以上　50

　択一的認定は，平成25年の予備試験（第28問）でも出題されている分野であり重要論点である。もっとも，予備試験で出題されたのは，実行行為者の択一的認定であり，構成要件（訴因）を異にする択一的認定についてはいまだ出題がない。同年の受験生の答案のできがよくなかったことから，再び予備試験において出題されることも十分ありうるため，論点を確認していただきたく本問を出題した。

　まず，「保護責任者遺棄又は死体遺棄」との択一的な事実を認定することが，どの条文の解釈問題であるか，適切に問題提起をしてほしい。本問では，異なる構成要件間（訴因間）の択一的認定が問題となっているので，「被告事件について犯罪の証明があつた」（333条1項）といえるか問題となる。335条1項は有罪判決における「罪となるべき事実」としてどのように摘示するかの問題であって333条1項が問題とする場面とは異なることに注意されたい。そのうえで，罪刑法定主義・利益原則との抵触の有無について論じてほしい。答案例では，罪刑法定主義との抵触についての批判をふまえて通説に従って，論述している。批判については余裕があれば触れる程度でよく，言及の必要性は高くない。

　また，秘められた択一的認定の可否についても，罪刑法定主義・利益原則との抵触について論じてほしい。ここでは，利益原則の機能について言及しているが，ややレベルは高いものとなっているため，言及できなくても問題はないと考えられる。自説から説得的な論述ができれば十分合格答案となろう。

　択一的認定については，あてはめ部分よりも規範部分に得点があると考えられるため，出題された場合にどのように書くかしっかりと準備をしておきたいところである。

第1　有罪判決をなすためには，「犯罪の証明」（333条1項）すなわち，合理的な疑いを超える証明が必要

　　本問では，保護責任者遺棄罪または死体遺棄罪のどちらかが成立することは疑いなし

　　しかし，そのいずれかが確定できない場合，択一的認定できるか

　1　異なる構成要件にまたがる択一的認定（明示的択一的認定）であるため，「犯罪の証明」があったといえるか問題

　　⑴　可罰的であることについては，行為の時点で刑法に規定されており，罪刑法定主義に反しないとも

　　　　しかし，罪刑法定主義は，有罪判決が許されるために証明すべき対象が実体法上の構成要件を基準に個別化されることをも要請

　　　　とすれば，罪刑法的主義に反する

　　　　また，利益原則に反する

　　　　したがって，明示的択一的認定は許さ

れない

　　⑵　本問では，「保護責任者遺棄又は死体遺棄」の事実の択一的認定許されず

　2　としても，秘められた択一認定が許されないか

　　⑴　たしかに，国民の法感情に反する

　　　　しかし，実質的にみれば合成的構成要件によって処罰するに等しく，罪刑法的主義に抵触

　　　　また，利益原則の機能

　　　　とすれば，軽いほうの事実の存在は証明されていないから，利益原則に反する

　　　　したがって，秘められた択一的認定許されず

　　⑵　本問において，軽い死体遺棄の認定許されず

第2　よって，裁判所は，択一的事実を認定したうえ，軽い死体遺棄罪で処断することは許されない

　　　　　　　　　　　　　　　　　　　以上

【参考文献】
試験対策講座11章3節③。判例シリーズ97事件。条文シリーズ333条②1⑵(c)。

第2部

応用編

CHECK

次の【事例】を読んで，後記〔設問１〕及び〔設問２〕に答えなさい。

【事例】

　警察官PとQが，平成30年５月10日午前３時頃，凶器を使用した強盗等犯罪が多発しているH県I市J町を警ら していたところ，路地にたたずんでいた甲が，Pと目が合うや，急に慌てた様子で走り出した。そこで，Pが，甲に，「ちょっと待ってください。」と声をかけて停止を求めたところ，甲が同町１丁目２番３号先路上で停止したため，同所において，職務質問を開始した。

　Pは，甲のシャツのへそ付近が不自然に膨らんでいることに気付き，甲に対し，「服の下に何か持っていませんか。」と質問した。これに対し，甲は，何も答えずにPらを押しのけて歩き出したため，甲の腹部がPの右手に一瞬当たった。このとき，Pは，右手に何か固い物が触れた感覚があったことから，甲が服の下に凶器等の危険物を隠している可能性があると考え，甲に対し，「お腹の辺りに何か持ってますね。服の上から触らせてもらうよ。」と言って，①そのまま立ち去ろうとした甲のシャツの上からへそ付近を右手で触ったところ，ペンケースくらいの大きさの物が入っている感触があった。

　Pは，その感触から，凶器の可能性は低いと考えたが，他方，規制薬物等犯罪に関わる物を隠し持っている可能性があると考え，甲の前に立ち塞がり，「服の下に隠している物を出しなさい。」と言った。すると，甲は，「嫌だ。」と言って，腹部を両手で押さえたことから，②Qが，背後から甲を羽交い締めにして甲の両腕を腹部から引き離すとともに，Pが，甲のシャツの中に手を差し入れて，ズボンのウエスト部分に挟まれていた物を取り出した。

　Pが取り出した物は，結晶様のものが入ったチャック付きポリ袋１袋と注射器１本在中のプラスチックケースであり，検査の結果，結晶様のものは覚せい剤であることが判明した（以下「本件覚せい剤」という。）。そこで，Pは，甲を覚せい剤取締法違反（所持）の現行犯人として逮捕するとともに，本件覚せい剤等を差し押さえた。

　その後，検察官は，所要の捜査を遂げた上，本件覚せい剤を所持したとの事実で，甲を起訴した。

　第１回公判期日において，甲及び弁護人は無罪を主張し，検察官の本件覚せい剤の取調べ請求に対し，取調べに異議があるとの証拠意見を述べた。

〔設問１〕

　下線部①及び②の各行為の適法性について論じなさい。

〔設問２〕

　本件覚せい剤の証拠能力について論じなさい。

（参照条文）　覚せい剤取締法
第41条の２第１項　覚せい剤を，みだりに，所持し，譲り渡し，又は譲り受けた者（略）は，10年以下の懲役に処する。

① はじめに

　設問1は，職務質問に付随して行われる所持品検査の適法性を問う問題であり，的確な規範を書くことはもちろん，検討すべき場面が下線部①および下線部②と2つに分かれていることから，両場面での違いをあてはめでどのように示すかがポイントとなる。設問2は，証拠能力の問題であり，違法な所持品検査から得られた証拠の証拠能力をどのように考えるかが問われている。違法収集証拠排除法則に関する知識を問う問題である。

② 設問1

　設問1は，捜査の端緒（行政警察活動）に関する問題である。下線部①および下線部②の両方の行為は職務質問が開始された後になされていることから，職務質問に付随して行われる所持品検査の適法性が問題となっていることがわかる。そして，所持品検査が職務質問に付随して行われている以上，まずは職務質問が適法になされているかを検討することになる。

　警察官職務執行法2条1項によると，一定の事由に該当する場合に，警察官は職務質問とそのための停止措置の権限が与えられている。つまり，一定の事由に該当しない場合には職務質問とそのための停止措置自体が違法となり，加えて付随する所持品検査も違法となってしまう関係で，本問において職務質問を行う事由の該当性について答案の冒頭で簡潔に言及することが求められている。

　本問においては，甲が警察官Pと目が合うや，急に慌てた様子で走り出していることから，この点を捉えて「異常な挙動……から合理的に判断して何らかの犯罪を犯し」たと「疑うに足りる相当な理由のある者」に該当するとして職務質問を行う事由該当性が認められる。

　そのうえで，所持品検査の可否および限界が問題となる。所持品検査の可否については，警察官職務執行法に明示的な規定がないため，否定説も存在するところではあるが，判例（最判昭和53年6月20日）が肯定説を採用しているため，答案ではこの判例の理解を示しながら所持品検査の可否について論述をするとともに，所持品検査の限界についても論述をしてほしいところである。

　同判例は，「所持品の検査は，口頭による質問と密接に関連し，かつ，職務質問の効果をあげるうえで必要性，有効性の認められる行為であるから，同条項〔警察官職務執行法2条1項〕による職務質問に附随してこれを行うことができる場合があると解するのが，相当である」と判示している。そのうえで，所持品検査は，任意手段である以上，所持人の承諾を得て，その限度においてこれを行うのが原則であると示しつつも，「職務質問ないし所持品検査は，犯罪の予防，鎮圧等を目的とする行政警察上の作用であって，流動する各般の警察事象に対応して迅速適正にこれを処理すべき行政警察の責務にかんがみるときは，所持人の承諾のない限り所持品検査は一切許容されないと解するのは相当でな」いと説示している。

　そして，同判例の理解をベースにするのであれば，所持人の承諾のない所持品検査は，捜索にいたらない程度の行為は強制にわたらないかぎり，所持品検査の必要性，緊急性，これによって害される個人の法益と保護されるべき公共の利益との権衡などを考慮し，具体的状況のもとで相当と認められる限度においてのみ許容されると解することができる。

　基準が導き出せたら，後は下線部①および下線部②の行為の適法性をそれぞれこの基準にあてはめたうえで，所持品検査の適法性について検討をすることになる。本問では，あてはめで使える事実がたくさんあるので，これらの事実を答案に示すことはもちろん，これらの事実の評価まで的確に行えるかが高得点を狙う鍵になる。

　答案例においては，下線部①の行為は，外部から見えるシャツの上からへそ付近を触ったにすぎないため，甲に対するプライバシー権（憲法13条後段）の侵害の程度が低いとして，捜索にいたらないことを認定したうえで，職務質問が行われた時間・場所，甲の態度，プライバシー権侵害の程度を中心に具体的状況のもとで相当であるとの認定を行い，適法性を肯定した。それに対し，下線部②の行為は，甲をその背後から羽交い締めにしたうえ，外部からは見えない甲のシャツの中に手を入れ，ズボンのウエスト部分に挟まれていた物を取り出しており，高度のプライバシー権侵害を伴うのはもちろん，身体の自由という重要な権利まで実質的に制約を受けていることから，捜索に

いたる程度の強制処分に該当することを認定し，違法であるとの結論を導いた。

③ **設問2**

　設問2は，証拠関連の問題である。上述のとおり，下線部②の行為を違法なものであると認定したのであれば，違法な手続から得られた証拠の証拠能力をどのように考えるか，すなわち，違法収集証拠排除法則の適用について検討を加えることとなる。

　違法収集証拠排除法則を採用した初めての最高裁判例として，最判昭和53年9月7日が存在する。同判例は，「証拠物の押収等の手続に，……令状主義の精神を没却するような重大な違法があり，これを証拠として許容することが，将来における違法な捜査の抑制の見地からして相当でない」と認められる場合には，当該証拠の証拠能力が否定されるとの考え方を示している。

　本問では，同判例の考え方をもとに規範を定立したうえで，違法の重大性および排除の相当性の2要件をあてはめることが求められている。答案例においては，設問1で示した事情を主軸に違法の重大性を肯定したうえ，今回の違法な手続で得られた覚醒剤の証拠能力を肯定してしまっては，今後も類似の違法な手続が横行してしまう危険性に焦点をあて，排除の相当性も肯定した。そのため，最終的には本件覚醒剤の証拠能力は否定されるとの結論を導いた。

【関連判例】

最判昭和53年6月20日刑集32巻4号670頁（判例シリーズ3事件）
最判昭和53年9月7日刑集32巻6号1672頁（判例シリーズ93事件）

【参考文献】

試験対策講座5章2節③，10章5節。判例シリーズ3事件，93事件。

第1　設問1について
1　①の行為の適法性について

(1)　甲は，警察官Pと目が合うや，急に慌てた様子で走り出して
いることから，「異常な挙動……から合理的に判断して何らか
の犯罪を犯し」たと「疑うに足りる相当な理由のある者」（警　　　5
察官職務執行法2条1項）にあたるため，①の行為の前提とし
て行われた職務質問は適法といえる。

(2)　そして，①の行為は，承諾のない所持品検査にあたるが，適
法か，所持品検査の可否および限界が問題となる。

　ア　この点，所持品検査は，職務質問と密接に関連し，職務質　　10
問の効果をあげるうえで，必要性，有効性の認められる行為
である。そのため，所持品検査は，同条項の職務質問に付随
して行うことが許されると解する。

　　そして，任意手段である職務質問の付随行為である以上，
所持人の承諾を得て行うのが原則である。もっとも，対象者　　15
が承諾しない場合にいっさい所持品検査ができないとすると，
職務質問の目的たる犯罪の予防鎮圧を実効的になすことがで
きない。

　　そこで，㋐捜索にいたらない程度の行為は強制にわたらな
いかぎり，㋑所持品検査の必要性，緊急性，これによって害　　20
される個人の法益と保護されるべき公共の利益との権衡など
を考慮し，具体的状況のもとで相当と認められる限度におい
てのみ許容されると解する。

　イ　本問において，①の行為は，口頭による質問と密接に関連
し，職務質問の効果をあげるうえで必要性，有効性が認めら　　25
れるため，職務質問の付随処分といえる。そして，Pは，外
部から見えるシャツの上から触ったにすぎず，甲に対するプ
ライバシー権（憲法13条後段）侵害の程度は低く，捜索にい
たらない程度の行為といえる。また，単に，甲のへそ付近に
触ったのみでは，甲の重要な権利・利益を実質的に侵害した　　30
とはいえないから，強制にわたっていたともいえない（㋐充
足）。

　　甲が，慌てて走り出したり，職務質問に対して何も答えず
にPらを押しのけて歩き出したりするという不審な行動をと
っていたこと，甲の腹部に固い物があったこと，凶器を使用　　35
した強盗等犯罪が多発している場所に午前3時という深夜に
甲がいたことから，甲が凶器等の危険物を隠している可能性
があり，危険物の有無を確認する必要性が認められる。また，
甲はPらを押しのけるなど，職務質問から逃れようとする態
度をとっていたことから，ただちに検査をすべき緊急性も認　　40
められる。これに対し，甲はシャツの上から触られたにすぎ
ず，プライバシー等の法益侵害の程度は大きくない。したが
って，上記必要性，緊急性に照らし，Pの行為は，具体的状
況のもとで相当と認められる限度であったといえる（㋑充足）。

㋺所持品検査の適法性を検討する前提として，職務質問の適法性を検討する

㋺問題提起

㋺規範

㋺あてはめ

(3) よって，①の行為は，所持品検査として適法である。　　　45　　　⇨結論

2　②の行為の適法性について

(1) ②の所持品検査は適法か。前述の基準に従って判断する。　　⇨問題提起

まず，①の行為と同様，②の行為も職務質問の付随処分にあ　　⇨あてはめ
たる。そして，Pは，甲が明示的に拒否の態度を示しているな
か，甲のシャツの中という，通常外部から見えず，プライバ　　50
シーの要保護性が高い部位に手を差し入れ，ズボンのウエスト部
分に挟まれていた物を取り出している。このような②の行為は，
高度のプライバシー権侵害を伴うものといえ，捜索にあたる。
また，Qは，甲を羽交い締めにし，甲の両腕を無理やり引き離
しており，甲の身体の自由という重要な権利を実質的に制約し　　55
ていることから，強制にわたる行為にあたる（ⓐ不充足）。

(2) よって，②の行為は，所持品検査として違法である。　　　　⇨結論

第2　設問2について

1　本件覚醒剤は，違法な所持品検査で得た物であるため，違法収　　⇨問題提起
集証拠排除法則により，証拠能力が否定されないか。　　　　　　60

(1) この点，適正手続の保障（憲法31条），司法の廉潔性，将来　　⇨規範
における違法捜査抑止の見地から，証拠収集手続に，ⅰ令状主
義（憲法35条，刑事訴訟法218条1項）の精神を没却するよう
な重大な違法があり，ⅱこれを証拠として許容することが将来
における違法捜査抑止の見地から相当でないと認められる場合　　65
には，証拠能力を否定すべきと解する。

(2) 本問において，②の所持品検査は深夜，凶器を使用した強盗　　⇨あてはめ
等犯罪が多発している場所において行われているものの，①の
行為の結果，甲が凶器を所持している可能性は低かった。また，
甲が規制薬物等犯罪に関わる物を隠し持っている可能性はあっ　　70
たものの，その嫌疑は濃厚なものとまではいえない状況だった。
それにもかかわらず，Pらは，②の所持品検査の際，令状がな
いなか捜索に相当する行為を行い，さらに，強制力を行使する
ことで，甲のプライバシー権および身体の自由という重要な権
利・利益を実質的に侵害している。これらを考慮すると，②の　　75
行為には，令状主義の精神を没却するような重大な違法があっ
たといえる（ⅰ充足）。

たしかに，本件の被疑事実は，法定刑が長期10年の懲役であ
る覚醒剤単純所持という重大事件であり，覚醒剤は証拠として
重要なものである。しかし，被疑者が所持品の提示を拒むこと　　80
はよくあることであり，今後も②のような行為が行われる可能
性があることから，その抑止の必要性はきわめて高い。そのた
め，②の行為によって発見された本件覚醒剤は，将来における
違法捜査抑止の見地から証拠能力を許容することが相当とはい
えない（ⅱ充足）。　　　　　　　　　　　　　　　　　　　　85

2　よって，本件覚醒剤の証拠能力は否定される。　　　　　　　　⇨結論

以上

第1　設問1

1　下線部①の甲のシャツの上からへそ付近を手で触った行為（以下，「行為①」という。）は適法か。

(1)　行為①は職務質問（警察官職務執行法（以下，「警職法」という。）2条1項）に付随して行われる所持品検査であるところ，所持品検査の適法性が問題となる。 5

　　所持品検査は，口頭による質問と密接に関連し，職務質問の実効性を確保する上で，必要性，有効性の認められる行為であるから，これを行うことは許される。もっとも，職務質問は任意で行われるのが原則であるから，所持品検査も任意で行うのが原則である。 10

　　そして，強制にわたらないかぎり，これを行うことも許されるが，任意であっても警職法1条2項に照らし，所持品検査の必要性，これによって害される利益と得られる公益を衡量し，具体的状況の下で相当と認められる限度において許容されると解する。 15

(2)　本件において，凶器を使用した強盗等犯罪が多発していたという状況の中，午前3時頃甲は路上にたたずんでおり，Pと目が合うや逃げ出している。そして，甲のシャツのへそ付近が不自然に膨らんでおり，Pがたまたまあたった時に固いものが触 20 れた感覚がした。このような状況の下で，甲が凶器を所持しており，何らかの犯罪に関与している嫌疑が高まっていたから，所持品検査を行う必要性があった。

　　そして，行為①の態様は服の上から触れるだけというもので，殊更に甲のプライバシーを侵害するようなものでもなかったか 25 ら，行為①は具体的状況の下で相当であったといえる。

(3)　したがって，行為①は適法である。

2　Qが甲を羽交い絞めにするとともにPが甲のシャツの中に手を入れウエスト部分に挟まれていた物を取り出した行為（以下，「行為②」という。）は適法か。 30

(1)　PQは，甲が覚醒剤等の犯罪に関わっている可能性があると判断しているものの，この段階ではいまだ具体的な犯罪があると思料して行為②を行っているわけではない（刑事訴訟法（以下，法名省略）189条2項参照）。

　　したがって，所持品検査の限界として前述した基準により判 35 断する。

(2)　服の下にある物の任意提出の求めに対し，甲は拒否していたにもかかわらず，行為②によって甲の身体を拘束し，ウエスト部分に挟まれていた物を取り出している。これは，甲の明示の意思に反して，身体活動の自由やプライバシーといった重要な 40 権利利益を制限する「強制の処分」（197条1項ただし書）であるといえる。

　　そして，Qの羽交い絞め行為とPのウエスト部分に挟まれていた物を取り出す行為はそれぞれ「逮捕」（憲法33条，刑訴法

（欄外注）

← △所持品検査の適法性を検討する前に職務質問自体の適法性についても検討をする必要がある

← ○必要性について的確なあてはめができており，好印象である

← △プライバシー権について言及をする際には，条文も引用できるとなおよい

← ○行為②が「逮捕」および「捜索」に値する

199条 1 項),「捜索」(憲法35条 1 項, 刑訴法218条 1 項) にあ　45
たり, 令状が必要にもかかわらず, 無令状で行われている。

　⑶　よって, 行為②は令状主義に反し, 違法である。

第 2　設問 2

1　本件覚醒剤は, 違法な行為②によって収集されているから, 証
　拠能力が否定されないか。　50

　⑴　司法の廉潔性, 適正手続（憲法31条）, 将来の違法捜査抑止
　　といった観点から, 違法に収集された証拠の証拠能力は否定す
　　べきである。もっとも, 軽微な違法の場合にも常に証拠能力を
　　否定するのは, 真実発見（ 1 条）を著しく害し妥当ではない。
　　　そこで, 令状主義の精神を没却するような重大な違法があり,　55
　　証拠として許容することが将来の違法捜査抑止の観点から相当
　　でない場合, 違法に収集された証拠の証拠能力を否定すべきで
　　あると解する。

　⑵　本件において, 行為②は令状主義を無視するものであって,
　　重大な違法があるといえる。そして, このような手段により収　60
　　集された証拠を許容すると, 現場の判断で違法捜査が助長され
　　かねないから, これを証拠として許容するのは将来の違法捜査
　　抑止の観点から妥当でないと考える。

2　したがって, 本件覚醒剤の証拠能力は否定される。

以上　65

ような行為に該当する
ことを的確に示せてい
る

⬅○趣旨から丁寧に規範
が示せており, 非常に
よい

⬅△どのような事実から
行為②が令状主義を無
視するようなものであ
ると評価したのか, 事
実を指摘できるとより
よい

出題趣旨

　本問は，深夜，強盗等犯罪の多発する地域を警ら中の警察官が，甲に停止を求めて職務質問した際，①立ち去ろうとした甲のシャツの上からへそ付近に触れるとの方法，及び②背後から甲を羽交い締めにした上，甲のシャツの中に手を差し入れ，ズボンのウエスト部分に挟まれていたプラスチックケースを取り出すとの方法により所持品検査を実施したところ，同ケース中に覚せい剤を発見したことから，甲を覚せい剤取締法違反（所持）の現行犯人として逮捕するとともに，上記覚せい剤を差し押さえ，その後，甲を同所持の事実により起訴したとの事例において，上記各所持品検査の適法性及び上記覚せい剤の証拠能力について検討させることにより，基本的な学識の有無及び具体的事案における応用力を試すものである。

　設問1においては，最高裁判所の判例（最判昭和53年6月20日刑集32巻4号670頁等）に留意しつつ，対象者の承諾のない所持品検査が許容されることがあるか否かについて，その根拠も含めて検討した上，これが肯定されるとして，いかなる態様の行為がいかなる状況において許容されるのか，その基準を提示し，本問における各所持品検査の適法性について論述することが求められる。

　設問2においては，本件覚せい剤の発見をもたらした上記②の方法による所持品検査が違法であることを前提に，最高裁判所の判例（最判昭和53年9月7日刑集32巻6号1672頁等）に留意しつつ，違法に収集された証拠物の証拠能力が否定される場合があるか否か，否定される場合があるとしていかなる基準により判断されるべきかを提示した上，本件覚せい剤の証拠能力について論述することが求められる。

優秀答案における採点実感

1 全体

　規範とあてはめをしっかりと分けながら，答案を書けている。また，規範も趣旨から論述ができており，好印象である。

2 設問1

　所持品検査の適法性については規範を示しながら的確なあてはめができているのはよい。もっとも，捜査の違法性が問題となる際は，1つ前の捜査が次の捜査の違法性にも影響を与えるので，捜査ごとの適法性を漏れなく検討することは必須である。そのため，本問で甲は警察官に停止を求められ，職務質問を開始したなかで所持品検査が行われている以上，職務質問自体の適法性についても検討してほしいところである。

3 設問2

　違法収集証拠排除法則の適用が問題となることにしっかりと気づけており，的確な論述が展開できている。もっとも，「行為②は令状主義を無視するものであって，重大な違法があるといえる」という点は，どのような事実から行為②が令状主義を無視するようなものであると評価したのかについて，事実を指摘できるとよりよい。

CHECK

次の【事例】を読んで，後記〔設問１〕及び〔設問２〕に答えなさい。

【事　例】
　平成29年５月21日午後10時頃，H県I市J町１丁目２番３号先路上において，Vがサバイバルナイフでその胸部を刺されて殺害される事件が発生し，犯人はその場から逃走した。
　Wは，たまたま同所を通行中に上記犯行を目撃し，「待て。」と言いながら，直ちに犯人を追跡したが，約１分後，犯行現場から約200メートルの地点で見失った。
　通報により駆けつけた警察官は，Wから，犯人の特徴及び犯人の逃走した方向を聞き，Wの指し示した方向を探した結果，犯行から約30分後，犯行現場から約２キロメートル離れた路上で，Wから聴取していた犯人の特徴と合致する甲を発見し，職務質問を実施したところ，甲は犯行を認めた。警察官は，①甲をVに対する殺人罪により現行犯逮捕した。なお，Vの殺害に使用されたサバイバルナイフは，Vの胸部に刺さった状態で発見された。
　甲は，その後の取調べにおいて，「乙からVを殺害するように言われ，サバイバルナイフでVの胸を刺した。」旨供述した。警察官は，甲の供述に基づき，乙をVに対する殺人の共謀共同正犯の被疑事実で通常逮捕した。
　乙は，甲との共謀の事実を否認したが，検察官は，関係各証拠から，乙には甲との共謀共同正犯が成立すると考え，②「被告人は，甲と共謀の上，平成29年５月21日午後10時頃，H県I市J町１丁目２番３号先路上において，Vに対し，殺意をもって，甲がサバイバルナイフでVの胸部を１回突き刺し，よって，その頃，同所において，同人を左胸部刺創による失血により死亡させて殺害したものである。」との公訴事実により乙を公判請求した。
　検察官は，乙の公判前整理手続において，裁判長からの求釈明に対し，③「乙は，甲との間で，平成29年５月18日，甲方において，Vを殺害する旨の謀議を遂げた。」旨釈明した。これに対し，乙の弁護人は，甲との共謀の事実を否認し，「乙は，同日は終日，知人である丙方にいた。」旨主張したため，本件の争点は，「甲乙間で，平成29年５月18日，甲方において，Vを殺害する旨の謀議があったか否か。」であるとされ，乙の公判における検察官及び弁護人の主張・立証も上記釈明の内容を前提に展開された。

〔設問１〕
　①の現行犯逮捕の適法性について論じなさい。

〔設問２〕
１　②の公訴事実は，訴因の記載として罪となるべき事実を特定したものといえるかについて論じなさい。
２　③の検察官の釈明した事項が訴因の内容となるかについて論じなさい。
３　裁判所が，証拠調べにより得た心証に基づき，乙について，「乙は，甲との間で，平成29年５月11日，甲方において，Vを殺害する旨の謀議を遂げた。」と認定して有罪の判決をすることが許されるかについて論じなさい（①の現行犯逮捕の適否が与える影響については，論じなくてよい。）。

① はじめに

本問は，現行犯逮捕・準現行犯逮捕の要件の検討および訴因に関する知識のアウトプットが求められている問題である。設問1では，どのような要件のもと現行犯逮捕・準現行犯逮捕ができるかを示すことはもちろん，目撃者が一度犯人を見失った事実をどのようにあてはめで使うかが重要となる。設問2は，小問の数が多いので途中答案とならないことを心掛けるとともに，小問間で矛盾した論述をしないように注意することが重要である。

② 設問1

本設問は，現行犯逮捕・準現行犯逮捕の要件を検討し，設問の現行犯逮捕の適法性について論述を求める問題である。現行犯逮捕・準現行犯逮捕はあくまで令状主義（憲法33条1項，刑事訴訟法199条1項）の例外にあたるため，現行犯逮捕・準現行犯逮捕の要件の検討に飛びつく前に，令状主義について憲法の条文を引用しながら言及するのが必須である。そのうえで，例外的に現行犯逮捕・準現行犯逮捕が認められる理由づけを必要性・許容性の2つの側面から示せると丁寧である。答案例では，必要性という側面から，逃亡・罪証隠滅のおそれに言及するとともに，許容性という側面からは，犯罪の嫌疑が明白で令状による司法的コントロールがなくても誤認逮捕のおそれが少ないことに言及している。

そのうえで，現行犯逮捕として適法となるためには，「現に罪を行い，又は現に罪を行い終わった」（212条1項）といえる必要があるところ，この該当性の検討にあたっては，犯罪と犯人の明白性，および犯行と逮捕の間の時間的場所的接着性が必要となる。このような規範を示した後はあてはめに移ることになるが，あてはめのポイントは，目撃者たるWが犯行の約1分後，犯行現場から約200メートル離れた地点で犯人を見失ったことをどのように評価するかにある。特に，逮捕者自身が認識した客観的状況ではなく，目撃者の供述や被逮捕者の自白を「現行犯人」の認定に用いることができるかという点については限定説・非限定説・折衷説という学説が対立しているところなので，自分が採用する立場を明確にしたうえで論述をすることが望ましい。

限定説を採用するのであれば，「現行犯人」の認定に用いることのできる資料は，犯罪現場や被害者の身体・衣服の状況および相手方の挙動，あるいは客観的状況にかぎられることとなる。非限定説を採用するのであれば，目撃者の供述であっても，その供述が信用できるものであるかぎりにおいては，「現行犯人」の認定に用いることができる。折衷説を採用するのであれば，客観的・外部的状況に加えて，目撃者の供述や被逮捕者の自白も補充的に認定資料となしうる。なお，答案例では折衷説に立脚して論述をしている。

そのうえで，現行犯逮捕の要件をみたさないとなれば，準現行犯逮捕についても検討する必要がある。設問2との分量の関係もあるので，答案例ではあっさりと212条2項各号該当事由が存在しないと論述をしたが，紙面や時間に余力があったら，各号の文言へのあてはめも丁寧にできると更によい。

③ 設問2

1 小問1

小問1では，起訴状で「共謀の上」と記載するにとどめ，共謀の日時・場所等を特定していないことが訴因の特定（256条3項後段）との関係で問題ないかが問われている。

訴因について論述をする際には，訴因の識別機能および告知機能を主軸において論述を展開すると，論理的な規範を定立することができる。たとえば，ほかの共謀者による実行行為が日時・場所・方法等で特定している場合，共謀についてそれらの記載がないからといって，他の犯罪事実から識別できないわけではないとするのであれば，共謀の日時・場所等を示さず，「共謀の上」と起訴状に記載をしても訴因の特定との関係では問題ないこととなる（識別説）。これに対し，共謀のみに関与したとされる被告人にとっては，防御を全うするためには，共謀の日時・場所・内容等の明示が必要であるとするのであれば，「共謀の上」と起訴状に記載するだけでは訴因の特定との関係で不十分ということとなる（防御権説）。いずれの説に立脚して論述をしても，説得的な論述が

できていれば問題はないが，答案例では識別説に立脚して論述をしている。

2　小問2

　小問2では，共謀の成立時期について検察官が求釈明に応じた場合，その内容が訴因の内容を構成することになるのかが問われている。

　釈明した事項が訴因の特定に不可欠な事項であれば，釈明した事項は訴因の内容となると解されるところ，小問1で識別説・防御権説のいずれに立脚して論述したかにより，釈明した共謀の具体的な内容が訴因の内容となるかの結論が変わってくる。小問1と矛盾しない帰結を導き出せるかがポイントとなる。

3　小問3

　小問3では，証拠調べの結果，裁判所が検察官の釈明内容と異なる事実を認定して有罪判決をすることが許されるのかが問われている。ここでも小問1で識別説・防御権説のいずれに立脚して論述したかにより，論述が異なってくるので，小問1と矛盾しない帰結を導き出せるかがポイントとなる。

　答案例のように，識別説に立脚して論述するのであれば，共謀の具体的な内容は訴因の内容とならない以上，釈明した事項と異なる共謀の内容を認定したとしても，訴因変更をする必要はないこととなる。もっとも，訴因の識別機能の観点から問題ないとしても，被告人の防御権を保障する観点から，裁判所が争点顕在化措置をとることなく，釈明した事項と異なる共謀の内容を認定することは，争点逸脱認定にあたり許されないこととなる（379条）。

　これに対し，防御権説に立脚するのであれば，釈明した事項も訴因の内容となるので，釈明した事項と異なる共謀の内容を裁判所が認定するためには，訴因変更の手続を経る必要がでてくることとなる。

【関連判例】

京都地決昭和44年11月5日判時629号103頁（判例シリーズ5事件）
最決平成8年1月29日刑集50巻1号1頁（判例シリーズ7事件）
最決平成26年3月17日刑集68巻3号368頁（判例百選44事件）
最大判昭和37年11月28日刑集16巻11号1633頁（判例シリーズ40事件）

【参考文献】

試験対策講座5章3節②【2】，6章2節②【3】，7章7節①。判例シリーズ5事件，7事件，40事件。条文シリーズ212条，213条，256条，312条。

第1　設問1について

1　まず，現行犯逮捕（刑事訴訟法212条1項，213条。以下法令名略）として，①の現行犯逮捕は適法とならないか。「現に罪を行い，又は現に罪を行い終わつた」（212条1項）といえるかが問題となる。 5

➡問題提起

⑴　現行犯逮捕が令状主義（憲法33条）の例外として認められた趣旨は，現行犯は逃亡，罪証隠滅防止のため急速な逮捕の必要があり，犯罪の嫌疑が明白で令状による司法的コントロールがなくても誤認逮捕のおそれが少ない点にある。

➡現行犯逮捕の趣旨

　そこで，「現に罪を行い，又は現に罪を行い終わつた」というためには，犯罪と犯人の明白性，および犯行と逮捕の間の時間的場所的接着性が必要と解される。 10

　なお，誤認逮捕を防止すべく，目撃者等の供述は明白性の客観的状況を補充する認定資料とすることができるにすぎないと解する。 15

➡本問では，逮捕者が目撃者の供述を手掛かりに逮捕を行っていることから，目撃者の供述をどのように扱うかをこのように規範段階で示しておくと丁寧である

⑵　本件では，Wは犯行から約1分後，犯行現場から約200メートルの地点で犯人を見失っている。そして，甲は犯行から約30分後，犯行現場から約2キロメートル離れた路上において発見されているが，かかる範囲内には多数の者が存在しうるから，犯人が他の者と混同される危険性は高い。そのため，たとえWの供述や甲の自白があっても，このことのみをもって，甲が犯人であることの明白性を認めることはできない。 20

➡あてはめ

　また，①の現行犯逮捕は，犯行から約30分後，犯行現場から約2キロメートルも離れた路上で行われたものであり，犯行と逮捕の間の時間的場所的接着性も認めがたい。 25

⑶　したがって，甲は「現行犯人」にはあたらない。

2　そうだとしても，準現行犯逮捕（212条2項，213条）として①の現行犯逮捕が適法とならないか。

➡問題提起

⑴　この点，現行犯逮捕同様，誤認逮捕のおそれが少ないことから，同項各号の少なくとも1つに該当し，「罪を行い終わつてから間がないと明らかに認められる」場合には準現行犯逮捕として無令状での逮捕も適法となる。なお，「罪を行い終わつてから間がないと明らかに認められる」場合とは，時間的場所的接着性があり，逮捕者にとって犯罪と犯人が明白である場合であると解する。 30 35

➡準現行犯逮捕の趣旨

⑵　本件では，同項各号要件に該当する事実は存在しない。

⑶　したがって，準現行犯逮捕としても適法とはならない。

3　よって，①の現行犯逮捕は違法である。

➡結論

第2　設問2について

1　小問1について 40

　②の公訴事実は「共謀の上」とするのみで，共謀の日時・場所等についての具体的内容が不明確であるところ，この記載でも訴因が特定された（256条3項後段）といえるか。

➡問題提起

⑴　この点，当事者主義的訴訟構造（同条6項，298条1項，312

➡規範

条1項等）のもとでは，審判対象は当事者たる検察官が主張する具体的犯罪事実たる訴因である。そして，訴因の特定の趣旨は，裁判所に対し審判対象を限定するとともに，被告人に対し防御の範囲を明示する点にあるところ，訴因が他の犯罪事実と識別されていれば防御の範囲は明確であり，告知機能が尽くされるから，訴因の第一次的な機能は識別機能であると解する。ほかの共謀者の実行行為が日時・場所・方法等で特定している場合には，その実行行為に対応する共謀は1つ特定することができるため，他の犯罪事実から識別しうるから，「共謀の上」と記載すれば足りると解する。

➡あてはめ

(2) 本問では，②の公訴事実は，「平成29年5月21日午後10時頃」，「H県I市J町1丁目2番3号先路上」において，「サバイバルナイフでVの胸部を1回突き刺し……殺害したもの」として，甲の実行行為が十分，特定されている。

(3) よって，②の公訴事実は特定されている。

➡結論

2 小問2について

➡規範

(1) 「罪となるべき事実」の特定に不可欠な事項が不明確な場合には，裁判所が検察官に釈明（規則208条1項）を求め，釈明がされた事項は，当然に訴因の内容となると考える。

➡あてはめ

(2) 本件では，公訴事実②は前述のように特定されており，「罪となるべき事実」の特定に不可欠な事項は明確である。

➡結論

(3) よって，③の事項は訴因の内容とはならない。

3 小問3について

➡問題提起

争点顕在化措置を経ずに，本件の争点と異なる，平成29年5月11日の謀議を認定することは，争点逸脱認定にあたり許されない（379条）のではないか。

➡規範

(1) この点，審理において争点となっていなかった事実を，裁判所が何らの措置もとることなく認定することは，被告人に不意打ちを与え，その防御権を侵害しうる。そこで，審理の経過を総合考慮し，被告人の防御権を不当に侵害する場合には，かかる認定は，適切な訴訟指揮（294条）を欠く争点逸脱認定として，違法となると解する。

➡あてはめ

(2) 本件では，乙が平成29年5月18日における自己のアリバイ成立を主張・立証し，乙の公判における検察官および弁護人の主張・立証も同日に甲乙間で謀議がなされたかという点を前提として争点となっていたことからすると，裁判所が別の日付を謀議として認定することを被告人側が予測することは困難である。そして，実行行為者ではない乙が有罪となるか否かは，謀議の存否による以上，裁判所が謀議の日付を平成29年5月11日と認定することは，被告人の防御権を不当に侵害するといえる。

➡結論

(3) よって，裁判所が平成29年5月11日の謀議を認定し，有罪判決をすることは，違法であり，許されない。

以上

第1　設問1について
　1　まず，本件逮捕は212条1項，213条による現行犯逮捕として認められないか。
　　⑴　この点について，現行犯逮捕に令状主義（199条1項，憲法33条）の例外として無令状逮捕を認めた趣旨は，犯罪が明白であり，誤認逮捕のおそれが少ないというという点にある。
　　　　そこで，逮捕者にとって犯罪および犯人が明白であり，犯行と逮捕の時間的場所的接着性がある場合に，「現に罪を行い終わつた」として現行犯逮捕が認められると解する。
　　⑵　これを本件についてみると，本件逮捕は犯行が行われてから約30分も経過した後になされており，その場所も犯行現場から約2キロメートルも離れた路上でなされている。そのため，犯行と時間的場所的接着性があるとはいえない。
　　⑶　したがって，本件逮捕は現行犯逮捕として要件をみたさず，認められない。
　2　そうだとしても，212条2項，213条による準現行犯逮捕として認められないか。
　　⑴　まず，被逮捕者甲が「左の各号の一にあたる」必要がある。
　　　　これについて，甲は「犯人として追呼」（212条2項1号）されていたわけではなく，V殺害に使用されたナイフはVの胸部に刺さった状態で発見されたため，甲が「兇器その他の物を所持」（同項2号）していたとも考えられない。また，甲と犯人の特徴の合致を超えて「身体又は被服に犯罪の顕著な証跡」（同項3号）があったとはいえず，甲は「誰何されて逃走しよう」（同項4号）ともしていない。
　　⑵　したがって，「左の各号の一に当たる」とはいえず，準現行犯逮捕の要件もみたさない。
　3　よって，本件逮捕は現行犯逮捕として適法ではない。
第2　設問2について
　1　小問1について
　　⑴　本件公訴事実は乙の共謀共同正犯における共謀について「共謀の上」としか記載していないが，これで罪となるべき事実の特定，つまり訴因の特定（256条3項）として十分といえるか。
　　⑵　この点について，訴因とは検察官の主張する具体的犯罪事実のことであり，その特定の趣旨は，裁判所の審判対象を限定し（識別機能），被告人に防御の範囲を示す（防御機能）点にある。そして，識別機能がみたされれば反射的に防御機能もみたすといえるため，識別機能が第一次的機能であると解する。
　　　　そして，共謀共同正犯においては，共謀者の一部による実行行為が具体的に特定されていれば，共謀について詳細な記載がなくとも，特定の構成要件に該当するかを判定できるし，他の犯罪事実と識別することも可能である。
　　　　そこで，上記場合には，共謀について「共謀の上」との記載でも，訴因の特定として足りると解する。

5

10

15

20

25

30

35

40

←○現行犯逮捕があくまで令状主義の例外として位置づけられることを的確に指摘して論述できており好印象である。ただ，憲法の条文を先に示すほうがよい

←×逮捕者にとって犯罪が明白であるかという点のあてはめもしてほしかった

←○212条2項各号該当性を丁寧に検討できている点は非常によい

←○問題提起を的確にできており好印象である

←○訴因の2つの機能から十分な論述ができている

（3） これを本件についてみると，共謀者の一部たる甲の実行行為 45
は，日時・場所・態様によって具体的に特定されている。
　よって，「共謀の上」とのみ記載している本件公訴事実も，
罪となるべき事実を特定したものといえる。
2　小問2について
（1） まず，検察官の釈明（刑事訴訟規則208条1項参照）した事 50
項が直ちに訴因の内容になるとすると，実質的に検察官の釈明
による訴因変更が可能となり，312条によらず訴因変更がなさ
れ，同条の趣旨たる被告人の防御権確保の要請（同条4項参
照）を著しく害する結果となる。
　そのため，原則として，釈明事項を訴因内容とすべきではな 55
い。
　もっとも，訴因の特定が不十分である場合に，これをみたす
趣旨でした釈明事項については，被告人の防御権の範囲をより
明確に示すものであるため，直ちに訴因内容としても上記趣旨
に反しないし，特定不十分という瑕疵を治癒するものとして訴 60
因内容とする必要性もある。
　そこで，訴因特定の不十分さを補う趣旨でなされた釈明事項
については，直ちに訴因内容となるものと解する。
（2） これを本件についてみると，上記の通り②公訴事実は訴因と
して既に特定されたものといえ，訴因の特定が不十分な場合と 65
はいえない。
（3） よって，本件釈明事項は訴因内容とならない。
3　小問3について
（1） 上述のように，本件釈明事項は訴因の内容とならない以上，
かかる事項における平成29年5月18日の謀議と異なる日の謀議 70
（同月11日）を認定したとしても，訴因逸脱認定とはならない。
（2） もっとも，争点逸脱認定として許されないのではないか。
　ア　この点について，被告人に対する不意打ち防止の観点から，
被告人の防御にとって重要な事項について，訴訟において争
点となっていない事実を認定することは，争点逸脱認定とし 75
て適切な訴訟指揮（294条）を欠くこととなり，訴訟手続の
法令違反（379条）として違法となるものと解する。
　イ　これを本件についてみると，実行に関与していない共謀共
同正犯として起訴されている乙にとって，謀議すなわち共謀
の事実の存否はその犯罪成立を左右する極めて重要な事項で 80
あるといえる。そして，本件では同月18日の謀議の有無が争
点となり，これについて主張立証が集中していた以上，かか
る争点となっていない同月11日の謀議を認定することは争点
逸脱認定にあたる。
（3） よって，裁判所は本問認定をして有罪の判決をすることは許 85
されない。
以上

○自分なりに原則・例外を意識して論述ができている

○小問2との整合性がとれた論述ができており好印象である

○294条や379条といった条文を的確に論述で示せている点が非常によい

出題趣旨

　本問は，殺人事件の犯行の目撃者が直ちに犯人を追跡し，約１分後，犯行現場から約200メートルの地点で見失ったものの，通報により駆けつけた警察官が，同目撃者から犯人の特徴及び逃走方向を聞いて犯人を捜し，犯行から約30分後，犯行現場から約２キロメートルの地点で，犯人の特徴と合致する甲を発見して職務質問したところ，甲が犯行を認めたため，甲を，現行犯逮捕した事例において，この逮捕が現行犯逮捕の要件（刑事訴訟法第212条第１項，同条第２項及び第213条）を充足するかを検討させるとともに，甲との共謀共同正犯が成立するとして殺人罪で起訴された乙の公判を題材に，起訴状に「甲と共謀の上」との記載及びそれに基づく実行行為が記載されていれば訴因の特定は足りるといえるのか，共謀の成立時期について検察官が求釈明に応じた場合，その内容は訴因の内容を構成することになるのか，証拠調べの結果，裁判所が検察官の釈明内容と異なる事実を認定して有罪判決をすることが許されるのか，すなわち，事実認定に先立っての訴因変更の要否，及び，訴因変更が不要であるとしても裁判所は何らかの措置を採るべきか，そうであるとすればその措置は何かを検討させることにより，現行犯逮捕・準現行犯逮捕の要件及び訴因に関連する各問題点について，基本的な学識の有無及び具体的事案における応用力を試すものである。

優秀答案における採点実感

① 全体

　全体として，原則・例外を意識できている答案であり，好印象である。また，条文を意識して論述を展開することは基本的なことでありながら，ついおろそかになりがちなところにもかかわらず，この答案では刑事訴訟規則まで丁寧に引用できている点が評価できる。

② 設問1

　設問１は逮捕の適法性として，現行犯逮捕と準現行犯逮捕の両方を答案で検討することが求められており，分量を調整しないと，設問２が途中答案で終わってしまうおそれもあるなか，この答案はバランスのとれた分量で論述が展開できている点は非常によい。特に，準現行犯逮捕について，212条２項各号該当性を丁寧に検討できている答案は少なかっただけに，この点まで丁寧に検討できている点は高く評価できる。なお，逮捕者にとって犯罪および犯人が明白という点についてはあてはめもしてほしかった。

③ 設問2

　設問２は複数の小問から構成されている。答案のなかには，小問ごとの検討に気をとられるあまり，設問２全体としてみた際，小問間で矛盾した記載をしてしまっているものも見受けられた。この答案は，矛盾した記載が小問間でなく，あてはめも的を射たものとなっており，好印象である。

次の【事例】を読んで，後記〔設問〕に答えなさい。

【事例】
　令和元年6月5日午後2時頃，H市L町内のV方において，住居侵入，窃盗事件（以下「本件事件」という。）が発生した。外出先から帰宅したVは，犯人がV方の机の引出しからV名義のクレジットカードを盗んでいるのを目撃し，警察に通報したが，犯人はV方から逃走した。
　警察官PとQは，同月6日午前2時30分頃，V方から8キロメートル離れたL町の隣町の路上を徘徊する，人相及び着衣が犯人と酷似する甲を認め，本件事件の犯人ではないかと考え，警察官の応援要請をするとともに，甲を呼び止め，「ここで何をしているのか。」などと尋ねたところ，甲は，「仕事も家もなく，寝泊りする場所を探しているところだ。」と答えた。また，Pが甲に，「昨日の午後2時頃，何をしていたか。」と尋ねたのに対し，甲は，「覚えていない。」旨曖昧な答えに終始した。Pは，最寄りのH警察署で本件事件について甲の取調べをしようと考え，同月6日午前3時頃，「事情聴取したいので，H警察署まで来てくれ。」と甲に言ったが，甲は，黙ったまま立ち去ろうとした。その際，甲のズボンのポケットから，V名義のクレジットカードが路上に落ちたため，Pが，「このカードはどうやって手に入れたのか。」と甲に尋ねたところ，甲は，「散歩中に拾った。落とし物として届けるつもりだった。」と述べて立ち去ろうとした。そこで，Pらは，同日午前3時5分頃，応援の警察官を含む4名の警察官で甲を取り囲んでパトカーに乗車させようとしたが，甲が，「俺は行かないぞ。」と言い，パトカーの屋根を両手でつかんで抵抗したので，Qが，先にパトカーの後部座席に乗り込み，甲の片腕を車内から引っ張り，Pが，甲の背中を押し，後部座席中央に甲を座らせ，その両側にPとQが甲を挟むようにして座った上，パトカーを出発させ，同日午前3時20分頃，H警察署に到着した。
　Pは，H警察署の取調室において，本件事件の概要と黙秘権を告げて甲の取調べを開始した。甲は，取調室から退出できないものと諦めて取調べには応じたものの，本件事件への関与を否認し続けた。Pは，同日午前7時頃，H警察署に来てもらったVに，取調室にいた甲を見せ，甲が本件事件の犯人に間違いない旨のVの供述を得た。Pらは，甲の発見時の状況やVの供述をまとめた捜査報告書等の疎明資料を直ちに準備し，同日午前8時，H簡易裁判所に本件事件を被疑事実として通常逮捕状の請求を行い，同日午前9時，その発付を受け，同日午前9時10分，甲を通常逮捕した。
　甲は，同月7日午前8時30分，H地方検察庁検察官に送致され，送致を受けた検察官は，同日午後1時，H地方裁判所裁判官に甲の勾留を請求し，同日，<u>甲は，同被疑事実により，勾留された。</u>

〔設問〕
　下線部の勾留の適法性について論じなさい。ただし，刑事訴訟法第60条第1項各号該当性及び勾留の必要性については論じなくてよい。

思考過程

1　はじめに

　本問は，勾留の適法性が問題となっているところ，勾留が適法になるためにはどのような要件を充足することが必要なのかを事前にインプットしておく必要がある。そのうえで，メリハリをつけるという観点から，すべての要件を羅列して勾留の適法性を検討するのではなく，本問で特に問題となる要件，すなわち本問における勾留と逮捕前置主義との関係性に主軸をおいて論述をすることが求められている。

2　設問

　勾留の適法性は大きく分けて実体的要件および手続的要件からなる。そのうえで，実体的要件は勾留の理由（207条1項本文・60条1項）および勾留の必要性（87条1項参照）からなるところ，本問では，60条1項各号該当性および勾留の必要性の検討が不要である旨の記載がなされているため，本問において検討を求められているのは勾留の適法性のなかでも，手続的要件であることがわかる。

　手続的要件としては，裁判官の勾留質問を受けること（207条1項本文・61条），逮捕前置主義（204条から207条まで）を充足していること，先行する逮捕が適法であること，制限時間（203条から205条まで，211条，216条）を遵守していること等があげられるところ，本問では先行手続として，警察官が甲をパトカーに押し込んでH警察署に連れて行った行為があるため，先行する逮捕が適法であるかが逮捕前置主義との関係で問題となる。

　逮捕前置主義は勾留の理由や必要性のように明文で要件とされているものではない以上，答案においては，どうして逮捕前置主義が本件勾留請求の適法性を考える際に問題となるのかの根拠を示すことが重要となる。具体的には，逮捕前置主義の趣旨は，身体の拘束が，被疑者に対して多大な不利益を与えることから，身体拘束につき二重の司法審査を及ぼす点にあることを示したうえで，このような趣旨からすれば，先行する逮捕は，当然に適法であることが前提となることに言及することになる。ほかにも，逮捕について準抗告が認められてないことから（429条1項2号反対解釈），勾留の裁判の際に逮捕手続の違法性を判断するのが現行法の建前であることにも言及できるとなお丁寧である。

　そのうえで，本問における先行する逮捕が適法であるかを検討することになるが，Pらは任意同行を拒否する甲を無理やりパトカーに乗せて，H警察署に連行していることから，この行為が違法となり，実質逮捕に該当するとなれば，先行する逮捕が違法であるということになり，原則として，逮捕前置主義の要件を充足しないようにも思える。そのため，本問においては，任意同行と実質逮捕との区別を検討することが求められている。

　通説は，任意同行か実質逮捕かは，同行を断る意思決定の自由が制圧されていたかどうかで判断することになるので，この理解を示す規範を答案には示せば十分である。もっとも，他の受験生と差をつけたいのであれば，ぜひ，どのような事実を考慮して意思決定の自由の制圧を検討するのかまで規範で示せるようにしたい。答案例においては，①同行を求めた場所・時間，②同行の方法・態様，③被害者の態様といった具体的な考慮要素まで記載をし，抽象的な規範の具体化を試みた。

　そのうえで，問題文には上記考慮要素に該当する事実が散りばめられているので，漏れなく事実を引っ張り，その事実を評価しながら論述を展開することが高得点を狙う秘けつである。答案例では問題文の事実を評価し，先行する逮捕が違法なものであると認定した。

　答案例のように，先行する逮捕が違法なものとなると認定をするのであれば，次は先行する逮捕の違法性が勾留にどのような影響を与えるのかを検討することになる。勾留の理由および必要性が認められる状況のもと，軽微な違法がある場合にまですべて違法とし，被疑者を釈放するとなると，かえって司法に対する国民の信頼を損なうことになるため，実質逮捕後の勾留請求をいっさい認めないというわけにはいかない。

　この点，実質逮捕後の勾留請求が認められるかについて，裁判例（東京高判昭和54年8月14日百選〔第10版〕14事件等）をおおむね規範化すると，以下の(1)，(2)のような基準を導くことができる。

　(1)逮捕状によらない違法な逮捕には令状主義（憲法33条）に反する重大な瑕疵があり，それに続

く勾留請求は逮捕前置主義に反するため，原則，実質逮捕後の勾留請求は認められない。

　⑵実質逮捕の時点で緊急逮捕（210条）の要件が存在し，かつ，その時から起算して制限時間内に検察官送致，勾留請求がなされていれば（203条から205条まで），勾留請求を違法とするほどの重大な違法があるとはいえず，例外的に勾留請求は許容されるというものである。

　このように，原則および例外を意識して規範を定立し，後は本問の状況下における緊急逮捕の要件充足性および勾留請求がなされるまでの時間制限を遵守しているかを検討したうえで，最終的に勾留が適法か否かの結論を示すことが，本問においては求められているのである。

【関連判例】
富山地決昭和54年7月26日判時946号137頁（判例シリーズ31事件）

【参考文献】
試験対策講座5章3節④，5節。判例シリーズ31事件。条文シリーズ197条，198条，207条。

答案例

第1　被疑者勾留には，逮捕前置主義（刑事訴訟法204条から207条まで。以下「刑事訴訟法」法名省略）の観点から，逮捕が先行している必要がある。逮捕前置主義の趣旨は，身体の拘束が，被疑者に対して多大な不利益を与えることから，身体拘束につき二重の司法審　　5
査を及ぼす点にある。このような趣旨からすれば，先行する逮捕は，当然に適法であることが前提となる。そこで，勾留の適法性を検討する前提として，先行する逮捕が適法であるかを検討する。

1　まず，Pらは，令和元年6月6日午前9時10分に，逮捕状の発付を受けて甲を通常逮捕しているため，先行する逮捕は適法とも思える。もっとも，これに先立ちPらは任意同行を拒否する甲を　10
無理やり，パトカーに乗せて，H警察署に連行していることから，このような行為は実質逮捕にあたり，逮捕状を得ていないことから違法ではないか。

　⑴　この点，実質逮捕にあたらないためには，同行を拒絶しようと思えば拒絶できる状況にあったことが必要であり，同行後の　15
時点にあっては，退去を求めようとすれば退去できる状況にあったことが必要である。

　　　そこで，実質逮捕にあたるか否かは，①同行を求めた場所・時間，②同行の方法・態様，③被疑者の態様等の客観的事情を総合的に考慮して，被疑者の同行を拒絶する意思や退去を求め　20
る意思決定の自由が制圧されているか否かで決すべきである。

　⑵　これを本問についてみると，①Pらが同行を求めた時間は午前3時ころという深夜であり，その場所はL町の隣町の路上である。これは，明るい，通常の生活時間帯において，自宅に赴いて同行を求める場合よりも，甲の意思を制圧するものといえる。　25

　　　次に，②Pらは有形力を行使して，甲を後部座席の中央に座らせ，しかも，PとQが甲の両側を挟むように座っている。これによって，甲は意思を制圧されたものといえる。

　　　そして，③甲はPらに任意同行を求められると，「俺は行かないぞ」と言い，パトカーの屋根を両手でつかんで抵抗してお　30
り，甲の同行への拒否する態度はきわめて固いものといえる。

　⑶　したがって，Pらの行為は，甲の意思を制圧するものであり，実質的には逮捕にあたるにもかかわらず，無令状で行われているから，違法である。

2　かりに実質的逮捕にあたらないとしても，任意捜査として許容　35
される限度を越えたものであり，違法ではないか。

　⑴　この点，任意捜査が適法であるためには，捜査の必要性と，対象者に対する権利・利益の制約の程度を比較衡量したうえ，具体的状況のもとで相当と認められる必要がある。

　　　その判断の際には，①同行を求めた場所・時間，②同行の方　40
法・態様，③被疑者の態様，④被疑者に対する容疑の程度，⑤犯罪の重大性等の事情を考慮すべきである。

　⑵　これを本問についてみると，前述のように①，②，③から権利・利益の制約の程度は強い。

▷勾留の適法性を検討する前提として，どうして逮捕の適法性を検討するのかの実質的な問題の所在の指摘

▷問題提起

▷規範

▷あてはめ

▷問題提起

▷規範

▷あてはめ

次に，④被疑者は，被害品たるVのクレジットカードを，犯 45
行時間からおよそ13時間後，犯行場所から8キロメートル離れ
た場所で所持していたのであり，本件事件への関与を疑わせる。
しかし，甲はVのクレジットカードを拾い上げた旨を説明して
おり，甲以外の犯人が，路上に捨てたものを甲が拾うことも考
えられなくはないため，関与の程度は一定程度にとどまるとい 50
え，捜査の必要性は小さい。
　さらに，⑤本件事件は，窃盗罪（刑法235条）を含んだ事件
で，長期10年を定める重大犯罪といえるが，被害品たるクレ
ジットカードは発見ずみであり，これ以上の被害拡大は考えられ
ないため，捜査の必要性は小さい。 55
⑶　したがって，Pらの行為は，具体的状況のもとで相当であっ
　たとはいえず，任意捜査として許容される限度を越えた違法な
　ものである。
3　そして，甲の通常逮捕も，上記実質逮捕を直接利用したもので
　あるから，違法といえる。よって，先行する逮捕は違法となり， 60
　勾留は適法とはいえない。
第2　そうだとしても，いっさいの例外なく勾留を認めないのでは，
　真実発見（1条）に反する。そこで，例外が認められないか。 ■問題提起
1　この点，違法の程度はさまざまであるのに，先行する逮捕が違法 ■規範
　な場合に，いっさい勾留を認めないのは真実発見（1条）に反する。65
　そこで，先行する逮捕に，令状主義の精神を没却する程度の違
　法がなければ，勾留請求は許されると解する。具体的には，①実
　質的逮捕の段階で，緊急逮捕（210条）の要件が具備されており，
　②勾留請求までの時間制限を遵守している場合には，勾留請求も
　認められると解する。 70
2　本件では，窃盗罪は，上記のように長期10年を定めているから， ■あてはめ
　「長期3年以上の懲役……に当たる罪」に該当する。そして，甲
　は流通性の低いクレジットカードを犯行時間・場所と近接した時
　点において所持していたのであり，甲の弁明も不合理とはいえな
　いものの，「罪を犯したことを疑うに足りる充分な理由」がある 75
　といえる。よって，緊急逮捕の要件を具備していたといえる（①
　充足）。
　また，Pらは実質逮捕を行った6日午前3時5分から48時間以
　内の7日午前8時30分に甲をH地方検察庁検察官に送致している
　（203条1項）。そのうえで，検察官は，送致を受けて24時間以内 80
　の7日午後1時に勾留請求している（205条1項）。これは，実質
　逮捕から72時間を超えるものではない（同条2項）。よって，時
　間制限も遵守されている（②充足）。
3　したがって，勾留請求は認められる。
第3　そして，甲は上記事情に加えて，犯行を目撃したVによって，甲 85 ■勾留のその他の要件の
検討
　が犯人である旨の発言を受けていることから，「罪を犯したことを疑
　うに足りる相当な理由」（207条1項本文・60条1項）があるといえる。
第4　よって，勾留は適法である。 以上 ■結論

第1　本件勾留請求が適法となるためには，逮捕前置主義の要件を充足する必要がある。本件では，たしかに，令和元年6月6日午前8時に行った逮捕状の請求に基づき，同日午前9時10分に甲を通常逮捕している（199条1項本文）ので，かかる要件を充足するとも思える。もっとも，本件任意同行（197条1項本文。以下，「本件同行」という。）はPらが甲の抵抗を排除して行っているため，これが実質逮捕にあたるならば，令状主義（憲法33条，法199条1項）に反し，違法となり，逮捕前置主義（207条1項）に反しうる。では，本件同行が実質逮捕にあたるか。その判断基準が問題になる。

　1　この点について，任意処分（197条1項本文）と強制処分（同項ただし書）の区別と同様に実質逮捕か否かは，被疑者の意思の抑圧の有無により判断すべきと解する。具体的には，同行の時間，場所，方法，態様，同行後の取調べ状況等を総合考慮すべきと解する。

　2　これを本件についてみると，本件同行が行われたのは同日午前2時30分頃であり，通常であれば人の活動が活発な時間ではない。このような時間帯であれば，通常人通りのある本件路上であっても当時人通りは少なかったと考えられ，甲の身体拘束の目撃者は少なく，プライバシー権（憲法13条後段）侵害は少ないといえる。そのため甲の意思に反するものとはいえないとも思える。もっとも，本件同行の態様としては，応援の警察官を含む4名の警察官が甲を取り囲み，パトカーに乗車させている。警察官は訓練を受けているため，到底甲1人だけではPら4人に抵抗することは出来ない。また，甲は「俺は行かないぞ。」といい，任意同行に従わない意思を明確に表明し，パトカーの屋根を両手でつかみ抵抗したにもかかわらず，Pらは甲の背中を押してパトカーに無理矢理乗せるという態様で本件同行を行っている。加えて，同行後の取調べでは，甲は取調べに任意に応じてはいるものの，本件事件への関与を否認し続け，取調べにも取調室から退出出来ないと考えやむを得ず応じているに過ぎない。

　　　これらの事情を踏まえると，本件同行は甲の意思に反し無理矢理になされたものと評価でき，甲の意思の抑圧が認められる。

　3　したがって，本件同行は，実質逮捕にあたり，令状が無い以上，令状主義に反し違法となる。

第2　次に，本件同行が実質的逮捕にあたり違法である以上，本件勾留請求は逮捕前置主義に反し，違法とならないか。違法逮捕に引き続く勾留請求の適法性が問題になる。

　1　この点について，逮捕前置主義の趣旨は，被疑者について二重の司法審査を及ぼし，不当な身体拘束を防止することで人権保障を図る点にある。ゆえに，勾留に先行する逮捕は原則として適法である必要がある。もっとも，常に先行逮捕が違法である場合に引き続く勾留請求を違法としていては真実発見（1条）を著しく反する。そこで，先行逮捕の違法が軽微である場合には，当該逮捕に引き続く勾留請求は適法であると解する。

5

10

15

20

25

30

35

40

◁△本件勾留請求が逮捕前置主義との関係で問題となりそうなことをしっかりと示せており，好印象ではあるものの，逮捕前置主義が，本件勾留請求が適法となるための前提要件なのかの理由づけまで示せるとなおよい

◁○規範で考慮すべき事実まで指摘できており，丁寧である

◁△正しくは「午前3時」である
◁○多くの事実を拾えていることはもちろん，しっかりとその事実を評価しながらあてはめができている点がよい

◁○趣旨から論述を展開しながら，原則→例外の流れで規範を定立できており，好印象である

2　これを本件についてみると，上述の通り，本件同行は甲の抵抗 45
を排除して意思の抑圧を伴いなされている強度な態様でなされて
いるため，違法は軽微とは言えないとも思える。もっとも，本件
同行，すなわち実質的逮捕は無令状でなされているところ，この
時点で現行犯逮捕（212条）ないし緊急逮捕（210条）の要件が充
足されているならば，単にこれに基づく身体拘束がなされたと言 50
えるに過ぎないため，違法は軽微であるといいうる。そこで，無
令状での逮捕の要件充足があるか検討する。

⑴　まず，本件事件は，本件同行が本件身体拘束の前日である令
和元年6月5日午後2時ころになされており，身体拘束の時点
とは12時間以上離れているため，「現に罪を行い終った者」 55
（212条1項）にあたらず，また同条2項各号該当事由も無い
ので，現行犯逮捕ないし準現行犯逮捕の要件は充足しない。

⑵　そうだとして，緊急逮捕の要件を充足するか検討する。
本件事件は住居侵入罪（刑法130条前段）と窃盗罪（同235
条）が問題になっていて，牽（けん）連犯になるところこれは 60
「長期3年以上の懲役…にあたる罪」にあたる。そして，犯人
は同月5日午後2時頃L町のV方からV名義のクレジットカー
ドを奪って逃走しているところ，甲は同月6日午前2時30分頃
V方から8キロメートル離れたL町の隣町の路上でV名義のク
レジットカードを所持していた。V名義のクレジットカードは 65
決して流通性は高くなく，甲が他人名義でクレジットカードを
作成することや拾得して自分でそれを所持することは考えづら
い。また，Vがみた犯人の人相と甲の同行時の人相が酷似して
いる。さらに，甲は本件事件の犯行時刻の行動について問われ
ると「覚えていない。」と答え，今何をしていたかという問い 70
に対し「仕事も家もなく，寝泊まりする場所を探しているとこ
ろだ。」と言い，終始曖昧な供述をしている。これらのことか
ら甲と犯人の同一性が強く推認されるため「罪を犯したことを
疑うに足りる充分な理由がある」といえる。そして，甲は本件
同行を拒み，立ち去ろうとしているところ，同クレジットカー 75
ド等の証拠隠滅がなされる恐れがあるのでこれを直ちに防止す
る必要があった。そのため，「急速を要し」たといえる。また，
犯人と甲の同一性が強く推認されることより逮捕の必要性が認
められる（211条，199条2項ただし書き参照）。そして，Pら
は身体拘束から車で送迎後直ちに，わずか5時間後には逮捕状 80
を請求しているので，「直ちに裁判官の逮捕状を求める手続を
し」たといえる。
ゆえに，本件同行時点で緊急逮捕の要件を充足していたとい
える。

⑶　したがって，先行する実質的逮捕の違法性は軽微であるにと 85
どまる。

3　よって，本件勾留請求は適法である。

以上

〔欄外〕
○どのような場合を軽微な違法として想定しているのかを丁寧に論述できている点がよい

△現行犯逮捕の根拠条文として213条もあげる必要がある

○要件1つひとつを的確にあてはめられており，丁寧である

本問は，民家で発生した窃盗事件について，翌日の未明に，警察官PとQが，路上で，人相及び着衣が犯人と酷似する甲を認め，職務質問を開始したところ，甲のズボンのポケットからV名義のクレジットカードが路上に落ちたことから，抵抗する甲をパトカーに押し込んでH警察署に連れて行き，その後，甲を通常逮捕して，勾留したとの事例において，甲の勾留の適法性の検討を通じ，刑事訴訟法の基本的な学識の有無及び具体的事案における応用力を試すものである。

刑事訴訟法上，逮捕と勾留は別個の処分であるが，先行する逮捕手続（さらに，同行の過程）に違法がある場合，引き続く勾留の適法性に影響を及ぼすことがあるとの理解が一般的であり，甲の勾留の適法性を検討するに当たっては，先行手続の違法が問題となる。もっとも，この点については，勾留の理由や必要（刑事訴訟法第207条第1項，第60条第1項，第87条）と異なり，明文で要件とされているわけではなく，逮捕手続の違法についても，逮捕後の時間的制限の不遵守がある場合に勾留請求を却下すべきとする（刑事訴訟法第206条第2項，第207条第5項）にとどまるため，なぜ先行手続の違法が勾留の適法性に影響を及ぼすのかについて，具体的根拠を示して論ずることが求められる。他方，先行手続の違法が軽微であっても直ちに勾留が違法となるとすれば，被疑者の逃亡や罪証隠滅を防いだ状態で捜査を続行することが困難となるのであって，先行手続の違法が勾留の適法性に影響を及ぼすと考えるとしても，いかなる場合に勾留が違法となるか，その判断基準を明らかにすることも必要である。

本問では，先行手続として，警察官が甲をパトカーに押し込んでH警察署に連れて行った行為について，実質的な逮捕であり違法ではないかが問題となる。ここでは，任意同行と実質的な逮捕とを区別する基準を示した上で，警察官の行為が実質的逮捕であるか否かを判断することが求められる。そして，警察官の上記行為が実質的な逮捕であり違法と評価される場合，その違法が勾留の適法性に影響するのか，影響するのであれば，勾留が違法となる場合に当たるかについて，判断基準を示して検討することが求められる。また，この点について，先行手続の違法の程度（重大か否か）に着目するのであれば，【事例】において侵害された法益の質・程度や本来可能であった適法行為からの逸脱の程度（例えば，実質的な逮捕がなされた時点において緊急逮捕の要件を実質的に満たしていたか，満たしていたとして，その時点から起算して被疑者が検察官に送致され，また勾留を請求するまでの時間的制限を超過していないか，また，実質的な逮捕から約5時間後，甲の取調べ等を挟んで通常逮捕の手続が取られていることをどう評価するか）などに関わる具体的事情を考慮した上で，先行手続の違法の程度を吟味し，勾留が違法と評価されるか否かについて論述することが求められる。

優秀答案における採点実感

① 全体

勾留の適法性を原則→例外を意識しながら，大枠を設定できているうえ，あてはめで多くの事実を拾い，これらの事実を的確に評価しようとする姿勢が答案から見受けられる点が，高評価につながったものと思われる。

② 設問1

本件勾留請求の適法性を考える前提として，先行する逮捕の適法性が逮捕前置主義との関係で問題となる点に気づけている点はよい。もっとも，出題趣旨からもわかるように，逮捕前置主義は勾留の理由や必要性のように明文で要件とされているものではない以上，どうして逮捕前置主義が本件勾留請求の適法性を考える際に問題となるのかの具体的な根拠を示すことが重要となる。この記載が不十分であった点がもったいなかった。

次の【事例】を読んで，後記〔設問〕に答えなさい。

【事　例】
1　警察官Kは，覚せい剤密売人Aを取り調べた際，Aが暴力団組員甲から覚せい剤の購入を持ち掛けられたことがある旨供述したので，甲を検挙しようと考えたが，この情報及び通常の捜査方法のみでは甲の検挙が困難であったため，Aに捜査への協力を依頼した。Aは，この依頼を受けて，事前にKから受け取ったビデオカメラをかばんに隠し，平成24年3月10日午前10時頃，喫茶店において，甲に「覚せい剤100グラムを購入したい。」と申し込み，甲は，「100グラムなら100万円だ。今日の午後10時にここで待つ。」と答えた。Aは，Aと会話している甲の姿及び発言内容を密かに前記ビデオカメラに録音録画し，Kは，Aからその提供を受けた。
2　Kは，同日正午頃，Aから提供を受けた前記ビデオカメラを疎明資料として裁判官から甲の身体及び所持品に対する捜索差押許可状の発付を受け，甲の尾行を開始したところ，甲が同じ暴力団に所属する組員の自宅に立ち寄った後，アタッシュケースを持って出てきたため，捜索差押許可状に基づく捜索を行った。すると，甲の所持していたアタッシュケースの中から覚せい剤100グラムが入ったビニール袋が出てきたことから，Kは，甲を覚せい剤取締法違反で現行犯逮捕した。

〔設　問〕
【事例】中の1記載の捜査の適法性について，問題点を挙げ，論じなさい。

① はじめに

本問では，捜査機関の「依頼を受けた捜査協力者が，その身分や意図を相手方に秘して犯罪を実行するように働き掛け」るという捜査方法がとられている。この点で，いわゆるおとり捜査の適法性が問題となる。また，その際に，被疑者に秘して録音・録画を行っているため，秘密録音・録画の適法性についても問題となる。この2点について，強制処分の意義を示しつつ，バランスよく論述する必要がある。

② 設問

1 おとり捜査の適法性

(1) おとり捜査とは，判例上，「捜査機関又はその依頼を受けた捜査協力者が，その身分や意図を相手方に秘して犯罪を実行するように働き掛け，相手方がこれに応じて犯罪の実行に出たところで現行犯逮捕等により検挙するもの」と定義される（最決平成16年7月12日）。この定義を意識して，本件におけるAの行為がおとり捜査にあたるということを認定しなければならない。平成22年度司法試験の出題趣旨においても，「おとり捜査の意義を定義し」たうえで，その適法性を論じることが求められている。

おとり捜査の適法性の論じ方についても，上記出題趣旨が参考になる。そこでは，「機会提供型か犯意誘発型かというだけではなく，本件で当該捜査手法をとるべき必要性・補充性や働きかけ行為の相当性を考慮し，設問で与えられた具体的事実を踏まえて」適法性を論じることが求められている。このことは，本問でもあてはまる。本問では，具体的事情はそう多くないため，事情はすべて使うべきである。

(2) おとり捜査の適法性は，「強制の処分」（197条1項ただし書）にあたるか，これにあたらないとしても任意処分として適法か，という枠組みで論じることになる。おとり捜査は，法定されていない捜査方法であるから，これが「強制の処分」にあたるとすれば強制処分法定主義に違反することになる。

なお，強制処分法定主義と令状主義とは別の次元の問題である。法定されていない「強制の処分」を実行するという点では強制処分法定主義違反であり，強制処分について令状の発付を受けていない点では，令状主義違反となるのである。

問題を検討する思考としては，具体的事情に照らして，「強制の処分」該当性を判断したうえ，検証等の法定されている処分に該当するか，また令状の発付を受けているかをチェックしていくこととなる。以上の思考過程からすれば，問題提起の段階で，強制処分法定主義または令状主義に反しないかと表記することもありうるだろう。答案例ではこの表記で論述している。

そして，「強制の処分」の意義について解釈をしたうえで判断基準を示すことになる。多くの受験生は「強制の処分」の意義について軽く触れるにとどめるであろう。また，予備試験の時間・分量の制約を考慮すればそれでかまわないと思われるが，司法試験においては判例に配慮した一定の理由づけが求められている。平成27年司法試験の出題趣旨も，最高裁判例（最決昭和51年3月16日）が「強制手段とは，有形力の行使を伴う手段を意味するものではなく，個人の意思を制圧し，身体，住居，財産等に制約を加えて強制的に捜査目的を実現する行為など，特別の根拠規定がなければ許容することが相当でない手段」と定義することに留意しなければならない，という。

答案例では，「強制の処分」の意義について，「相手方の意思に反する重要な権利・利益の制約を伴う処分」とした。そのほかには，「重要な利益の侵害がある場合」と解する説もある（田口43頁，44頁）。このように「強制の処分」の意義についての見解は多岐にわたるが，自説の理解を深め，それに基づいた正確な論述をされたい。

「強制の処分」該当性については，平成27年司法試験の出題趣旨および採点実感を参考に，書き方を確立してほしい。強制処分法定主義と令状主義とを区別したうえで，問題の所在を示すことができれば，まわりと差をつけることができる。

(3)　おとり捜査により制約される利益については争いがある。たとえば「公権力から干渉をうけない権利（人格的自律権）」（三井(1)89頁，91頁。田口46頁も同旨），「国家の干渉を受けることなく独自に意思決定する自由」（長沼ほか180頁）といった見解がある。答案例は，犯罪遂行の意思決定にいたる過程に干渉を受けることのない自由，を被制約利益とする立場から論述している。もっとも，そのような自由は法的保護に値せず，重要な権利・利益の侵害があるとはいえないとの批判がある（酒巻・法教260号106頁）。いずれの見解によってもよいが，一貫した論述を心掛けるべきである。

(4)　本問のおとり捜査が「強制の処分」にあたらないとしても，任意処分として適法かが問題となる。その際には「いわゆる『比例原則』から，具体的事案において，特定の捜査手段により対象者に生じる法益侵害の内容・程度と，捜査目的を達成するため当該捜査手段を用いる必要性との間の合理的権衡を吟味することになる」（平成27年司法試験出題趣旨）。

2　秘密録音・録画の適法性

秘密録音・録画については，その性質が検証であると考えられるから，強制処分たる検証にあたるとすれば，令状なくこれを行うことは令状主義（憲法35条，刑事訴訟法218条1項）に違反することになる。そのことをまず端的に示すとよいであろう。

その後は，おとり捜査と同様，強制処分といえるか，強制でないとしても任意処分として適法か，という流れで論じることになる。本問では，甲の会話の相手方であるAが録音をしていること，会話の場所が喫茶店であることなどを引用し，的確に評価することが求められる。なお，秘密録音についても平成22年度の司法試験に出題されており，その出題趣旨が参考になる。同出題趣旨によれば，「会話の一方当事者の同意がある場合における通話及び会話の秘密録音については，例えば，会話当事者の一方が録音に同意している場合には，その会話内容は相手方の支配下に置かれたものであり，会話の秘密性は放棄したものと評価され」，その要保護性は「会話当事者のいずれの同意もない場合に比べて低下して」いるという。

【関連判例】
最決平成16年7月12日刑集58巻5号333頁（判例シリーズ30事件）
最決昭和51年3月16日刑集30巻2号187頁（判例シリーズ1事件）

【参考文献】
試験対策講座5章1節②【2】，4節④【9】。判例シリーズ1事件，30事件。条文シリーズ2編1章捜査■総説⑦。
田口守一「刑事訴訟法［第7版］」43頁，44頁，46頁。三井誠「刑事手続法(1)［新版］」89頁，91頁。長沼範良ほか「演習刑事訴訟法」180頁。酒巻匡「おとり捜査」法学教室260号106頁。

第1　KがAを通じ甲に覚醒剤譲渡を働き掛けた点について

1　この行為は，捜査機関の依頼を受けた捜査協力者が，その身分 → おとり捜査の定義とそ
や意図を相手方に秘して犯罪を実行するように働き掛け，相手方 れにあたること
がこれに応じて犯罪の実行にでたところで現行犯逮捕等により検
挙するものであるから，おとり捜査にあたる。そこで，本件おと　5 → 問題提起
り捜査が「強制の処分」（刑事訴訟法197条1項ただし書。以下
「刑事訴訟法」法名省略）にあたり，強制処分法定主義または令
状主義に反し違法とならないかが問題となる。

⑴　この点について，現行刑事訴訟法の強制処分に関する要件・
手続の厳格性と，他方で科学技術が犯罪捜査に応用されている　10
ことにかんがみ，強制処分とは，相手方の意思に反する重要な → 規範定立
権利・利益の制約を伴う処分をいうと解する。

⑵　これを本問についてみると，おとり捜査は甲の黙示の意思に → あてはめ
反するといえるものの，国家から干渉を受けずに犯罪実行の意
思決定を行う自由は法的保護に値しないから，本件おとり捜査　15
は重要な権利・利益の制約を伴う処分ではないといえる。

⑶　したがって，本件おとり捜査は，「強制の処分」にあたらず， → 結論
強制処分法定主義・令状主義に反して違法とならない。

2　そうだとしても，本件おとり捜査は任意捜査の限界を超え違法 → 問題提起
とならないかが問題となる。　20

⑴　おとり捜査の問題点は，犯罪の実現によって当該犯罪類型の
保護法益を侵害する実質的・具体的な危険を生じさせること，
および犯罪を取り締まるべき国家が犯罪を実現したうえで対象
者を逮捕・検挙するうえで，司法の廉潔性を害することにある。
そこで，①直接の被害者がいない犯罪の捜査において，②通　25 → 判例を意識した規範定
常の捜査方法のみでは当該犯罪の摘発が困難である場合に，③ 立
機会があれば犯罪を行う意思があると疑われる者を対象におと
り捜査を行うのであれば適法となると解する。

⑵　これを本問についてみると，甲の被疑事実は覚醒剤譲渡であ → あてはめ
り直接の被害者はいない（①）。また，暴力団による組織ぐる　30
みでの覚醒剤取引は密行性が高く，本問も「通常の捜査方法の
みでは甲の検挙が困難」であった（②）。そして，甲はAの「覚
醒剤100グラムを購入したい。」という単純な申込みに応じてい
るため，甲は機会があれば犯罪を行う意思があると疑われる者
と認められる（③）。　35

⑶　したがって，本件おとり捜査は任意捜査の限界を超えず違法 → 結論
とならない。

3　よって，本件おとり捜査は適法である。 → 形式的に問いに答える

第2　秘密録画・録音について

1　KがAをして，甲の姿を盗撮し，会話内容を盗聴させている。　40 → 問題提起
そこで，本件秘密録画・録音が「強制の処分」にあたり，令状主
義（憲法35条1項，218条1項）に反し違法とならないかが問題
となる。前述した基準で判断する。

⑴　まず，甲は秘密録画に対して明示的に承諾しておらず，秘密 → 秘密録画についてのあ
てはめ

録画は，甲の黙示の意思に反しているといえる。 45

　　しかし，本件秘密録画は喫茶店というだれもが出入りできる
場所にいた甲の姿を録画するものであって，このような場所的
性質からすると，甲のプライバシー保護への期待は小さく，要
保護性が低い。そうすると，甲の重要な権利・利益に対する侵
害があったとはいえない。 50

　(2)　また，秘密録音についても，甲は明示的に承諾しておらず，
秘密録音は甲の黙示の意思に反しているといえる。

➡秘密録音についてのあてはめ

　　しかし，会話の一方当事者たるAの同意を得たうえで本件録
音をしており，このような場合には，話者のプライバシーの主
要な要素である会話内容の秘密性は放棄されたといえるから， 55
重要な権利・利益を制約したとはいえない。

　(3)　したがって，本件秘密録画・録音は「強制の処分」にあたら
ず，令状主義に反しないため違法とならない。

➡結論

2　そうだとしても，本件秘密録画・録音は任意捜査の限界を超え
違法とならないかが問題となる。 60

➡問題提起

　(1)　この点について，秘密録画はプライバシーを一定程度制約し，
秘密録音は話者の会話の自由を制約することから，捜査比例の
原則のもと，必要性等を考慮したうえ，具体的状況のもとで相
当と認められる限度において許容されると解する。

➡規範定立

　(2)　これを本問についてみると，Aが甲から覚醒剤の購入をもち 65
掛けられたことがある旨を供述していることから，甲が覚醒剤
譲渡を行っている嫌疑は相当高度といえる。また，覚醒剤譲渡
は社会的害悪の大きい重大犯罪である。加えて，組織ぐるみで
の覚醒剤取引は密行性が高く，本問でも通常の捜査手法で証拠
を得るのは難しい状況にあったという経緯がある。さらに，録 70
画・録音について甲の同意を求めると本件おとり捜査の目的が
達成できなくなってしまう。そのため，本件秘密録画・録音の
必要性は高い。

➡あてはめ

　　他方で，本件秘密録画は，一般人からも容貌が観察される可
能性のある喫茶店においてなされたものであり，甲のプライバ 75
シーの要保護性は低い。また，たしかに，本件秘密録音の内容
は秘匿性の高い犯罪に関する事項であるが，本件秘密録音は一
般人からも当該会話が聞かれる可能性のある喫茶店で行われて
おり，甲のみだりに会話を録音されないという内容のプライバ
シー保護への期待は大きいといえず，その要保護性は低い。加 80
えて，本件秘密録画・録音は適法なおとり捜査に伴って行われ
たものであり，無理に発言を強制した等不相当な態様によるも
のではない。それゆえ，本件秘密録画・録音は上記の必要性の
高さに比して相当と認められる範囲内の捜査といえる。

　(3)　したがって，本件秘密録画・録音は任意捜査の限界を超えず 85
違法とならない。

➡結論

3　よって，本件秘密録画・録音は適法である。

➡形式的に問いに答える

以上

第一　警察官Kは，私人であるAに捜査協力を依頼し，Aをおとりと
して，甲に対して覚醒剤の購入を持ち掛けさせている。かかる捜査
が，「強制の処分」（197条1項ただし書）にあたれば，法律及び令
状がなければこれをなしえず，強制処分法定主義及び令状主義に反
することとなる。　　　　　　　　　　　　　　　　　　　　　　5
　　そこで，上記捜査が「強制の処分」にあたらないか。
1(1)　思うに，強制処分法定主義（197条1項ただし書）の趣旨は，
　　重大な人権侵害を伴う処分につき，立法権による民主的統制を
　　及ぼし，もって，人権保障（1条）を図る点にある。そして，
　　現代において，物理的な有形力を行使せずとも，重大な人権侵　10
　　害を伴う処分をなし得る。
　　　　そこで，「強制の処分」とは，相手方の明示又は黙示の意思
　　に反する，重大な人権侵害を伴う処分のことをいうと考える。
　(2)　本件で，甲に対する働きかけはあるものの，犯行自体は甲の
　　任意の意思に基づいてなされているから，相手方の明示又は黙　15
　　示の意思に反する重大な人権侵害を伴う処分があったとまでは
　　いえない。
　　　　よって，「強制の処分」にあたらない。
2(1)　上記捜査が任意捜査（197条1項本文）として許されうると
　　しても，適正手続（憲法31条）の見地から，必要性，相当性が　20
　　認められる限りにおいて，適法になると考える。
　(2)ア　覚醒剤事犯は密行性が高く証拠収集が困難ゆえに通常の捜
　　　査方法では摘発が困難であり，現に本件でも通常の捜査方法
　　　のみでは摘発が困難であることから，Aをおとりとした捜査
　　　をする必要性が高いといえる。　　　　　　　　　　　　　　25
　　　　また，覚醒剤の密売は反社会集団である暴力団の資金源に
　　　もなりうることから，早期に摘発する必要がある。
　　　　よって，必要性が認められる。
　　イ　また，Aは甲の犯意を誘発したわけではなく，既に機会が
　　　あれば覚醒剤密売の犯意を有する甲に機会を提供したに過ぎ　30
　　　ないし，執ような働きかけをしたわけでもない。
　　　　よって，相当性も認められる。
　　　　したがって，上記捜査方法は，任意捜査として適法である
　　　（197条1項本文）。
第二　AがAと会話している甲の姿及び発言内容をひそかにビデオカ　35
メラに録音録画し，警察官KがAから提供を受けている点について，
かかる捜査は適法といえるか。
1　本件ビデオカメラでの撮影は，甲のプライバシー権を侵害する
　とも思える。
　　しかし，本件ビデオカメラでの録音・録画は不特定多数人が出　40
　入りする喫茶店でなされているため，プライバシー権への期待は
　減少しているといえる。
　　また，会話内容の秘密の暴露は，相手方当事者の意思に委ねら
　れているといえる。

　　　⬅○丁寧な理由づけがで
　　　きている

　　　⬅△もう少し厚く論じて
　　　ほしい

　　　⬅△直接の被害者がいな
　　　いために証拠収集や犯
　　　人の摘発が困難である
　　　ことを言及してほしい

　　　⬅△被侵害利益について
　　　も言及してほしい
　　　⬅△直接の被害者がいな
　　　いことも相当性を基礎
　　　づける事情として言及
　　　してほしい

よって，相手方の明示又は黙示の意思に反する重大な人権侵害　45
を伴う処分とまではいえず，「強制の処分」にはあたらない。
2　では，任意捜査として適法か。
　⑴　本件覚醒剤事犯は，通常の捜査方法では摘発が困難であり，
　　ビデオカメラで犯行状況を録音・録画することで，これを証拠
　　として確保しておく必要性が高いといえる。よって，必要性が　50
　　認められる。
　⑵　また，Aと会話している甲の姿及び発言内容のみをひそかに
　　録音・録画しているにすぎず，平穏な態様でなされており，相
　　当性も認められる。
　　　したがって，ビデオカメラでの録音・録画についても，任意　55
　　捜査として適法である（197条1項本文）。
　　　　　　　　　　　　　　　　　　　　　　　　　　　　以上

　　　⬅△甲の嫌疑が高度であ
　　　　ることにも触れてほし
　　　　い

　　　⬅△被侵害利益の性質に
　　　　着目して論じてほしい

出題趣旨

　本問は，覚せい剤取締法違反被疑事件における内偵捜査を題材として，おとり捜査及びその際のビデオカメラによる録音録画の適法性を検討させることにより，強制捜査の意義，おとり捜査，秘密録音及び秘密録画のそれぞれの問題点，許容されると考えた場合の適法性の判断基準について，基本的な知識の有無及び具体的事案に対する応用力を試すものである。

優秀答案における採点実感

① 全体

　本問では捜査の適法性について問題点を論じるという設問である。優秀答案は，第一においておとり捜査をあげ，第二として秘密録音・録画をあげている。他の優秀答案もこの大枠は比較的共通しており，答案構成段階でこの2つの問題点に気づくことが優秀答案の前提条件であるといえよう。以下問題点ごとに検討する。

② 設問

1　「強制の処分」の意義については，重大な人権侵害，としてしまうと狭すぎるので，重要な権利・利益，としたほうが無難であろう。また，「強制の処分」該当性についてのあてはめについてであるが，優秀答案は「甲に対する働きかけはあるものの，犯行自体は甲の任意の意思に基づいてなされているから」という記述のみで「強制の処分」には該当しないと認定している。優秀答案における規範は「相手方の明示又は黙示の意思に反する，重大な人権侵害を伴う処分」である。上記のあてはめでは，上記規範のうちの「相手方の明示又は黙示の意思に反する」という部分を否定するにとどまっている。論理的にはこのような記述で問題はないが，解答用紙に余裕があることから，どのような重大な人権侵害を想定しているのかを明示すると評価は高くなるであろう。本問であれば，「犯行自体は甲の任意の意思に基づいてなされているから」という評価にとどまらず，「意思決定の自由という重要な権利・利益は害されていないから」という評価を加えるとよりよいあてはめになると思われる。

　任意処分の限界についてはおおむね事実を拾いあてはめもコンパクトである。参考にしてほしい。

2　秘密録音・録画である点についても，答案の流れは適切である。もっとも，やはりあてはめが薄い。より点数を伸ばしたいのであれば，あてはめで点をとるという気概をみせる必要がある。

　「強制の処分」に該当しているかどうかについては，甲のプライバシー権がどの程度侵害されているかが十分論述されており適切である。しかし，任意処分の限界についての記述があまりに少ない。本問で問題となっているのは秘密「録音」と「録画」である。なぜ「録音」と「録画」が本問で必要なのか，「録音」「録画」以外のよりゆるやかな手段が存在したかどうか，午前10時の喫茶店が具体的にどのような状況であるといえるのかなど，問題文の事実に対して丁寧に評価を加える姿勢がいまひとつ足りない。事実に対して貪欲に評価をしていく姿勢は，得点アップにつながる。受験生には事実をいかにして答案に反映させることができるか，もう一度考えてみてほしい。

第23問 オリジナル問題

　以下は，連続した問題である。

　司法警察員Pらは，令和３年６月上旬，暴力団A組（以下「A組」という）の元構成員から，A組が拳銃密売に関与しているとの情報を得た。A組元構成員からの情報によれば，A組幹部の甲が若手構成員に指示をし，拳銃の密売を行っているとのことであった。

　Pらは，甲に対し，尾行による外出時の行動確認を行ったが，発覚してしまったため，これを中止せざるをえなくなった。尾行の態様は，甲の後方20メートル以上の間隔を常に保ち，接近しすぎないようにしていた。また，発覚後は尾行を継続することなく，ただちに尾行を中断している。

　その後，尾行を断念したPらは，甲が自動車を公道に駐車中，甲の自動車（以下「甲車」という）の外部に，GPS端末を取り付けた。具体的には，GPS端末から送られてくる位置情報を捜査員が常時携帯電話で確認するというものであり，実際の所在場所との位置情報の誤差は数十メートルしかなかった。また，甲に対する監視は，１か月間継続された。

〔設問１〕
　上記捜査の適法性について具体的事実をあげて論ぜよ。

　司法警察員Pらが捜査を継続していたところ，捜査線上にA組若手構成員乙が浮かびあがってきた。令和３年７月15日深夜０時ころ，Pらが，乙に対する尾行を継続していたところ，△△ふ頭において乙が拳銃を緑色のパーカーを着た丙（身長185センチメートル）に引き渡しているところを目撃したため，Pらは乙を銃砲刀剣類取締法違反の現行犯で逮捕した。また，丙の持っていた紙袋を開けるよう求めたところ，丙は任意に応じた。紙袋の中身は，現金100万円であった。また，乙が所持していた拳銃は，S&WM60という種類のものであった。

　その後，捜索差押許可状に基づき，乙宅を捜索したところ，「7/15深夜０時　△△ふ頭　緑色パーカー　185センチメートル　S&WM60　100万円」と書かれたメモが発見された。同メモには，甲の指紋が付着しており，筆跡鑑定によって，甲が書いたものであることが判明した。

　そして，Pらの取調べにおいて，乙は，甲が若手構成員に指示をして，拳銃密売を行っていると供述をした。

　そこで，Pらは，甲を銃砲刀剣類所持等取締法違反で逮捕し，その後，甲は起訴された。甲は，事件への関与を否認している。

〔設問２〕
　上記メモは，銃砲刀剣類所持等取締法違反に関する甲の公判において証拠能力が認められるか。

① はじめに

　設問1では，尾行による行動監視，GPS端末を用いた捜査（以下「GPS捜査」という），設問2では，伝聞・非伝聞の区別が問われている。各設問においては，規範部分も重要であるが，予備試験の論文を受験するレベルの受験生であれば，この部分ではあまり差がつかないと考えられる。主戦場は，規範部分ではなく，あてはめ部分である。そこで，問題文の事情を使っていかに高得点を狙うかという視点で，答案を構成していくべきである。

　GPS捜査の適法性に関しては，最大判平成29年3月15日が重要である。出題趣旨等記載の裁判例とあわせて，原文にあたっておいてほしい。また，理解を深めるには，判例集の解説を読んでおくとよいだろう。

② 設問1

1　本設問で主として問題となるのは，全地球測位システム（Global Positioning System），いわゆるGPSを用いた監視・追跡行為の適法性である。しかし，それに先立って行われた尾行による行動監視も捜査として適法性が問題となりうる以上，尾行による行動監視についても論述が求められるところである。尾行による行動監視は論点として著名とはいえないため，論点を落とす受験生も多いと想定される。しかし，尾行による行動監視は，GPS捜査との比較で議論されることが多い問題であること，捜査の適法性が問われており，尾行も捜査にあたること，尾行の具体的事情が問題文に記載されていることから，尾行の適法性について論じてほしい。

　判断枠組みとしては，強制処分該当性を検討した後，任意捜査の限界を超えないかという流れになるだろう。本問の事情を拾いながら，適切な評価を加えて結論を導いてほしい。尾行による行動監視は，特殊な手段を用いたり，きわめて長期間・長時間に及んだりしたなどの特段の事情のないかぎり，任意捜査として許されると考えられる。

2　上述のように本設問で主として問題となっている捜査は，GPS捜査である。GPS捜査の適法性についての問題が初見である者は，何を論じてよいか戸惑うかもしれない。しかし，GPS捜査も，捜査の一種である以上，強制処分法定主義および令状主義の制約を受けうることに気づいてほしい。基本に立ち返れば，初見の問題であっても，問題意識に気づくことは難しくはないだろう。

　GPS捜査の適法性は，「強制の処分」（197条1項ただし書）にあたるか，これにあたらないとしても任意処分として適法か，という枠組みで論じることになる。ここでは，刑事訴訟法の条文を離れて，強制の処分を検討することは望ましくない。あくまで，条文の解釈論として展開してほしい。GPS捜査が「強制の処分」にあたり，刑事訴訟法に根拠規定のある「強制の処分」のいずれにも該当しないと考えれば，強制処分法定主義に違反することとなる。答案例はこの見解に立っている。他方，GPS捜査が，法定されている検証としての性質を有するという見解からは，強制処分法定主義との抵触はなく，令状主義との抵触が問題となるだろう。問題文の事情を具体的に検討しているのであれば，いずれの見解でも問題ないと考えられる。

　強制処分の意義については，いずれの見解に立ってもかまわないが，簡単に理由づけをしてほしい。平成27年司法試験の採点実感において，以下のように指摘されていることから，簡潔でもよいのでなんらかの理由づけが求められていると思われる。答案例では紙面の都合上理由づけを省略している。

　「強制処分のメルクマールとして，『権利・利益の制約』に着目するとすればそれはなぜか，なぜ『重要な』権利・利益に限られるのか，なぜ『身体，住居，財産等』という判例の文言を『重要な権利・利益』と等置できるのか等の点について，十分な理由づけに欠ける答案が少なくなかった。例えば，『重要な』権利・利益とされる理由について，現在の有力な学説は，現に刑事訴訟法が定めている強制処分との対比（それらと同程度に厳格な要件・手続を定めて保護するに値するだけの権利・利益）や最高裁判例で被制約利益として例示されている『身体，住居，財産』が憲法第33条及び同法第35条が保障するような重要で価値が高いものであることなどから，単なる権利・利益の制約ではなく，一定の重要な権利・利益の制約を意味すると解するものであるが，このような点ま

で意識して論じられている答案は少なく，『真実発見と人権保障の調和』というようなきわめて抽象的な理由を示すにとどまるものが目立った」（平成27年司法試験採点実感）。

「強制の処分」該当性については，平成27年司法試験の出題趣旨および採点実感を参考に，書き方を確立してほしい。

また，GPS捜査が「強制の処分」に該当するかを判断するにあたっては，問題文の事実にいかなる意味があるのかを常に考えながら，すべての事実を拾い，「評価」をしてほしい。事実を書き写すだけでは，上位の答案にはならない。事実を「評価」することで，上位の答案となってくる。この意識を常にもっていてほしい。

尾行による行動監視との違いをふまえた論述ができれば，上位答案になろう。大阪地決平成27年1月27日は，「本件GPS捜査は，通常の張り込みや尾行等の方法と比して特にプライバシー侵害の程度が大きいものではなく，強制処分には当たらない」としている。この判示からは，裁判所がGPS捜査と尾行を比較して考えていることがうかがえる。本設問の事情を総合的に考慮し，答案例では，本件GPS捜査は，「強制の処分」にあたり，強制処分法定主義に反するものとしているが，事実を適切に評価していればいずれの結論でもかまわないであろう。

③ 設問2

伝聞・非伝聞の区別は受験生にとって難しい問題であろう。解答の流れとしては，伝聞証拠の意義を論証した後に，要証事実との関係で丁寧に推認過程を示しながら，内容の真実性が問題となるかを緻密に検討することとなる。

本問では，本件メモを証拠として提出することにより，検察官が何を立証したいのかを考えることが出発点となる。そのうえで，本件メモがいかなる役割を果たすかについて具体的推認過程を示しながら，論述していくこととなる。

検察官の立証したい事項が共謀であると確定したうえ，本件メモと事件との客観的状況の合致および甲が本件メモを作成したであろう証拠（指紋，筆跡），さらに本件メモが乙宅から発見された事実から，事件との関連性を推認していくこととなる。答案例では，要証事実は，「本件メモの存在」としている。上記の推認過程をみると，本件メモの内容の真実性は問題とならないのであるから，非伝聞ということになろう。

【関連判例】

最決昭和51年3月16日刑集30巻2号187頁（判例シリーズ1事件）
大阪地決平成27年6月5日判時2288号138頁
大阪地決平成27年1月27日判時2288号134頁
名古屋地判平成27年12月24日判時2307号136頁
大阪高判平成28年3月2日判タ1429号148頁
名古屋高判平成28年6月29日判時2307号129頁
最大判平成29年3月15日刑集71巻3号13頁（百選30事件）

【参考文献】

試験対策講座5章1節②【2】，10章4節①・②。判例シリーズ1事件。条文シリーズ2編1章捜査■総説④，320条②。

第1　設問1について

1(1)　まず，本件尾行による行動監視が，「強制の処分」（197条1
項ただし書）にあたるのであれば，強制処分法定主義ないし令
状主義に反する。そこで，「強制の処分」の意義が問題となる。

　　ア　この点について，「強制の処分」とは，被処分者の意思に 　5　　⇒規範定立
　　　　反して重要な権利・利益の制約を伴う処分をいうと解する。

　　イ　これを本問についてみると，一般人は尾行されたくないと 　　　　⇒意思に反することのあ
　　　　考えることが通常であり，本件尾行は被処分者の意思に反す 　　　　てはめ
　　　　るといえる。しかし，屋外では，不特定多数者から所在と行 　　　　⇒重要な権利を侵害する
　　　　動を視認される状況にある以上，自己の所在を把握されない 　10　　ことのあてはめ
　　　　自由は一定の制約を受けざるをえない。したがって，重要な 　　　　⇒結論
　　　　権利利益の制約を伴う処分とはいえ，「強制の処分」にあ
　　　　たらないため，強制処分法定主義・令状主義違反はない。

(2)　そうだとしても，任意捜査の限界を超え違法とならないか。 　　　　⇒問題提起

　　ア　この点については，捜査の必要性と被侵害利益を衡量し， 　15　　⇒規範定立
　　　　社会通念上相当な手段といえるかにより判断する。

　　イ　これを本問についてみると，被疑事実は拳銃の密売であり， 　　　　⇒あてはめ
　　　　人々の生命侵害に関わる可能性のある重大事件といえる。ま
　　　　た，周辺住民を不安に陥れる点で早急な解決が求められ，捜
　　　　査の必要性は高い。他方，本件尾行は外出時のみであり屋内 　20
　　　　まで及んでいないこと，20メートル以上と適度な距離を保っ
　　　　ており対象者に圧迫を与えていないこと，尾行発覚後にただ
　　　　ちに継続を断念していることからすると，被侵害利益は大き
　　　　いものとはいえない。したがって，外出時のみの尾行は，相 　　　　⇒結論
　　　　当な手段といえ，任意捜査として適法である。 　25

2　次にGPS端末を用いた捜査の適法性について検討する。GPS捜 　　　　⇒問題点の抽出
　　査については，刑事訴訟法上規定がない。そのため，本件捜査が，
　　「強制の処分」にあたるのであれば，強制処分法定主義に反する。
　　そこで，本件捜査が「強制の処分」にあたるかが問題となる。 　　　　⇒問題提起

(1)　上述の基準に照らして，強制処分該当性を判断する。 　30

(2)　これを本問についてみると，甲は車にGPS装置を取り付けら 　　　　⇒意思に反することのあ
　　　れたことを認識していないため，明示的な意思に反するとはい 　　　てはめ
　　　えない。しかし，通常人であれば，自分がどこにいるか把握さ
　　　れたくないと思うであろうから，GPS装置により位置情報を把
　　　握されることは甲の黙示の意思に反するといえる。 　35

　　　　また，たしかに，自動車は公道上を走行するものであり，他 　　　　⇒重要な権利を侵害する
　　　者からの観察を受けうるから，自動車の所在場所については， 　　　ことのあてはめ
　　　プライバシーの合理的期待は低下するとも思える。しかし，本
　　　件GPS端末の機能は，実際の所在場所との位置情報の誤差が数
　　　十メートルしか生じない高性能なものであり，かつ監視を常時 　40
　　　受けている点で，通常の尾行では行いえないほどに私生活を把 　　　　⇒尾行との対比
　　　握しうる程度にまでの監視がなされているといえる。また，1
　　　か月と長期にわたって継続されている点においても，私生活を
　　　把握しうるほどの監視が長期になされており，重大なプライバ

シー侵害があるといえる。 45

　　以上を総合的に勘案するに，本件GPS捜査は，重要な権利利益の制約を伴う処分といえ，「強制の処分」にあたる。

結論

　　そして，対象の所在を網羅的に把握する点，令状の事前提示（222条1項，110条）が想定できない点で「検証」（218条）とは本質的に異なる。 50

3　よって，本件捜査は，強制処分法定主義に反し違法である。

形式的に問いに答える

第2　設問2

1　本件メモは，伝聞証拠（320条1項）にあたり証拠能力が認められないのではないか。

問題提起

(1)　公判廷外における供述証拠は，知覚・記憶・叙述という誤り 55
の介在しやすい各過程を経て証拠化されるにもかかわらず，反対尋問等の方法によって，供述の信用性を吟味し，内容の真実性を担保することができないことから，原則として証拠能力が否定される。

　　そこで，伝聞証拠は，公判廷外の供述を内容とする証拠であ 60
って，原供述内容の真実性の証明に用いられるものをいうと解する。そして，伝聞証拠であるかは，要証事実との関係で相対的に決せられる。

伝聞証拠の定義（形式説）

判断基準

(2)　本問では，甲は被疑事実についての関与を否認していることから，最終的な立証命題は，甲乙間の共謀にあると考える。 65

　　本件メモは，乙の逮捕事実と，日時（7/15）・場所（△△ふ頭）が共通している。また，取引の相手方である丙の身長は185センチメートルときわめて高い一方，発見されたメモからは，取引相手の特徴と思われる身長185センチメートルという記載があり，取引相手丙の特徴と合致する。また，緑色のパー 70
カーというメモも取引相手である丙の特徴と合致する。また，乙が所持していた拳銃は，S&WM60であり，本件メモにある記載と一致している。さらに，本件メモには，100万円との記載があり，取引相手の丙の所持していた紙袋には同額の100万円が入っていた。 75

メモの内容と客観的事実の一致

　　以上の事情からすると，本件メモは，乙が逮捕された事件と客観的な状況が一致している。本件メモに合致する状況がすべて偶然重なり合うとはいいがたいことからすると，本件メモは事件の関与者でなければ作成しえないものである。

メモの存在により推認される事実

　　そして，筆跡鑑定・指紋の付着の事実から，甲が本件メモを 80
作成したことは明らかである。甲が事件の客観的状況と一致する本件メモを作成したことと，これが乙宅から発見されたことをあわせかんがみると，甲乙間の共謀が合理的に推認できる。

　　そうだとすれば，要証事実は本件メモの存在であり，この要証事実との関係で内容の真実性は問題とならないから，伝聞証拠 85
にあたらない。

結論

2　よって，本件メモは，甲の公判で証拠能力が認められる。

形式的に問いに答える

以上

第1　設問1について
　1　尾行について
　　(1)　強制処分該当性
　　　　尾行は法に定められていないため，「強制の処分」（刑事訴訟
　　　法（以下略）197条1項ただし書き）にあたるとすれば強制処
　　　分法定主義に違反することになる。　　　　　　　　　　　　　5
　　　　「強制の処分」とは個人の意思に反し，重要な権利利益を制
　　　約する処分をいう。
　　　　本問の尾行は，甲の承諾を得ておらず，明らかに甲の意思に
　　　反している。もっとも，甲の行動の自由を侵害しているわけで　10　⇐△もう少し具体的な説
　　　はなく，重要な権利の制約がない。　　　　　　　　　　　　　　　　明がほしいところであ
　　　　したがって，尾行は「強制の処分」に該当しない。　　　　　　　　る
　　(2)　任意捜査
　　　　仮に強制の処分に該当しないとしても，何らかの法益を侵害
　　　するおそれがあるから，必要性・緊急性を考慮し，具体的状況　15
　　　のもとで相当と認められる限度において許容されるにすぎない。
　　　　本問は，組織的な拳銃の密売の嫌疑であり重大犯罪である。
　　　元組合員からの証言があり，犯罪の疑いも強い。そのため，捜
　　　査の必要性がある。
　　　　その一方，甲は行動監視によって自己の行動が明らかにされ　20
　　　るという不利益が生じる。もっとも，尾行は公道上でなされてい
　　　るにすぎず，甲の行動は一般人に認識されるものである。さらに，　⇐△20メートル離れて尾
　　　尾行発覚後Pはすぐに中断しており，捜査の態様も穏当である。　　　　行していた点に触れて
　　　　これらを総合的に考慮すると，捜査の必要性が甲の不利益を　　　　いない
　　　上回るため，尾行は相当な限度でなされているといえる。　　　25
　　　　よって，尾行は任意処分として適法である。
　2　GPS捜査について
　　(1)　GPS捜査は，捜査官が五官の作用で位置情報を認識して捜査
　　　に利用するものであり，検証に類する処分である。そのため，
　　　「強制の処分」にあたる場合には，検証令状（218条1項）を　30
　　　取得していないと令状主義違反（憲法35条）となる。本件では，　⇐○GPS捜査を検証の
　　　検証令状を取得しておらず，強制の処分に該当する場合には，　　　性質を有するものと解
　　　令状主義違反となる。そこで，「強制の処分」に該当するか検　　　すると，このように令
　　　討する。　　　　　　　　　　　　　　　　　　　　　　　　　　　状主義違反が問題とな
　　　　「強制の処分」は，尾行の場合と同様である。　　　　　　　35　　る。なお判例はGPS
　　(2)　本問では，Pらは甲に承諾なく甲車にGPS装置を設置してい　　　捜査を検証に含めてい
　　　る。甲はGPSを設置されることについて認識していないが，一　　　ない
　　　般人において，権利侵害を伴うGPS装置の設置を承諾するとは　⇐○自説に対応したあて
　　　思えないため，少なくとも黙示の意思に反するといえる。　　　　　はめができている
　　　　次に，確かに甲車は公道上を移動する以上，不特定多数者に　40
　　　観察されることを受忍すべきものといえ，重要な権利侵害が認
　　　められないように思える。
　　　　しかし，本件GPS捜査では，他人から観察可能な場所で目視
　　　で観察されるのとは異なり，私有地であって不特定多数者から

観察されることのないプライバシー保護の合理的期待の高い空間においても位置情報を取得することができる。

また，自動車の車両移動情報は，乗車する人物の位置情報と同視できる。そして，位置情報は実際の距離と誤差数十メートルという正確なものであり，1か月間，携帯電話を通じて常時捜査官によって取得されていたものである。このようなことからすれば，通常の尾行や張り込みに比して，甲のプライバシー権を大きく侵害するものである。

以上を総合的に判断するとPらのGPS捜査は，甲の黙示の意思に反し，重要な権利利益を侵害するものである。

(3) よって，本件GPS捜査は，「強制の処分」に該当し令状主義に違反するため，違法である。

第2 設問2について

1 本件メモが伝聞証拠（320条1項）にあたる場合には，原則として証拠能力が否定される。そこで，伝聞証拠に該当するかが問題となる。

(1) 伝聞証拠の証拠能力が否定されるのは，供述証拠は，知覚・記憶・表現・叙述の過程を経て証拠となるところ，その過程に誤りが入り込むおそれがあり，それを反対尋問や公判での供述態度の観察などによって取り除くことができないからである。このような伝聞法則の趣旨によれば，伝聞証拠とは，公判廷外の供述で，その内容の真実性を問題とするものに限られる。

したがって，伝聞証拠に該当するかは，要証事実との関係で相対的に決する。

⟸○コンパクトに，流れよく論じられている

(2) 本件について検討すると，甲が事件への関与を否定していることから，検察官は本件メモによって甲と乙が銃砲刀剣類取締法違反の罪について共謀関係にあったことを立証しようとすることが考えられる。

本件メモには甲の指紋が付着しており，筆跡鑑定によって甲が書いたものであることが明らかになっていること，Pらの取調べにおいて甲が若手構成員に指示をして，けん銃密売を行っていると乙が供述しているという事実がある。そして，7/15・深夜0時という日時，△△埠頭という場所，服装や身長，対象となる拳銃の種類・金額がメモの内容と客観的事実が不自然なほど一致している。

⟸○端的にメモの内容と客観的事実とが一致することを認定している

このような偶然の一致とはいえないほどの事情があるため，本件メモの存在自体から，今回の犯行がメモに記載の計画に従ったものであると推認され，さらにメモ作成者と実行行為者との共謀を推認することができる。

したがって，本件メモの存在自体が要証事実になる。

これは，内容の真実性を問題としていないため，非伝聞である。

⟸○メモによる立証方法について自分の言葉で説明している

2 よって，客観的事実とメモの内容が一致しており関連性が認められる本件では，銃砲刀剣類取締法違反に関する甲の公判において，本件メモの証拠能力が認められる。　　　　　　　　　　　以上

設問1は，尾行およびGPS端末を用いた行動監視の適法性を問う問題である。GPS捜査の適法性については，これを違法とする裁判例（大阪地決平成27年6月5日，名古屋地判平成27年12月24日）と適法とする裁判例（大阪地決平成27年1月27日）があり，結論が分かれていたところ，最大判平成29年3月15日は違法と判断した。このように，GPS捜査の適法性は実務で活発に議論されてきており，学者の間でも注目されてきた論点であることから，予備試験において出題される可能性があると考え，出題した。また，GPS捜査との比較で尾行による行動監視が議論されてきたことから，尾行による行動監視についても出題している。尾行とGPS捜査の違いを意識した論述を期待して出題したものである。

設問2は，犯行に関するメモについての伝聞証拠該当性の問題である。犯行計画メモは，苦手意識をもっている受験生が多いため，これを機に確認してもらうべく，出題した。

① 全体

条文からの出発・判例を意識した論述から，刑事訴訟法の盤石な基礎ができていると考えられる。さらに，事実の評価の仕方や推認過程の示し方など，ところどころに刑事訴訟法の深い理解がうかがえる。文章力も十分であり，優秀答案といえる。

② 設問1

尾行による行動監視について，分量を抑えるため端的な論述をしようという姿勢がうかがえる。しかし，強制処分該当性の判断のあてはめがやや具体的な検討に欠けるので，この点はもう少し検討してほしいところである。また，20メートル離れて尾行を行っていたという問題文の事実に言及していない点は残念である。この事実を拾って，評価を加えてほしかった。

GPSという新しい問題について，裁判例をふまえたあてはめ，尾行との比較の姿勢がみられる点では，優秀な答案といえる。問題提起にあたっても，何故強制処分該当性が問題となるのかを，GPS捜査の性質が検証にあたることに言及したうえで令状主義との関係で論じており，基本的理解がうかがえる。GPS捜査が検証にあたるか否かはいずれの見解でもよいと考えられる。

近時の裁判例の事実評価をみるかぎりは，本問のGPS捜査は強制処分に該当することになろう。もっとも，事実を適切に評価していれば，いずれの結論でもかまわない。

③ 設問2

本設問においては，伝聞証拠の意義をふまえたうえ，要証事実を確定し，内容の真実性が問題となるか推認過程を示しつつ，適切に論じることが求められていた。優秀答案は，要証事実の確定，推認過程ともに適切に論じられている。本件メモと具体的に発生した犯罪との合致について，具体的事情を拾って，あてはめられている。本件メモを甲が作成したことについても，具体的事情を拾っており，印象がよい。本件メモと犯罪事実との一致について，「偶然の一致とはいえないほどの事情」と自分なりの言葉を用いて，本件メモの存在が共謀を推認させることを説明できており，伝聞法則に対する理解がうかがえる。

伝聞・非伝聞の区別を論ずるにあたっては，自分の言葉で，丁寧に思考過程を示してほしい。伝聞・非伝聞の区別を得意分野にするためには，常に推認過程を考えることが重要である。

甲および乙は，繁華街の路上において，警察官から職務質問を受け，所持品検査に応じた。その結果，両名の着衣からそれぞれ覚せい剤が発見されたため，警察官が両名に対し，覚せい剤所持の現行犯人として逮捕する旨を告げたところ，甲は，警察官の制止を振り切って，たまたまドアが開いていた近くの不動産業者Xの事務所に逃げ込んだ。そこで，警察官は，これを追って同事務所に立ち入り，机の下に隠れていた甲を逮捕したが，甲は，同事務所に逃げ込んだ際手に持っていた携帯電話機を所持しておらず，机の周辺にも携帯電話機はみあたらなかった。そのため，警察官は，Xの抗議にもかかわらず，甲が隠れていた机の引出しを開けて中を捜索した。一方，乙は，所持品検査を受けた路上で逮捕されたが，大声でわめき暴れるなどしたことから，周囲に野次馬が集まってきた。そこで，警察官は，乙を警察車両に乗せて1キロメートルほど離れた警察署に連行し，到着直後に同警察署内で乙の身体を捜索した。

　　以上の警察官の行為は適法か。

答案構成用紙

1 はじめに

本問は，一連の警察官の行為の適法性を問うものである。警察官の行為は複数あるため，制限された時間と分量を前提に，どこに力を割くべきかを判断しなければならない。

2 設問

1 所持品検査

警察官はまず，甲と乙に対し所持品検査をしている。この点については適法であることが明らかなので，触れるとしても簡単にでよい。

2 甲の捜索

次に，警察官はXの事務所に逃げ込んだ甲を探している。人の看守する建造物に人を探すために許可なく立ち入ることが強制処分たる捜索にあたることについては，疑念を差し挟む余地はないであろう。そして，捜索をするためには令状が必要であるが（憲法35条1項，刑事訴訟法218条1項），本問においてXは令状を有していない。そのため，これが逮捕に伴う捜索（220条1項1号，3項）として適法とならないかが問題となる。

逮捕に伴う捜索が適法となるのは，逮捕が適法で，かつ，捜索の「必要があるとき」にかぎられるから，まず逮捕の適法性を簡単に論じる。本問で警察官は，甲を現行犯人として逮捕しようとしている。現行犯逮捕の要件を端的に示し，必要な事実をあてはめる必要がある。

「必要があるとき」（220条1項柱書前段）について，本問では問題とならないが，一言あてはめをしたい。本問では軽く触れる程度でよいが，この判断にあたっては，物の捜索・差押えでは，「犯罪の態様，軽重，差押物の証拠としての価値，重要性，差押物が隠滅毀損されるおそれの有無」を考慮することを覚えておくとよいだろう。

さらに，被疑者以外の者の住居等を捜索する場合には，被疑者が存在すると認めるに足りる状況がある場合にかぎり，捜索をすることができる（222条1項本文前段・102条2項参照）。この要件が認められるのは限定的な場合であるが，警察官自身が，甲がXの事務所に入るところを現認していることからすれば，本問では簡単にこの要件の充足を認めてもよいであろう。

以上のことから，甲の捜索は逮捕に伴うものとして適法であるといえる。

3 甲の逮捕

その後警察官は甲を逮捕しているところ，余裕があればその適法性にもいちおう言及するとよい。

4 机の中の捜索

(1) 次に，警察官は事務所内の机を捜索しているが，これについても令状は発付されていない。もっとも，逮捕に伴う捜索（220条1項2号，3項）にあたるのであれば適法である。

逮捕に伴う捜索・差押えを論じる際には，必ず要件すべての充足を認定することを心掛けてほしい。もちろん，問題になる要件は事案によって異なるので，要件間で論述量に差をつける必要がある。

本問では逮捕直後に捜索をしているため，「逮捕する場合」といえることには問題がない。そのため，この点については一言で要件充足を認定すればよい。

(2) 「逮捕の現場」および捜索の対象となる物の範囲については，逮捕に伴う捜索・差押えの趣旨から要件を解釈する必要がある。この点については緊急処分説と相当説とが対立しているが，いずれの説であってもよいであろう。もっとも，自説の立場から一貫した説明をする必要があるのはいうまでもない。答案例は緊急処分説から書いているが，相当説からであれば「逮捕の現場」はより広く認定することになるであろう。ただ，本問においては，いずれの説を採っても「逮捕の現場」という要件をみたすことに変わりはないはずである。

(3) 捜索の対象についても，自説の立場から規範を定立すればよい。本問における甲の被疑事実は覚醒剤所持であるところ，携帯電話がその被疑事実といかなる関連性を有するかについては，自分なりに理にかなった説明をしなければならない。

(4) ここでも，「必要があるとき」についてのあてはめを忘れずにしてほしい。

(5) また，甲の捜索の場合と同様，捜索場所は被疑者以外の者であるXの事務所の机なので，捜索が適法となるためには，「押収すべき物の存在を認めるに足りる状況のある場合」（222条1項本文前段・102条2項）であることが必要である。甲は事務所に入る際に携帯電話を所持していたにもかかわらず逮捕時にそれが見つからなかったことからすれば，同事務所内に携帯電話があると考えるのが自然であり，この要件もみたすであろう。

5　乙の逮捕

　場面は変わって，乙も同様に警察官により現行犯逮捕されているが，これは端的に適法と考えられる旨を指摘すればよい。

6　乙の身体の捜索

(1) もっとも，その後の乙の身体の捜索は警察署に移動したうえでなされており，これが「逮捕の現場」という要件をみたすかが問題となる。この点については判例があり，それを念頭において規範を定立しなければならない。判例（最決平成8年1月29日）は，被疑者の身体・所持品についての捜索・差押えは，「逮捕現場付近の状況に照らし，被疑者の名誉等を害し，被疑者らの抵抗による混乱を生じ，又は現場付近の交通を妨げるおそれがあるといった事情のため，その場で直ちに捜索，差押えを実施することが適当でないときには，速やかに被疑者を捜索，差押えの実施に適する最寄りの場所まで連行した上」でする場合も「逮捕の現場」における捜索・差押えと同視することができ，同要件をみたす，とする。あくまで「逮捕の現場」における捜索と「同視」できるとしており，「逮捕の現場」における捜索にあたるとはしていない点に注意が必要である。なお，捜索・差押えの実施に適する最寄りの場所まで連行する行為については，捜索・差押えの目的実現に必要な付随的行為であるから「必要な処分」（222条1項本文前段・111条1項前段）として許容されると考えることが可能であろう。

　本問では，逮捕場所から1キロメートルほど離れた警察署で捜索をしているが，上記判例は3キロメートルほど離れた場所での差押えを適法としており，本問のケースも適法となると考えられる。

(2) また，「逮捕する場合」についても一言認定する必要がある。

【関連判例】
最決平成8年1月29日刑集50巻1号1頁（判例シリーズ20事件）

【参考文献】
試験対策講座5章4節②【1】・【2】。判例シリーズ20事件。条文シリーズ220条。

答案例

［職務質問および所持品検査の適法性］

第１　まず，警察官は，甲と乙に職務質問および所持品検査をしているが，いずれも任意になされているので，適法である。

［問題提起］

第２　次に，警察官は，Xの事務所に立ち入り，現行犯逮捕する旨を告げた際に逃亡した甲を捜索しているが，この行為は適法か。

［原則］

１　まず，令状主義（憲法35条１項，刑事訴訟法218条１項。以下「刑事訴訟法」法名省略）のもと，無令状による捜索は原則として違法である。

［例外］

もっとも，「現行犯人を逮捕する場合」に「必要があるとき」には無令状による被疑者の捜索も許される（220条１項柱書前段，１号，３項）。そこで，同号により本件捜索も適法といえないか。

［「現行犯人」にあたること］

⑴　本問では，警察官は甲が覚醒剤を所持しているのを現認している。また，逮捕場所は近くのXの事務所で追跡も継続しているため，犯行との時間的場所的近接性が認められる。そうだとすると，犯罪と犯人が明白であるといえ，甲は「現行犯人」（220条１項柱書前段，212条１項）にあたる。

［「必要があるとき」にあたること］

⑵　また，甲を見つけなければ逃亡するおそれがあるから，「必要があるとき」（220条１項柱書前段）といえる。

［被疑者存在の蓋然性］

⑶　本問は，被疑者以外の者の住居等を捜索する場合であるが，警察官は甲がXの事務所内に入るのを現認しているため，被疑者が存在すると認めるに足る状況（222条１項本文前段・102条２項参照）があるといえる。

［結論］

２　よって，警察官の上記行為は適法である。

第３　そして，前述のように甲は「現行犯人」であるので，甲を無令状で逮捕した行為も適法である（212条１項，213条）。

［問題提起］

第４　さらに，警察官は令状なくXの事務所内の机を捜索しているが，逮捕に伴う捜索（220条１項２号，３項）として適法とならないか。

［時的範囲］

１　まず，警察官は甲を逮捕すると同時に併行して捜索をしているので，「逮捕する場合」にあたる。

［場所的範囲，問題提起］

２　では，「逮捕の現場」における捜索といえるか。

［趣旨からの理由づけ］

⑴　同条の趣旨は，逮捕の現場には証拠の存在する高度の蓋然性がある一方，被疑者等による証拠隠滅の危険も高いためこれを防止して証拠を保全する緊急の必要性が認められることにある。

［規範定立］

そこで，「逮捕の現場」とは，被疑者等による証拠の隠滅破壊が可能な範囲，具体的には，当人の手が届くなど事実的支配が現に及びうる範囲内の場所・物に限定されると解する。

［あてはめ］

⑵　本問では，警察官が捜索した場所は甲が隠れていた机の引き出しであり，甲の手の届く範囲内の場所として甲の直接支配下にある。

［結論］

⑶　したがって，「逮捕の現場」といえる。

［対象物の範囲，規範定立］

３　また，前述した同条の趣旨から，捜索・差押えの対象物の範囲は，逮捕の理由となった被疑事実に関連する物件にかぎられると解する。

［あてはめ］

これを本問についてみると，覚醒剤事犯の密行性から，甲が本件携帯電話で売人と連絡をとっていた可能性は高いといえる。そ

うだとすると，本件携帯電話は覚醒剤取引に使用された可能性が 45
あり，被疑事実に関連する物件といえる。

4　そして，甲による証拠隠滅のおそれがあるため，捜索の「必要
があるとき」といえる。　　　　　　　　　　　　　　　　　➡「必要があるとき」に
　　　　　　　　　　　　　　　　　　　　　　　　　　　　　　あたること

5　捜索対象が第三者Xの管理権に属する机であるため，「押収す　　➡証拠物存在の蓋然性
べき物の存在を認めるに足りる状況のある場合」（222条1項本文 50
前段・102条2項）であることを要する。

　　本問では，甲が事務所に逃げ込む際には携帯電話を所持してい　　➡あてはめ
たが，逮捕の際に甲の周辺に携帯電話はなかった。そうだとする
と，「押収すべき物」たる携帯電話が，甲の直接支配下にあった
机の中に隠されている蓋然性は高い。したがって，同項の要件も 55
みたす。

6　よって，警察官の上記行為は適法である。　　　　　　　　　　➡結論

第5　次に，甲と同様，乙も「現行犯人」といえるから，警察官が乙
を現行犯逮捕した行為は適法である。

第6　では，警察官は，逮捕した乙を警察署に連行したうえで，令状 60　➡問題提起
なく乙の身体を捜索しているが，このような行為も逮捕に伴う捜索
（220条1項2号，3項）として適法とならないか。

1(1)　まず，乙を逮捕したのは路上であり，警察署は「逮捕の現　　➡場所的範囲
　　場」といえない。

　(2)　もっとも，前述の同条の趣旨からすると逮捕した場所で捜索 65　➡不都合性
　　を実施することが望ましいが，常に逮捕した場所での捜索を要
　　するとすると被逮捕者の名誉を害し，交通の危険を生じさせて
　　しまうおそれもある。また，被逮捕者を移動させて捜索を行っ　　➡修正の許容性
　　たとしても，被逮捕者に新たな不利益が生じるとはいえない。

　　　そこで，このようなやむをえない事由がある場合には，最寄 70　➡規範定立
　　りの場所まで被逮捕者を連行して行った捜索も「逮捕の現場」
　　における捜索と同視できると解する。

　(3)　本問では，逮捕した場所は多数の人が行き交う繁華街の路上　　➡あてはめ
　　であり，また，野次馬が集まってきたという状況からすれば，
　　現場の混乱を避け，乙の名誉等を守るために，場所を移動する 75
　　やむをえない事由がある。また，約1キロメートルしか離れて
　　いない上記警察署は，捜索を行いうる最寄りの場所といえる。

　(4)　したがって，上記捜索・差押えは，「逮捕の現場」における　　➡結論
　　捜索・差押えと同視できる。

2　また，上記捜索行為は乙の逮捕と時間的に近接しており，「逮 80　➡時的範囲
捕する場合」といえる。

3　よって，警察官の上記行為は適法である。　　　　　　　　　　➡結論
　　　　　　　　　　　　　　　　　　　　　　　　　　　以上

第1　Xの事務所への立入り

1　警察官は甲を探してXの事務所に立ち入っている。これは被疑者の捜索であり，原則として令状が必要となる（憲法35条1項，法218条1項）。もっとも，警察官は甲の逮捕に着手しており，「逮捕する場合」といえる。そこで，逮捕に伴う被疑者の捜索（220条1項1号）として適法となる余地がある。

2　警察官は甲を覚醒剤所持罪で現行犯逮捕（213条）しようとしている。警察官は甲が覚醒剤を所持していることを現認しているから，同罪の事実及び甲が犯人であることが警察官にとって明白といえる。

よって，逮捕は適法である。

3　本件では被疑者以外の者の看取する建造物への立入りであるから，被疑者が存すると疑うに足りる状況がなければならない。しかし，警察官は甲がXの事務所に立ち入ることを現認しているから，この状況が認められる。

4　以上より，警察官がXの事務所に立ち入った行為は220条1項1号により適法である。

第2　机の中の捜索

1　警察官は，Xの事務所内の机の中を令状なく捜索している。これは逮捕に伴う捜索（220条1項2号）として適法か。

2　逮捕に伴う捜索が無令状で許容されるのは，逮捕の現場には証拠物が存する高度の蓋然性が認められるためである。このことから，逮捕に着手した場所から逮捕した場所までが「逮捕の現場」に含まれる。また，令状による捜索と同様，捜索場所と同一の管理権が及ぶ範囲である必要がある。

本件では，甲が逮捕されたXの事務所内にある机で，それについてもXの管理権が及んでいる。よって，「逮捕の現場」でなされた捜索といえる。

3　また，捜索は甲の逮捕直後になされているため「逮捕する場合」になされたといえる。

4　そして，上記趣旨から捜索の対象となる物は被疑事実に関連する物に限られると考える。携帯電話は，覚醒剤の取引に使われた可能性が高く，被疑事実に関連する物といえる。

5　さらに，甲が事務所に逃げ込んだ際に持っていた携帯電話が逮捕時には見つからないことから，X事務所内でも特に甲の近くにあった机の中に同携帯電話が存することはほぼ確実である。よって「押収すべき物の存在を認めるに足りる状況」があるといえる。

6　以上より，机の中の捜索は220条1項2号により適法である。

第3　乙の身体の捜索

1　警察官は乙を警察車両に連行したうえで乙の身体を捜索しているが，これは逮捕に伴う捜索として適法か。

2(1)　「逮捕の現場」を上述のように解する以上，警察署は「逮捕の現場」に含まれない。

しかし，逮捕の現場では何らかの事情から捜索が困難なこと

（右欄コメント）

○「逮捕する場合」にあたることを端的に指摘できている

△条文を示してほしい

×「必要があるとき」をあてはめていない。3項の指摘もしたい

○相当説からの論証

△条文を示してほしい

○条文の文言にはあたらないことを指摘できている

もありうる。また，被疑者の身体・所持品については逮捕現場 45
から移動しても証拠物の存する蓋然性に変化はない。

　　そのため，ただちに捜索を実施することが適当でない場合に，
実施に適する最寄りの場所まで連行したうえでなされる身体等
の捜索は，「逮捕の現場」における捜索と同視でき，許される 50
と考える。

　(2)　本件では，乙が大声でわめき暴れるなどしたことから野次馬
が集まっており，路上という逮捕の現場で捜索をすることが困
難になっている。また，捜索を行った警察署は逮捕現場と１キ
ロメートルほどしか離れておらず，捜索に適する最寄りの場所 55
といえる。

　　よって，乙の身体の捜索は「逮捕の現場」における捜索と同
視できる。

3　さらに，１キロメートルを自動車で移動していることから，警
察署まではわずか数分しか要せず，捜索は逮捕と時間的に接着し 60
てなされたといえる。よって「逮捕する場合」にあたる。

4　そして，被疑者の身体には被疑事実に関連する物が存する蓋然
性が認められる。

5　以上より，乙の身体の捜索は220条１項２号により適法である。

以上

⬅○規範に対応させてい
る

⬅△蓋然性ではなく，
「必要があるとき」に
あたることを指摘すべ
きだろう
⬅△正確には「220条１
項２号および３項」

本問は，旧司法試験平成22年度の第１問である。逮捕に伴う捜索・差押えは基本的な論点であり，司法試験では出題があるものの，予備試験ではいまだ出題されていない。そのため，論述の仕方について確認してもらうために出題した。

以下は，法務省が公開している本問の出題趣旨である。

「本問は，覚せい剤所持の現行犯人を逮捕する場面における警察官の行為の適法性を問うことにより，逮捕に伴う無令状での被疑者やその所持品の捜索，被疑者を逮捕の現場から警察署に連行した上での身体の捜索について，基本的知識の有無と具体的事案における応用力を試すものである」。

優秀答案における採点実感 ‖

① 全体

問題となりそうな行為をすべて抽出するのではなく，重要度の高い論点に絞って検討している点で，現実的な答案といえる。原則論から展開しており，法的三段論法もきちんとふめており，実力の高さがうかがえる。

② 設問

1　Xの事務所への立入りについては，令状主義をふまえて条文を正確に摘示して原則論から論述しており，好印象である。原則論から論じる姿勢はきわめて重要である。

しかし，いくつか残念な点がある。まず，現行犯逮捕の要件をコンパクトに検討しているのはよいが，条文の要件にひきつけて検討ができていない。現行犯逮捕が適法であるといえるには，甲が「現に罪を行い，又は現に罪を行い終つた者」（212条１項）に該当する必要がある。優秀答案にはこの要件の検討はなされているが，条文を意識した論述ができればよかった。

また，被疑者が存すると疑うに足りる状況については，222条１項本文前段・102条２項を参照してほしいところである。

2　机の中の捜索行為については，まず，「押収すべき物の存在を認めるに足りる状況」とカギカッコを付すのであれば，何条の問題であるか条文を摘示すべきである。条文を大事にする姿勢を身につけてほしい。

また，逮捕に伴う捜索・差押えを論じる際には，必ず要件すべての充足を認定することを心掛けてほしい。「必要があるとき」の要件は忘れがちであるから，日ごろから意識して答案練習を積んでほしい。

3　移動後の場所における捜索・差押えについては，やや要求レベルは高いが，根拠をもう少し厚く書いてほしかった。同論点は，平成25年司法試験において出題されているが，採点実感において，「根拠を的確に論じる答案は少なかった」とされている。古江144頁においても，「証拠物存在の蓋然性は変わらないから」といった理由に対する批判的な考え方が示されている。このような考え方をふまえて，根拠を的確に論ずることができれば，上位答案になろう。

次の【事例】を読んで，後記〔設問１〕及び〔設問２〕に答えなさい。

【事　例】

　平成28年３月１日，H県J市内のV方が放火される事件が発生した。その際，V方玄関内から火の手が上がるのを見た通行人Wは，その直前に男が慌てた様子でV方玄関から出てきて走り去るのを目撃した。

　V方の実況見分により，放火にはウィスキー瓶にガソリンを入れた手製の火炎瓶が使用されたこと，V方居間にあった美術品の彫刻１点が盗まれていることが判明した。

　捜査の過程で，平成21年１月に住宅に侵入して美術品の彫刻を盗みウィスキー瓶にガソリンを入れた手製の火炎瓶を使用して同住宅に放火したとの事件により，同年４月に懲役６年の有罪判決を受けた前科（以下「本件前科」という。）を有する甲が，平成27年４月に服役を終え，J市に隣接するH県K市内に単身居住していることが判明した。そこで，警察官が，甲の写真を含む多数の人物写真をWに示したところ，Wは，甲の写真を指し示し，「私が目撃したのはこの男に間違いありません。」と述べた。

　甲は，平成28年３月23日，V方に侵入して彫刻１点を盗みV方に放火した旨の被疑事実（以下「本件被疑事実」という。）により逮捕され，同月25日から同年４月13日まで勾留されたが，この間，一貫して本件被疑事実を否認し，他に甲が本件被疑事実の犯人であることを示す証拠が発見されなかったことから，同月13日，処分保留で釈放された。

　警察官は，甲が釈放された後も捜査を続けていたところ，甲が，同年３月５日に，V方で盗まれた彫刻１点を，H県から離れたL県内の古美術店に売却していたことが判明した。

　①甲は，同年５月９日，本件被疑事実により逮捕され，同月11日から勾留された。間もなく甲は，自白に転じ，V方に侵入して，居間にあった彫刻１点を盗み，ウィスキー瓶にガソリンを入れた手製の火炎瓶を玄関ホールの床板にたたきつけてV方に放火した旨供述した。検察官は，同月20日，甲を本件被疑事実と同旨の公訴事実により公判請求した。

　公判前整理手続において，甲及びその弁護人は，「V方に侵入したことも放火したこともない。彫刻は，甲が盗んだものではなく，友人から依頼されて売却したものである。」旨主張した。

　そこで，検察官は，甲が前記公訴事実の犯人であることを立証するため，②本件前科の内容が記載された判決書謄本の証拠調べを請求した。

〔設問１〕
　①の逮捕及び勾留の適法性について論じなさい。

〔設問２〕
　②の判決書謄本を甲が前記公訴事実の犯人であることを立証するために用いることが許されるかについて論じなさい。

① はじめに

　本問は，設問1，設問2ともに論点は明確である。もっとも，高評価を得るには正確な知識，的確なあてはめが必要であり簡単な問題ではない。特に，設問2は判例（最判平成24年9月7日）を意識した出題であり，判例の正確な理解が必要となる。設問1，設問2ともにある程度の論述量が必要となるため，メリハリをつけたうえで，省略できる部分は省略していくことになる。

② 設問1

1　本件被疑事実についての2度目の逮捕・勾留の適法性が問題となっている本設問では，再逮捕・再勾留の適法性について論述することになる。その際，いきなり本問の事情のもとでの再逮捕・再勾留の適法性に飛びつくのではなく，そもそも再逮捕・再勾留が認められるのかという点から論述することを心掛けるべきである。

　そして，1度目の逮捕・勾留が違法であるか適法であるかによって，再逮捕・再勾留の適否の判断が変わりうるため，その点を意識したうえで論述をすべきである。本設問では1度目の逮捕・勾留は適法であると考えられるため，答案例はその旨を簡潔に認定している。

2　再逮捕・再勾留の適否の検討では，しっかりと規範を定立したうえで，問題文の事情を拾って，説得的な論述ができるかで差がつくと思われる。

(1)　再逮捕・再勾留は，厳格な身体拘束期間（203条から205条まで，208条）を定めた趣旨から，原則として認められないとされている。もっとも，改めて身体を拘束し，捜査を行う必要性が生じる場合があることから一定の場合には再逮捕・再勾留を認める必要がある。このような理由づけは，受験生であれば当然知っている必要がある。逮捕については，再逮捕を想定した規定があること（199条3項，規則142条1項8号）の指摘も必須である。勾留については，再勾留を禁止する規定がないこと，逮捕と勾留は密接に関連していること，まで書ければ加点となるであろう。

　ただし，この部分は丁寧に論述してしまうと記述量が多くなりすぎてしまうため，コンパクトに指摘すれば足りる。

(2)　再逮捕・再勾留が許容される例外的場合については，明確に判示した最高裁判例がないことから，学説・裁判例（東京地決昭和47年4月4日）を参考に，条文の趣旨からさかのぼった論述をしていくことになる。ここでは，①新証拠の発見や新事実の判明などの新事情の存在，②再逮捕の必要性の程度，被疑者の被る不利益等を考慮し，再逮捕が真にやむをえない場合，③逮捕の不当な蒸し返しといえないこと，という3要件か③を除いた2要件かで考えが分かれうる。もっとも，①，②をみたせば当然逮捕の不当な蒸し返しといえないことから，③要件は，最終的な評価にすぎないといえる。そのため，答案例は2要件として検討している。

　そして，この部分の論証を考える際には，逮捕と勾留を区別することを忘れてはいけない。両者の考慮要素は類似しているとはいえ，勾留は逮捕よりも長期の身体拘束を伴うものであり，被疑者にとって不利益が大きいことを意識する必要がある。答案例では，その点を考慮し，再勾留はより厳格に判断する必要があることを指摘している。

(3)　具体的な検討においては，新事情について適切な評価をしたうえで，逮捕と勾留で重複した論述をしないように，うまく事実を書き分ける必要がある。

　新事情については，盗まれた彫刻1点をL県内の古美術店に売却したという事実が，どのような意味をもつのか，について各自の言葉で評価をする必要がある。

　勾留部分でポイントとなるのは，先行する勾留期間をどう評価するかである。裁判例（東京地決昭和47年4月4日）では，先行する勾留期間の長短が考慮要素とされているため，勾留期間の長さに言及することは必須である。

　そのうえで，本問では，1度目の勾留は20日間なされており，再度の勾留を認めると勾留期間が法律上許容されている20日間を超えるため，違法となるのではないか，という点に言及できると加点事由となるかもしれない。再勾留が許されるとしても，それは20日間という勾留が許される最長期間内（208条2項）にかぎられるとの考え方もあるからである。もっとも，上記裁判例は

このような考え方をとっていないことからすれば，答案作成に際しては，このような考え方を否定し，自己の見解を示せばよい。

③ 設問2

1　本設問を検討するにあたって，まず，本件判決書謄本は，伝聞書面であることから，伝聞例外として証拠能力が許容されることを端的に指摘しておく必要がある。判決書謄本は，裁判所作成の書面であるから，323条1号により証拠能力が認められると解されている（条解881頁）。したがって，答案例でも323条1号により証拠能力が認められるとしている。もっとも，加点狙いの論述であるため，大きく展開する必要はない。また，検討漏れしたとしても合否に影響はないと考えられる。

2　本問の中心論点は，前科事実による犯人性の立証である。論証・あてはめの双方をいかに丁寧に論述していくことができるかが合格ラインに到達する鍵となる。前科事実による犯人性の立証に関して準備していない受験生もいたように思われる。しかし，平成24年，平成25年と連続して，重要判例がでており，出題可能性がきわめて高いとされていた論点である。令和2年司法試験の設問3においても，類似事実による犯人性の証明の可否が出題されており，合格をめざすうえで準備しておくことが不可欠な論点といえるだろう。

本問では，前科事実による犯人性の立証について法律的関連性が原則として認められない根拠について，その理論的構成を明らかにする必要がある。なお，自然的関連性については答案の行数の都合上省略している。

ここでは，前科事実から，被告人が同種犯罪を行う悪性格があることを推認し，その悪性格から当該犯罪を被告人が行ったことを推認するという二重の推認過程を経るものであり，なおかつ，いずれも不確実な推認であり，事実認定者に不当な影響力を与えるおそれがあることから排除されるということを丁寧に示したい。その説明においては，前科事実から公訴事実における犯人性を立証する際にいかなる推認過程を経るかを示し，悪性格の有する証明力を過度に重視して犯人性が認定されるおそれがあるなど，不当な予断や偏見を与える危険を有するという問題点を有しているということを指摘するとよい。

なお，二重の推認過程を経るから排除されるのではなく，二重の推認過程の「いずれもが不確実な推認」であるから，排除されることに注意してほしい。

そのうえで，例外的に悪性格立証を介在させずに犯人性を推認させる場合には，証拠能力が認められることを示すことになる。ここでは，平成24年判例（最判平成24年9月7日）が提示した規範を念頭においた論述が必須となる。すなわち，前科にかかる犯罪事実が「顕著な特徴」を有し，かつ，それが起訴にかかる犯罪事実と「相当程度類似」する場合には，証拠能力が認められることを論じるべきである。この場合には，両者の犯人が同一であることを合理的に推認させるものであるため，不確実な悪性格立証を介在させずに犯人性を推認することが可能だからである。

なお，平成25年判例（最決平成25年2月20日）は併合審理されている同種事犯の場合においても「顕著な特徴」「相当程度類似」という判断基準（平成24年判例）が妥当するとしている。平成24年・平成25年判例は，論点の理解に必須の判例であるため，ぜひ読んでほしい。

【関連判例】

東京地決昭和47年4月4日判時665号103頁（判例シリーズ10事件）
最判平成24年9月7日刑集66巻9号907頁（百選62事件）
最決平成25年2月20日刑集67巻2号1頁

【参考文献】

試験対策講座2章4節⑤【4】(4)，5章3節④【3】，10章2節②【1】。判例シリーズ10事件。条文シリーズ199条，207条③7(3)(c)(ii)，2編3章■4節④3(1)(a)，323条。
松尾浩也監修「条解刑事訴訟法［第4版増補版］」881頁。

第1　設問1について

1　本設問で警察官は，まず，Wの目撃証言に基づき，身体拘束の
理由と必要があると判断して，適法に甲を逮捕・勾留した。

　その後の①の逮捕・勾留は，再び甲を本件被疑事実で逮捕・勾
留したものであり，再逮捕・再勾留として適法かが問題となる。　　5

2　再逮捕・再勾留は可能か，可能だとしていかなる場合に適法か。

(1)　刑事訴訟法が身体拘束期間（刑事訴訟法203条から205条まで，
208条。以下「刑事訴訟法」法名省略）を厳格に定めた趣旨は，
長期にわたる身体拘束に伴う被疑者の人権侵害の回避にある。
そのため，原則として同一被疑事実での再逮捕・再勾留は認め　　10
られないと解する。

　他方，捜査は流動的であり，再度の身体拘束の必要が生じる
場合がある。また，条文上も再逮捕を前提とする規定が存在す
る（199条3項，規則142条1項8号）。再勾留についても，こ
れを禁止する規定はなく，逮捕と勾留は密接に関連する。　　15

　そこで，再逮捕・再勾留は例外的に認めうると解する。

(2)　この例外は，身体拘束期間を定めた趣旨や逮捕の不当な蒸し
返しによる人権侵害の防止という199条3項等の趣旨に反しな
い，再度の身体拘束に合理的理由のある範囲で認めるべきであ
る。　　20

　そこで，㋐新証拠の発見や新事実の判明などの新事情が存在
し，㋑再逮捕の必要性の程度や被疑者の被る不利益等を考慮し，
再逮捕が真にやむをえない場合には，逮捕の不当な蒸し返しと
いえず再逮捕の合理的理由があり，例外的に再逮捕が認められ
ると解する。また，再勾留は，勾留期間が長く被疑者の不利益　　25
が大きいから，再逮捕の基準を前提に，より厳格な運用をすべ
きであると解する。

3　では，本設問①の逮捕・勾留が適法か，上記基準で検討する。

(1)　まず，本設問の逮捕についてみると，甲の釈放後，甲がV方
で盗まれた彫刻1点を，犯行からわずか4日後にL県内の古美　　30
術店に売却した事実が判明した。この事実は，甲が被害品を近
接所持していたことを示すものであり，甲の犯人性を基礎づけ
る重要な新事実の判明といえ，新事情が認められる（㋐）。

　本設問の被疑事実は，放火という重大犯罪を含むから，事案
解明の必要性が高い。また，甲が単身居住していて，本件前科　　35
を有することから，逃亡のおそれが高いといえる。他方，逮捕
での身体拘束は短く，不利益は比較的小さい（㋑）。したがっ
て，再逮捕は真にやむをえないといえる。

　よって，①逮捕は，身体拘束を不当に蒸し返さず適法である。

(2)　次に，本件勾留についてみると，上記のとおり，甲がV方で　　40
盗まれた彫刻1点をL県内の古美術店に売却した事実の判明は，
重大な新事情といえる（㋐）。また，本件では，甲が彫刻を売却
した事実を前提とした犯罪捜査は何らされていないから，甲に
よる罪証隠滅を防止しつつ捜査を継続する必要性はきわめて高い。

（右段の注記）

➡問題提起

➡趣旨からの論述

➡原則

➡必要性
➡許容性
➡条文の摘示

➡規範

➡再勾留の特殊性に着目

➡逮捕についてのあては
め

➡逮捕についての結論
➡勾留についてのあては
め

　　　　他方，本件勾留を認めると，当初の勾留とあわせて勾留期間 45
　　が20日間を超えることとなり，甲の不利益が大きいともいえる
　　（⑦）。しかし，上記のとおり再度の身体拘束の高度の必要性
　　があることを考えれば，甲の不利益を考慮してもなお，犯罪捜
　　査の継続はやむをえない。
　　　　よって，①勾留は，身体拘束を不当に蒸し返さず適法である。50　⇒勾留についての結論
　（3）　以上から，本件①の逮捕・勾留は，いずれも適法である。　　⇒形式的に問いに答える
第2　設問2について
1　本件判決書謄本（以下「本件謄本」という）は，伝聞書面（320
　条1項）である。しかし，これは判決という「職務上証明するこ
　とできる事実」について「公務員」である裁判官が作成した書面 55
　であるから，323条1号により証拠能力が認められる。　　　　　　⇒適切な条文摘示
2　しかし，検察官は，甲が公訴事実の犯人であることを立証する
　目的で本件謄本の証拠調べを請求している。そこで，本件謄本を
　犯人性に関する証拠とすることができるか，前科事実に法律的関
　連性が認められるか問題となる。　　　　　　　　　　　　　　　60
　（1）　この点，前科に関する証拠を提出する場合には，被告人の前　　⇒具体的推認過程
　　科事実から，被告人には同種犯罪を行う悪性格があるという間
　　接事実が推認され，その悪性格から公訴事実における犯人性が
　　推認されるという2段階の推認過程をたどることになる。しか
　　し，上記の2段階の推認過程は，いずれも確実性がさほど高い 65
　　わけではなく，不当な予断や偏見を与える危険を有する。そこ
　　で，前科に関する証拠は，他の事件の犯人性を立証するための
　　証拠としては，原則として証拠能力が否定されると解する。
　　　もっとも，前科事実から，確実性の高い経験則に基づき，公
　　訴事実における犯人性が合理的に推認できる場合には，推認の 70
　　過程において予断や偏見が問題とならないことから，前科事実　　⇒規範
　　に法律的関連性が認められる。具体的には，同種前科が顕著な
　　特徴を有し，それが起訴にかかる犯罪事実と相当程度類似する
　　ことから，それ自体で両者の犯人が同一であることを合理的に
　　推認させる場合には，法律的関連性が認められると解する。　 75
　（2）　本問では，被告人の前科事実と本件被疑事実は，㋐住居に侵　　⇒あてはめ
　　入し，美術品の彫刻を盗む点，㋑ウィスキー瓶にガソリンを入
　　れた手製の火炎瓶を使用して住宅に放火している点で，相当程
　　度類似しているといえる。しかしながら，㋐の点は，美術品の
　　彫刻を盗むという点で多少の特殊性はあるが，単純な住居侵入 80
　　窃盗であり，顕著な特徴があるとまではいえない。また，㋑の
　　点も，放火の手段として容易なものであり，何人でも行える態
　　様といえ，顕著な特徴があるとはいいがたい。
　　　そのため，本件前科それ自体で公訴事実における犯人性を合
　　理的に推認させるとはいえない。したがって，本件謄本は，法 85
　　律的関連性が否定され，証拠能力を有しない。
3　よって，裁判所は，本件謄本を甲が前記公訴事実の犯人である　　⇒結論
　ことを立証するために用いることは許されない。　　　　　　以上

第1　設問1
　本件被疑事実については，すでに平成28年3月23日に逮捕，25日に勾留が行われているため，これを被疑事実とする下線部①の逮捕及び勾留は再逮捕，再勾留に当たる。このような逮捕，勾留は適法か。 5
　1　同一の被疑事実につき逮捕，勾留を繰り返すことは，法が厳格な身体拘束期間（203条以下）を設け被疑者の人権保障を強く保護する趣旨を没却するため，再逮捕，再勾留は許されないのが原則である。もっとも，再逮捕についてはこれがなされることが前提とする規定が置かれており（199条3項，規則142条1項8号）， 10一定の場合許容されてよい。そこで，㋐先行する身体拘束後に被疑事実に関連した新事情または新証拠が出現し，㋑従前の捜査状況，被疑事実の重大性等を考慮し再逮捕が不当な蒸し返しといえない場合には，例外的に適法となると解する。
　　　また，再勾留についても，これを禁止する規定がない以上，法 15は一定の場合これを許容する趣旨であると考えられるため，上記㋐㋑をみたす場合には例外的に適法となると解する。ただし，勾留は期間が長期にわたり，被疑者の人権侵害のおそれが強いから，不当な蒸し返しといえるかどうかについては厳格に判断するものと解する。 20
　2　これを本件についてみる。
　⑴　まず逮捕についてみると，甲の釈放後に，甲が3月5日にV方で盗まれた彫刻を古美術店に売却していたことが判明している。被害品を事件からわずか4日後に処分していることは，甲が本件被疑事実の犯人であることを推認させる重要な証拠であ 25り，上記事情の判明をもって被疑事実に関連した新事情，新証拠が出現したといえる（㋐）。また，被疑事実は窃盗および現住建造物放火であり，長期が死刑にわたる極めて重い犯罪であるため，事案を解明する必要性は極めて高い。他方，判明した新事情はH県から離れたL県での出来事であり，先行する身体 30拘束期間中に発見できなかったこともやむを得ないといえる。したがって，再逮捕をすることは不当な蒸し返しとはいえない（㋑）。
　⑵　次に勾留についてみる。新事情，新証拠の出現については，逮捕と同様である（㋐）。㋑については，先行する勾留が最長 35期間として許される（208条参照）20日間めいっぱい行われていることから，極めて厳格に判断すべきである。しかし，前述のとおり，被疑事実が極めて重いこと，判明した新事情がH県から離れた他県での出来事であり，先行する身体拘束中に発見できなかったことがやむを得ないことを考慮すれば，なお不当 40な蒸し返しとみることはできない。
　3　以上より，下線部①の逮捕及び勾留はいずれも適法である。
第2　設問2
　刑罰権の存否及び範囲を画する事実の証明は，適式な証拠調べを

（右段・注釈）

㋐△先行する身体拘束の適法性について言及されていると，なおよい。採点実感参照

㋐○原則の摘示OK

㋐○条文の摘示OK
㋐○例外的要件の明示OK

㋐○具体的に事実を拾い丁寧に評価できている
㋐○犯行から売却までの日数に着目できている

㋐○勾留期間日数に触れており，数字を意識してあてはめに用いる姿勢がよい

経た証拠能力ある証拠によらなければならない（厳格な証明，317　45
条）。本問では，甲の犯人性という主要事実を証明するために下線
部②の判決書謄本（以下「本件証拠」）を用いようとしているため，
証拠能力が認められなければならない。

1　まず，本件証拠は，公判廷外の供述を内容とし，かつ，甲の犯　50
　人性という要証事実との関係で当該供述の真実性が問題となる伝
　聞証拠（320条1項）にあたるため，証拠能力が否定されるのが
　原則である。しかし，判決書謄本は「公務員」たる裁判官が職務
　上証明できる事実について作成した書面であるから，323条1号
　の適用がある。したがって，この点で証拠能力が否定されること　55
　はない。

2　次に，本件証拠は前科を内容とすることから，法律的関連性が
　認められず証拠能力が否定されないか。

　⑴　前科の存在による犯罪事実の証明は，実証的根拠に乏しい人
　　格的評価が介在し，事実認定を誤らせるおそれが高いため，前
　　科を内容とする証拠については法律的関連性が否定されるのが　60
　　原則である。もっとも，前科の内容が顕著な特徴を有し，これ
　　と証明対象となる公訴事実とが相当程度類似している場合には，
　　証明に人格の評価を介在しないため，例外的に法律的関連性が
　　否定されないと解する。

　⑵　これを本件についてみる。本件前科の内容は，住宅に侵入し　65
　　て美術品の彫刻を盗むこと，ウィスキー瓶にガソリンを入れた
　　手製の火炎瓶を使用して放火することという特徴があり，本件
　　公訴事実もこれと同じ特徴を有し，本件前科と相当程度類似し
　　ているといえる。問題は，上記特徴が顕著な特徴といえるかど
　　うかである。美術品の彫刻は価値が高いものが多く，これを盗　70
　　むこと自体は特徴的とはいえない。また，窃盗後に証拠隠滅の
　　ため放火することも異常ではないし，どこでも入手可能なウィ
　　スキー瓶を利用した手製の火炎瓶を使用し放火を行うことも顕
　　著な特徴とまではいえない。

　⑶　以上より，本件証拠は法律的関連性が認められないため証拠　75
　　能力が否定され，これを甲の犯人性の立証に用いることは許さ
　　れない。

以上

⬅○正確に伝聞例外を検
討できている

⬅○判例を意識した論証
ができている

⬅○自分なりの評価を加
えたあてはめができて
いる

　本問は，犯人がV方に侵入し，彫刻１点を窃取し，手製の火炎瓶を用いて同方への放火に及んだ事件について，上記被疑事実で逮捕・勾留されるも処分保留で釈放された甲が，再逮捕・再勾留された後，同事実で公判請求され，検察官が同種前科の内容が記載された判決書謄本の証拠調べ請求を行ったとの事例において，同一被疑事実による再逮捕・再勾留の可否及び前科証拠による犯人性の立証の可否並びにこれらが認められる場合の要件を検討させることにより（なお，前科証拠による犯人性の立証の可否等に関し，最判平成24年９月７日刑集66巻９号907頁参照。），被疑者に対する身柄拘束処分及び証拠の関連性に関する各問題点について，基本的な学識の有無及び具体的事案における応用力を試すものである。

優秀答案における採点実感 ▐▐▐

1 全体

　各設問における論証をみると，判例・裁判例をふまえた論述がなされており，刑事訴訟法の基本的知識が備わっていることが伝わってくる。

　また，あてはめについて各問を通じて，事実を摘示するのみならず，事実に自分なりの「評価」を加えるという姿勢がうかがえる。合格のために必要な姿勢といえるので，優秀答案を参考にしてほしい。

2 設問１

　設問１については，再逮捕・再勾留が原則として認められないこと，例外的に認められる場合の要件を明示したうえ，具体的に事実を拾い評価を加え，結論を導いており，高い実力があるといえる。

　再逮捕が適法となる例外的な場合の要件については，現場で考えた答案であれば十分なものになっている。法の趣旨，原則から判断基準を定立するという姿勢が現れており，よい評価になると思われる。もっとも，先行する身体拘束が適法な場合と違法な場合によって，再逮捕・再勾留の要件が変わりうるところであるため，先行する身体拘束の適法性について言及されていると，なおよかっただろう。

　あてはめの部分では，問題文中に現れた事実を拾い，評価を加えるという作業を１つずつ丁寧に行っており，印象がよい。犯行から売却までの日数，勾留期間日数など，数字を意識してあてはめに用いる姿勢は，ほかの問題でも有効であるため，常に意識しておく必要があろう。

3 設問２

　設問２については，全体として触れるべき点に触れられており，優秀答案といえる。

　本件判決書謄本が伝聞証拠であることに気づいており，なおかつ適切に伝聞例外の条文（323条１号）を引用できており，十分能力があることがうかがえる。

　また，前科の内容が記載されている点については，「顕著な特徴」・「相当程度類似」というキーワードを用いており，平成24年判例を意識した論述がなされていることが明白である。この点で，最新判例のチェックを行っていることを示すことができており印象がよい。ここで，判例を意識した論述ができないと，上位答案にはならないと考えられる。

　平成24年判例を意識して，規範を定立した後のあてはめについては，問題文の事実に自分なりの評価を加えている点は，高い評価を得るだろう。美術品の彫刻は「価値が高いものが多く」，「窃盗後に証拠隠滅のため放火することも異常ではない」し，「どこでも入手可能なウィスキー瓶を利用した手製の火炎瓶を使用」という評価を加えて，顕著な特徴にあたらないとしている。事実を引用するだけではなく，評価を加えることは常に意識しておく必要がある。

次の記述を読んで，後記の設問に答えなさい。

　警察官は，甲が，平成23年7月1日にH市内において，乙に対して覚せい剤10グラムを30万円で譲渡したとの覚せい剤取締法違反被疑事件につき，甲宅を捜索して現金の出納及び甲の行動等に関する証拠を収集するため，H地方裁判所裁判官に対し，捜索差押許可状の発付を請求した。これを受けてH地方裁判所裁判官は，罪名として「覚せい剤取締法違反」，差し押さえるべき物として「金銭出納簿，預金通帳，日記，手帳，メモその他本件に関係ありと思料される一切の文書及び物件」とそれぞれ記載した捜索差押許可状を発付した。

〔設問1〕
　この捜索差押許可状の罪名及び差し押さえるべき物の記載は適法か。

〔設問2〕
　仮に，捜索差押許可状の記載が適法であったとして，警察官が，この捜索差押許可状に基づき，甲宅を捜索した際に，「6/30　250万円　丙から覚せい剤100グラム購入」と書かれた，メモを発見した場合，これを差し押さえることができるか。

(参照条文) 覚せい剤取締法
第41条の2第1項　覚せい剤を，みだりに，所持し，譲り渡し，又は譲り受けた者（第42条第5号に該当する者を除く。）は，10年以下の懲役に処する。

答案構成用紙

①　はじめに

本問は問題文が短く，かつ，設問も２つに分かれているため，何を書くべきかについて迷うことはないと思われる。また，関連する判例も基本的なものであるから，それを理解したうえでの論述が求められる。

②　設問１

1　罪名の記載について

本件捜索差押許可状の罪名は「覚せい剤取締法違反」と記載されており，「覚醒剤取締法第41条の２第１項」という具体的な罰条の記載がない。そのため，覚醒剤取締法のような特別法違反の場合に具体的な罰条の記載まで必要と解するのであればこの記載では不十分であり，違法ということになる。すなわち，具体的な罰条の記載まで必要か，違反する法令名の記載のみで足りるか，というのが問題の所在である。この点については，判例と有力説との結論が異なるため，まずは自分の立場を明確に示す必要がある。

判例（最大決昭和33年７月29日）は，法令名の記載のみで足りるとする。この立場をとるにあたっては，以下のような理由づけをすることになるだろう。それは，①憲法35条は，捜索・差押えについて令状が正当な理由に基づいて発せられたことを明示することまでは要求しておらず，その令状に罪名を記載するにあたっては適用法条の記載までは要求していないこと，②令状の記載全体を見れば令状の流用は防止できること，である。

これに対し，有力説は，特別法違反の場合でも，具体的罰条の記載まで必要とする。その立場からは，罪状を記載する趣旨は令状の流用を防ぐことにあり，具体的な罰条が示されなければ令状の流用を防げないこと，を理由としてあげることになる。

いずれの説に立って論じてもよいが，上記のように争いのあるところであるから，自説について理由づけすることを忘れないようにしたい。また，判例と異なる立場をとる場合でも，まずは簡単に判例の考え方にも言及することが望ましい。その書き方については答案例を参考にしていただきたい。有力説を採用する場合でも判例に触れることにより，判例を知ったうえで別の立場をとっているということを採点者に伝えることができ，不要な減点を避けることができるからである。このことは，本論点を書く場合にかぎらず，判例と異なる立場をとる場合には常に妥当する。

2　差し押さえるべき物の記載について

憲法35条１項は，「押収する物」を令状に「明示」することを要求している。本件捜索差押許可状において「差し押さえるべき物」（219条１項）は，「金銭出納簿，預金通帳，日記，手帳，メモその他本件に関係ありと思料される一切の文書及び物件」と記載されている。この記載のうち，「その他本件に関係ありと思料される一切の文書及び物件」という部分は，概括的な記載である。このような記載が「押収する物」の「明示」にあたるか，その記載の適法性が問題になる。判例は本問のような概括的な記載について，それが「具体的な例示に附加されたものであって」，被疑事実に関係があり，かつ例示された物件に準じるような物件をさすことが明らかであるから，差し押さえるべき物の明示に欠けることはないとした。この判例に対しては批判もあるが，答案では判例を意識した規範を立てれば十分であろう。規範を導くための理由づけについては，差し押さえるべき物の記載を求める法の趣旨から論じるとよい。この点の論じ方については答案例を参考にしてほしい。

③　設問２

本設問では，設問１で問題となった令状の記載を前提に，甲宅で見つかったメモ（以下「本件メモ」という）を差し押さえることができるかが問われている。令状の発付段階と令状の執行段階とでは，問題となる点が異なるため，これらの違いをあらかじめ理解しておく必要がある。もっとも，本問では両段階について明示的に区別して問われているから，この点で迷うことはないであろう。

差押えの要件としては，⑦令状に明示された物件であること，が当然必要であるが，さらに，⑦令状記載の被疑事実との関連性がなければならない（222条１項本文前段・99条１項）。

本問についてこれをみると，㋐については，本件令状に「メモ」という例示があるため，問題がないと思われる。

　㋑について，関連性のある物件としては，被疑事実の直接証拠と間接証拠とがその典型である。これに対し，背景証拠や情状証拠については，一概に関連性ありとするかは争いもある。もっとも，本件メモは，答案例のように間接証拠にあたると考えられるから，この点については深く立ち入ることなく，直接証拠・間接証拠であれば関連性が認められるということを端的に示せばよいであろう。

　本件メモは被疑事実である覚醒剤の譲渡そのものについて記載されているわけではないから，単にその記載を引用するだけで関連性ありとすることはできない。そのため，あてはめにおいては，どういった事実をどのように推認することができるかを丁寧に説明する必要がある。この推認のあり方は１つにかぎられないため，自分の考えをわかりやすく説明すればよい。この点をうまく論述できれば，周囲と差をつけることができるであろう。

【関連判例】

最大決昭和33年７月29日刑集12巻12号2776頁（判例シリーズ12事件）

【参考文献】

試験対策講座５章４節①【１】(2)(a)・(c)。判例シリーズ12事件。条文シリーズ99条，219条，222条。

答案例

第1　設問1について
　1　罪名の記載について
　　　本件捜索差押許可状においては，「罪名」（刑事訴訟法219条1項。以下「刑事訴訟法」法名省略）として「覚せい剤取締法違反」とのみ記載されており，法律名の記載しかない。そこで，捜索差押許可状における罪名の記載として具体的罰条の記載が必要かが問題となる。

➡問題の所在

➡問題提起

　　⑴　この点について，判例は，憲法35条が具体的罰条の記載を要求していないこと等を根拠に，特別法については法令名のみの記載でも適法とする。

➡判例（最大決昭和33年7月29日〔判例シリーズ12事件〕）への言及

　　　　しかし，219条1項が「罪名」を記載要件とする趣旨は，令状が他事件の捜査に流用されることを防止するために，被疑事件を特定するという点にある。このような趣旨にかんがみれば，特別刑法犯についても具体的罰条の記載が不可欠と解する。

➡自説の理由づけ

➡自説

　　⑵　これを本問についてみると，本件捜索差押許可状においては，「罪名」として「覚せい剤取締法違反」とのみ記載されており，法令名の記載しかない。

➡あてはめ

　　⑶　よって，本件捜索差押許可状の「罪名」の記載は，違法である。

➡結論

　2　差し押さえるべき物の記載について
　　　本件捜索差押許可状は「差し押さえるべき物」（219条1項）として「その他本件に関係ありと思料される一切の文書及び物件」との概括的な記載をしている。そこで，このような概括的記載が許されるのかが問題となる。

➡問題の所在

➡問題提起

　　⑴　この点について，令状主義の趣旨は，一般的・探索的捜索を防止する点にあるから，「差し押さえるべき物」の記載はできるかぎり個別的・具体的に特定してなされるのが望ましい。

➡趣旨からの帰結

　　　　もっとも，令状発付の判断の際には，差押え対象物の性質や形状等の詳細が判明しておらず，ある程度概括的な記載にならざるをえない。そこで，具体的例示を伴っており，かつ「本件」の内容が明らかであるかぎり，上記概括的記載も許されると解する。

➡不都合性

➡修正

　　⑵　これを本問についてみると，本件捜索差押許可状においては，「金銭出納簿，預金通帳，日記，手帳，メモ」といった具体的な差押え対象物が例示されており，具体的例示が伴っているといえる。

➡あてはめ

　　　　しかし，「罪名」の記載として法律名の記載しかなく，本件捜索差押許可状の記載から「本件」の内容が明らかであるとはいえない。

　　⑶　よって，本件の捜索差押許可状における「差し押さえるべき物」の概括的な記載は違法である。

➡結論

第2　設問2について
　　　本件捜索差押許可状に基づいて本件メモを差し押さえるためには，①本件メモが「差し押さえるべき物」にあたること，②本件メモと

➡差押えの要件

本件被疑事実との間に関連性が認められること（222条1項本文前段・99条1項）が必要である。

1　まず，本件捜索差押許可状においては「差し押さえるべき物」として「メモ」があげられており，本件メモは「差し押さえるべき物」に該当する。

2　次に，本件メモと本件被疑事実との間に関連性が認められるといえるか。

　(1)　この点について，被疑事実の直接証拠，間接証拠であれば，当該証拠物件は被疑事実と関連性を有するものと解する。

　(2)　これを本問についてみると，本件メモは，甲が丙から6月30日に250万円で覚醒剤100グラムを購入した事実を推認させる証拠となるにすぎず，本件被疑事実たる，7月1日に乙に対して覚醒剤10グラムを30万円で譲渡した事実と関連性を有するものではないとも思える。

　　しかし，6月30日は本件被疑事実において覚醒剤譲渡を行ったとされる日の前日であることから，ここで入手した覚醒剤を本件乙への譲渡に用いたことが強く推認される。また，その量も100グラムと多量であることから，甲は上記覚醒剤購入を転売目的で行ったと考えられる。さらに，その金額についてみても，本件メモの記載によれば，甲は覚醒剤を1グラムあたり2万5000円で購入し，他方，本件被疑事実では，甲は1グラムあたり3万円の価格で覚醒剤を譲渡している。このことからすると，甲が被疑事実の記載どおり覚醒剤の譲渡を行っていたとすれば，1グラムあたり5,000円の利益を得ていたことになる。このような事情から，甲は上記覚醒剤購入を転売目的で行ったと考えられる。

　　これらの事情に照らすと，甲は本件被疑事実である乙に対する覚醒剤譲渡のための覚醒剤の入手ルートとして，丙から覚醒剤を譲り受けたことが強く推認され，本件メモはこのような入手ルートの存在を証明する証拠となる。そして，覚醒剤譲渡のためには覚醒剤を入手することが必要である以上，覚醒剤入手ルートの存在の事実は，覚醒剤譲渡の事実を推認させる間接事実となる。そうだとすれば，本件メモはこのような間接事実を証明する間接証拠となる。

　　また，本件メモから甲が覚醒剤との関わりを有していたことが推認されるのであり，この関わりがあった事実は被疑事実たる覚醒剤譲渡の事実を一定程度推認させる。

　　したがって，本件メモは，甲が覚醒剤との関わりを有していたという間接事実を証明する間接証拠ともいえる。

　(3)　よって，本件メモは本件被疑事実の間接証拠にあたり，本件被疑事実と関連性を有するといえる。

3　以上より，本件メモは本件捜索差押許可状に基づき適法に差し押さえることができる。

以上

➡端的な認定

➡問題提起

➡規範定立

➡あてはめ
➡反対の結論への配慮

➡自分の言葉でわかりやすく説明する

➡推認過程を説明

➡別の推認過程の説明

➡結論

➡形式的に問いに答える

1 設問1について

(1) 罪名の記載について

本問では，捜索差押許可状（憲法35条，法219条1項）の罪名として，「覚せい剤取締法違反」とだけ記載されている。そこで，かかる記載は適法か。具体的罰条の記載の要否が問題となる。 5

ア　この点，判例は，憲法35条が具体的罰条の記載を要求していないこと等を根拠に，かかる記載も適法とする。

⇦○判例の見解に言及できている

しかし，法219条1項が「罪名」を記載要件とする趣旨は，令状が他事件の捜査に流用されることを防止する点にある。しかるに，具体的罰条の記載がないと，およそ当該特別法違反の 10 捜査に令状が流用されうる。

⇦○趣旨から端的に理由づけしつつ，自説を示すことができている

そこで，具体的罰条の記載が必要と考える。

イ　本問では，上述のように「覚せい剤取締法違反」と記載されているのみで具体的罰条が記載されていない。

したがって，本件罪名の記載は219条1項に反し違法である。 15

(2) 差し押さえるべき物の記載について

本問では，差し押さえるべき物として「その他本件に関係ありと思料される一切の文書及び物件」との概括的記載がなされている。そこで，かかる記載は適法か。差し押さえるべき物の特定の程度が問題となる。 20

⇦△ここで219条1項を摘示できるとよかった

ア　たしかに，かかる特定は憲法35条1項も要請しているため，可能な限り個別具体的に特定すべきである。

もっとも，捜査の初期段階では具体的な物が判明していない場合が多く，あまりに厳格な特定を要求すると，捜査の必要性・真実発見（法1条）が害される。 25

そこで，概括的記載であっても，①具体的例示に付加されたものであり，②被疑事実の記載等から「本件」の内容が明らかであれば，「差し押さえるべき物」（219条1項）の特定として足りると考える。

⇦○判例を意識した規範を立てることができている

イ　本問を見るに，本件捜索差押許可状には，金銭出納簿，預金 30 通帳等の記載があり，具体的例示に付加されたものといえる（①充足）。また，甲が平成23年7月1日にH市内において，乙に対して覚醒剤10グラムを30万円で譲渡したとの被疑事実の記載から，「本件」の内容は明らかといえる（②充足）。

したがって，差し押さえるべき物の特定として足り，本件記 35 載は適法である。

2 設問2について

(1) 本問捜索差押許可状の差し押さえるべき物には「メモ」が含まれているものの，警察官が発見したメモの記載内容は，本件の甲の被疑事実とは，日時，値段，主体，量が異なっている。そうす 40 ると，かかるメモは「本件に関係あり」とはいえず，これを本問捜索差押許可状に基づき差し押さえることはできないとも思える。

⇦○問題の所在をわかりやすく示すことができている

しかし，メモの記載内容が形式的には被疑事実と異なっていても，実質的には被疑事実と関連すると疑うに足りる合理的理由が

ある場合にまで，メモを差し押さえることができないのでは，捜 45
査の必要性・真実発見が害される。

　そこで，メモの記載内容が実質的には被疑事実に関連すると疑
うに足りる合理的理由がある場合には，かかるメモも「本件に関
係あり」として差し押さえることができると考える。

←○不都合性を示したう
えで規範を定立できて
いる

(2)　本問をみるに，警察官が発見したメモに記載された6月30日と 50
いう日時は，甲が乙に覚醒剤を譲渡したとされる7月1日の前日
である。また，本件甲の被疑事実は，乙に対して，覚醒剤10グラ
ムを30万円で譲渡したというものであるところ，本問メモの250
万円，丙から覚醒剤100グラムとの記載は値段がその，およそ10
倍程度であり，量も10倍である。とすると，本問メモの記載から 55
は，甲が丙から250万円で購入した覚醒剤100グラムの10分の1を，
翌日，乙に対して，転売利益5万円で譲渡したとの事実を推測さ
せ，これは本件甲の被疑事実と整合するといえる。また，6月30
日から7月1日の1日間でかような取引が頻繁に行われるとは思
えない。そうすると，本問メモの記載内容は，実質的には甲の乙 60
に対する覚醒剤譲渡の被疑事実に関連すると疑うに足りる合理的
理由があるといえ，「本件に関係あり」として差し押さえるべき
物に含まれるといえる。

←○具体的事案に対する
検討を丁寧にしており，
内容も適切である

←○自分で立てた規範に
対応させている

　よって，警察官は本問捜索差押許可状に基づき，かかるメモを
差し押さえることができる。 65

以上

　本問は，覚せい剤取締法違反被疑事件の捜査における捜索差押えを題材として，特別法違反事件に関する捜索差押許可状の「罪名」及び「差し押さえるべき物」の各記載の適法性を問うとともに，捜索の過程で発見された具体的な物件が当該捜索差押許可状記載の「差し押さえるべき物」に該当するか否かを検討させることにより，令状主義の趣旨と捜索差押えについての基本的な知識の有無及び具体的事案に対する応用力を試すものである。

優秀答案における採点実感 ‖‖

①　全体

　この答案は全体的に簡潔な記述で，問題となるところにすべて言及できている。記述が簡潔であれば，その読みやすさゆえに考えていることが読み手に伝わりやすく，不要な減点がなされない。また，一貫して三段論法を守って論述できていることも好印象である。

②　設問1

　この答案は，罪名の記載の要否について自己と反対の立場についても言及できている。これができている答案は，A評価の答案のなかでも多くなかった。思考過程でも述べたとおり，判例と違う立場をとる場合には判例に言及する必要があるため，この答案の記述を参考にしてほしい。

　また，差し押さえるべき物の記載についても，理由づけから規範定立までの流れがよく，読みやすい。とりわけ，この答案において読みやすさを際立たせているのは，「⑴　罪名の記載について」や「⑵　差し押さえるべき物の記載について」というトピックを示し問題となる点を読み手に伝えやすくしている点である。もちろん問題点に気づくことが一番に大切であるが，問題点に気づいた後に，それを理解していることを読み手に端的に伝えることができるよう，各自工夫をしてみてほしい。

③　設問2

　本設問についても，まず問題となる点を示し，そこから理由を述べつつ規範を定立するという流れがわかりやすい。規範は自分なりのものを，試験の現場で考えたのだと思われるが，何ら規範を立てずに関連性を論じるよりは印象がよい。さらに，関連性の認定についても，問題点に気づいて説得的な論述ができており，読み手に理解が伝わる。

　現場で未知の問題がでた際には，この優秀答案のように，問題文の事実から，問題点を抽出し，自分なりに規範をひねりだして三段論法を守って論述することが，ほかの受験生に書き負けない秘けつである。このような力をつけるためには，実際に答案を作成することが重要である。

次の【事例】を読んで，後記〔設問1〕及び〔設問2〕に答えなさい。

【事　例】
　甲は，平成27年2月1日，L県M市内の路上において，肩が触れて口論となったVに対し，携帯していたサバイバルナイフで左腕を切り付け，1か月間の加療を要する傷害を負わせた。司法警察員Pらは，前記事実で逮捕状及び捜索差押許可状（捜索すべき場所及び差し押さえるべき物の記載内容は，後記のとおり）の発付を受けた上，同月2日，甲を立ち回り先で逮捕した。また，Pらは，同日，甲と同居する乙を立会人として，甲方の捜索を行った。
　甲方の捜索に際し，Pは，玄関内において，乙に捜索差押許可状を呈示するとともに，部下の司法警察員Qに指示して，呈示された同許可状を乙が見ている状況を写真撮影した（①）。続いて，Pは，玄関脇の寝室に立ち入ったが，同寝室内には，机とベッドが置かれていた。Pは，Qに指示して，同寝室内全体の写真を撮影した上，前記机の上段の引出しを開けたが，その際，引出し内の手前側中央付近に，血の付いたサバイバルナイフを発見し，その左横に，甲名義の運転免許証及び健康保険証を認めた。Pは，その状況を写真撮影することとし，Qに指示して，前記サバイバルナイフ及び運転免許証等を1枚の写真に収まる形で近接撮影した（②）。Pは，引き続き，前記机の下段の引出しを開けたところ，覚せい剤の使用をうかがわせる注射器5本及び空のビニール小袋1枚を認めた。そこで，Pは，Qに指示して，前記注射器及びビニール小袋を1枚の写真に収まる形で近接撮影した（③）。その後，Pは，前記サバイバルナイフを押収し，捜索を終了した。
　前記サバイバルナイフに付いた血がVのものと判明したことなどから，検察官Rは，同月20日，L地方裁判所に甲を傷害罪で公判請求した。甲は，「身に覚えがない。サバイバルナイフは乙の物だ。」旨供述して犯行を否認している。

（捜索すべき場所及び差し押さえるべき物の記載内容）
捜索すべき場所L県M市N町○○番地甲方
差し押さえるべき物　サバイバルナイフ

〔設問1〕
　【事例】中の①から③に記載された各写真撮影の適法性について論じなさい。

〔設問2〕
　Pは，捜索終了後，「甲方の寝室内には，机及びベッドが置かれていた。机には，上下2段の引出しがあり，このうち，上段の引出しを開けたところ，手前側中央付近に，サバイバルナイフ1本が置かれており，その刃の部分には血液が付着していた。そして，同サバイバルナイフの左横に，甲名義の運転免許証及び健康保険証があった。」旨の説明文を記した上，【事例】中の②の写真を添付した書面を作成した。Rは，同書面によって前記サバイバルナイフと甲との結び付きを立証したいと考えた。同書面の証拠能力について論じなさい（②に記載された写真撮影の適否が与える影響については，論じなくてよい。）。

思考過程

① はじめに

　本問は，設問1が捜査分野，設問2が証拠分野の問題であり，刑事訴訟法の問題として典型的な出題形式といえる。また，内容面も基本的な知識を有していれば一定のことは書けるものである。もっとも，その知識を基礎にいかに事案に即した論述ができるかによって差がつくことになるため，高評価を狙うのであれば論じるべきところを厚く論じる必要があるだろう。

② 設問1

　1　写真撮影に関して，現行法としては218条3項に身体の拘束を受けた被疑者の写真撮影の規定があるのみである。このほかに，捜査手段としての写真撮影には3種類があるといわれる。第1は，実際に行われている犯行現場を撮影するもの（現場写真）。第2は，検証の一環として犯行現場を撮影するもの。第3は，被疑者や被害者等が捜査機関に対して犯行状況を再現してみせ，その様子を写真に撮るもの（再現写真）。本問では，第2の検証としての写真撮影が問題となっている。

　検証とは，強制処分として場所，物，人の身体の状態を五官の作用によって認識する捜査方法をいう。これにあたる場合には，原則として検証令状が必要である（218条1項）。そして，本問では写真撮影のために検証令状は発付されていない。そのため，本問における写真撮影が強制処分たる検証にあたるのであれば，令状なくしてなされた検証として，令状主義に違反するのが原則となる。この点については，本問では前提にとどまるため，端的に結論を示す必要がある。

　2　もっとも，本問では，甲について傷害を被疑事実として，甲方を捜索場所とする捜索差押許可状が発付されており，これに基づく捜索の最中に写真撮影が行われている。このことから，同令状に基づき写真撮影が許されるのではないかが問題となる。

　実務上，捜索に伴う写真撮影は認められている。学説上も，一定の場合にこれが認められることについて争いはない。その説明としては，捜索・差押えに付随する処分として許されるとするもの（最決平成2年6月27日における藤島裁判官の補足意見，東京地決平成元年3月1日，徳島地判平成10年9月11日）と，「必要な処分」（222条1項本文前段・111条1項前段）として許されるとするものとがある。いずれかの立場を示せばよいであろう。理由づけとしては，㋐捜索・差押えの際，証拠物の証拠価値を保全するため，または捜索差押手続の適法性を担保するために，写真撮影をしておく必要性は高いということ，㋑写真撮影によって被る程度のプライバシー侵害は，そもそも捜索・差押えの実施に不可避的に伴うものであるから，その捜索・差押え実施の範囲内にあるかぎりの写真撮影は，受忍限度内といえること，があげられる。

　こうした理由から例外的に許容されるものである以上，差押物の発見状況の撮影等，証拠物の証拠価値を保全する目的でなされる写真撮影や令状呈示（222条1項本文前段・110条）の状況の撮影等，捜索差押手続の適法性を担保する目的でなされる写真撮影のみが許されると解するべきであろう。

　捜索に伴う無令状の写真撮影については，平成21年の司法試験で出題されており，その出題趣旨でも「令状主義の意義と趣旨に立ち帰ってこの問題に関する各自の基本的な立場を刑事訴訟法の解釈として論ずる必要がある。その上で，例えば，捜索差押えに付随する処分として許されるとする見解からは，証拠物の証拠価値を保存するため，あるいは手続の適法性の担保のため写真撮影が許されるとの規範を定立することになろう」とされている。このことは本問でも同様であるから，参考にしてほしい。

　3　本問では，3つの写真撮影の適法性が問われている。①は手続の適法性を担保するためにされる写真撮影の典型例である。②については，令状に記載されていない運転免許証が撮影されていることから問題となる。もっとも，令状に記載があり，傷害事件の凶器と思われるサバイバルナイフとともに写真撮影がなされている点で，証拠価値の保存または捜索差押手続の適法性担保のために必要といえるであろう。③については令状に記載がなく，また，明らかに被疑事実と関係がない注射器の撮影であるから，比較的論じやすいであろう。あてはめについては問題文の事情を使いつつ，自分の言葉で評価・分析することが重要である。

③ 設問2

　本設問では，Pが作成した書面（以下「本件書面」という）の証拠能力が問われている。写真撮影の適法性が与える影響は論じなくてよいとの指示から，伝聞法則との関係のみを論じることになる。

　本件書面自体は，Pが自己の体験に基づき事実を記載した供述書であるから，伝聞法則の適用があるかが問題となる。伝聞法則の趣旨から伝聞証拠の意義を示し，それにあたるかを検討すればよい。本件書面については立証趣旨が示されていないことから，要証事実をどのように設定するかは難しいところである。本問の事案で何が問題となっていて，本件書面をどのように用いることが考えられるかを自分なりに説明できれば，十分であろう。もっとも，本件書面の説明内容が真実でなければ，何ら意味のある事実を立証できないはずであり，結論としては伝聞証拠にあたる。

　そのことを前提に伝聞例外にあたらないかを検討することになる。まず，本件書面全体について検討すると，本件書面の説明部分は検証たる写真撮影によって得られた写真を説明するものであるし，それ自体Pの五官の作用により認識した結果の記載であるから，検証の結果を記した書面といえる。そのため，321条3項の要件をみたせば証拠能力が認められる。

　次に，本件書面が全体として証拠能力が認められるとしても，写真部分が伝聞証拠にあたるのであれば，それについて別途伝聞法則の適用を検討する必要がある。しかし，写真は事物の知覚・記憶・叙述いずれの過程も機械が正確に行うため，誤りの入る余地がなく，そもそも供述証拠にあたらない。判例もそのように解する（最決昭和59年12月21日）。そのため，写真について別途伝聞法則の適用を論じる必要はないであろう。

　以上のことから，321条3項の要件をみたせば，本件書面は証拠能力が認められることになる。

【関連判例】

最決平成2年6月27日刑集44巻4号385頁（判例シリーズ23事件）
東京地決平成元年3月1日判時1321号160頁
徳島地判平成10年9月11日判時1700号113頁
最決昭和59年12月21日刑集38巻12号3071頁（判例シリーズ89事件）

【参考文献】

試験対策講座5章4節④【1】(2)，10章4節①・③【2】(5)・(7)。判例シリーズ23事件，89事件。条文シリーズ2編1章捜査■総説⑦3(1)，320条，321条。

答案例

第1　設問1について

1　写真①から③の撮影が「強制の処分」（197条1項ただし書）に該当すれば無令状で行われた本件撮影は令状主義（憲法35条，刑事訴訟法218条1項。以下「刑事訴訟法」法名省略）に反し，違法となる。 → 問題点の抽出

　⑴　この点について，強制処分とは，相手方の意思に反して，重要な権利・利益の制約を伴う処分をいうと解する。 → 規範定立

　⑵　本件写真撮影は，少なくとも甲または乙の黙示の意思に反する。また，Pらはマンション内で写真撮影をしており，甲または乙のプライバシー権（憲法13条後段参照）という憲法上保障された権利が制約されている。したがって，本件写真撮影は重要な権利・利益の制約を伴う処分といえる。 → あてはめ

　⑶　そうすると，かかる写真撮影は「強制の処分」にあたるため，違法とも思える。 → 結論

2　もっとも，捜索・差押えに付随する処分として許容されないか。 → 問題提起

　⑴　たしかに，令状主義の趣旨は，令状裁判官による事前の司法審査を経ることによって捜査機関の公権力濫用を防止する点にある。しかし，証拠物の証拠価値保全や手続の適法性担保のため，捜索に伴い写真撮影をする必要性は高い。また，写真撮影により被るプライバシー侵害は捜索実施に不可避的に伴うものであり，受忍限度内にあるものといえるから，これを許したとしても公権力の濫用を防止できる。 → 趣旨からの理由づけ

　　　そこで，㋐証拠物の証拠価値を保存する目的，または㋑手続の適法性を担保する目的でなされる写真撮影は，例外的に捜索・差押えに付随する処分として許されると解する。 → 規範定立

　⑵　これを写真①から写真③の撮影について，検討する。

　　ア　まず，写真①はPが乙に令状を呈示している状況を撮影したものである。そして，乙は甲と同居しており，甲方の直接の支配者といえるから，「処分を受ける者」（222条1項本文前段・110条）にあたる。したがって，写真①の撮影は，令状呈示の適法性を担保するためになされたといえ，㋑手続の適法性を担保する目的での撮影にあたる。 → 写真①についてのあてはめ

　　イ　次に，写真②は，サバイバルナイフ（以下「ナイフ」という）および甲名義の運転免許証等を近接撮影したものである。そして，ナイフは令状記載物件に該当し，かつ，甲の被疑事実で用いられたとされている凶器と同様の種類であることから関連性も認められ，証拠物にあたる。また，発見された時点から血がナイフに付着していたことに証拠価値があり，これを写真撮影によって保存する必要がある。 → 写真②についてのあてはめ

　　　　これに対し，運転免許証等は，令状記載物件にはあたらないものの，本人の身分を証明し，通常所有者の管理下に置かれるものであり，それがナイフと同じ引出し内にあったという事実から，ナイフが甲の所有物であるということが推認できる。そのため，ナイフと運転免許証等が同じ場所で発見さ

れた客観的状況それ自体に，証拠価値が認められるといえる。45
　　　したがって，写真②の撮影は，ナイフという⑦証拠物の証
　　拠価値を保存する目的で行われたといえる。
　　ウ　最後に，写真③の被写体は令状記載物件に該当せず，その　　➡写真③についてのあて
　　撮影は⑦証拠物の証拠価値を保存する目的でなされたとは　　はめ
　　えない。また，このような撮影で①手続の適法性を担保する　50
　　ことにもならない。
　3　以上より，写真①②の撮影は適法，③の撮影は違法である。　　➡結論
第2　設問2について
　1　Pが作成した書面全体について
　⑴　同書面はPが作成した書面であるが，これは伝聞証拠（320　55　➡問題提起
　　条1項）に該当し証拠能力が否定されないかが問題となる。
　　ア　伝聞証拠とは，反対尋問等により原供述内容の真実性を吟　　➡伝聞証拠の定義
　　味することができない証拠，すなわち公判廷外の供述を内容
　　とし，要証事実との関係でその供述内容の真実性の証明に用
　　いられる証拠をいうと解する。　　　　　　　　　　　　　　60
　　イ　本問では，同書面はPが知覚，記憶した公判廷外での写真　　➡あてはめ
　　撮影の結果の供述であるし，また，要証事実はナイフと甲と
　　の結びつきであり，それは説明部分が真実でないと証明でき
　　ないため，同書面は内容の真実性を証明するための証拠であ
　　るといえるから，伝聞証拠にあたる。　　　　　　　　　　　65　➡結論
　⑵　もっとも，321条3項により証拠能力が認められないか。　　　➡問題提起
　　ア　同項の検証とは，場所，物，人の身体の状態を五官の作用　　➡検証の定義
　　で認識する処分をいう。
　　　　同書面は，写真撮影により得られた写真に説明文を付した　　➡書面が検証調書である
　　ものであるところ，写真撮影は，捜索・差押えに付随するも　70　こと
　　のとはいえ，ナイフと運転免許証等についての状態を視覚的
　　に認識する行為であるし，説明文は，写真撮影当時のこれら
　　の状況について視覚的に認識した結果を記すものといえる。
　　　　それゆえ，同書面は検証の結果を記載した書面といえるか
　　ら，321条3項の書面にあたる。　　　　　　　　　　　　　75
　　イ　よって，作成者たるPが公判期日に真正作成供述，すなわ　　➡証拠能力が認められる
　　ち作成名義の真正と記載内容の真正を供述した場合には，同　　場合
　　書面全体につき証拠能力が認められる。
　2　写真部分について
　　では，同書面に添付された写真について，別途伝聞法則が適用　80　➡問題提起
　され，この部分の証拠能力が認められないのではないか。
　⑴　この点について，写真撮影は，知覚・記憶・叙述の各過程を　　➡写真が供述証拠でない
　　いずれも機械が正確に行うため，誤りが介在するおそれは生じ　　こと
　　ない。そのため，写真自体は非供述証拠である。
　⑵　したがって，写真部分は伝聞証拠ではなく，同書面と一体の　85
　　ものとして証拠能力が認められる。
　3　よって，Pが前述の真正作成供述をすれば証拠能力が認められ　　➡結論
　る。　　　　　　　　　　　　　　　　　　　　　　　　　以上

第1　設問1
1　①の適法性
⑴　写真撮影は，人の五官の作用によって，場所や物の状態を認
　識するための行為であるため，検証としての性格を有する。①
　の行為は，甲方住居の玄関内で強制的に行われているものであ
　って強制処分（刑事訴訟法（以下，省略する。）197条1項但
　書）にあたるため，検証令状（218条1項）を得なければなら
　ないのが原則である。

　　もっとも，本事例では適法に捜索差押許可状の発付を受けた
　上で行われた捜索差押えに付随して行われたものである。捜索
　差押えの過程においては手続の適正を担保し，証拠価値を保全
　するために写真撮影をする必要がある場合がある。他方，写真
　撮影によるプライバシー等の侵害は，通常は捜索差押えによる
　侵害よりも小さく，実施の範囲内といえる限り受忍限度内であ
　るといえる。

　　したがって，上記必要性があり，捜索差押えの実施の範囲内
　であって相当と認められる場合には「必要な処分」（222条1項，
　111条1項）として許容される。
⑵　①は，令状の呈示（222条1項，110条）の様子を撮影したも
　のであり，手続の適正を担保し，証拠化するために必要である。
　また，玄関内に立ち入った時点でのもので，特別に保護すべき
　プライバシー侵害を伴うものではないため相当性も認められる。
⑶　したがって，①は適法である。
2　②の適法性
⑴　差し押さえた後の押収物については写真撮影が可能であるか
　ら，差押えの対象物自体については，現場における写真撮影も
　可能であると解される。もっとも，他の物が写り込む場合には，
　証拠物の置かれた現状を撮影する必要性や写り込む物の内容性
　質等を考慮すべきである。
⑵　②の被写体は寝室内の引出し中のサバイバルナイフ及び運転
　免許証等である。サバイバルナイフは，差押えの対象物であり，
　血の付いた状態で発見されたことを示すために撮影の必要があ
　る。また，運転免許証等は個人情報が含まれるものの，要保護
　性は必ずしも高くなく，他方ナイフが置かれていた引出しが甲
　により使用されていること，ナイフが甲の所有であること等を
　示すものであって，証拠物の保管状態を証拠化するために撮影
　の必要性は高い。
⑶　以上のことから，②も適法である。
3⑴　③の被写体である覚醒剤の使用をうかがわせる注射器及びビ
　ニール小袋は，差押え対象物でもなく本件傷害事件とは関連性
　のない物である。
　　よって，捜索差押えに付随する写真撮影としては許容されな
　い。
⑵　また，覚醒剤所持等で逮捕もされておらず，逮捕に伴う捜索

5

10

15

20

25

30

35

40

⬅○原則を指摘し，原則
　からの帰結も示せてい
　る

⬅○令状呈示の必要性を，
　条文を指摘しながら書
　くことができている

⬅○写真撮影の必要性に
　ついて，自分の言葉で
　丁寧に説明できている

差押えの一環としてもこれをなし得ない。 45
　⑶　したがって，③は違法である。
第2　設問2
1　本件書面は，伝聞証拠（320条1項）として，証拠能力が否定
　されないか。
2⑴　伝聞法則の趣旨は，供述証拠は事象の知覚・記憶・表現・叙 50
　　述の供述過程を経て採取されるため，各過程に誤謬が介入する
　　危険性が高く，証人尋問手続による吟味が必要であるにもかか
　　わらず，伝聞証拠はこれをなし得ないため，証拠能力を否定す
　　る点にある。そうだとすれば，伝聞証拠たる書面とは，公判期
　　日における供述に代わる書面であって，供述の内容の真実性を 55
　　証明するために用いるものをいうと解される。
　⑵　本件書面は，Pが捜索場所や物を知覚した状況を記載した報
　　告書であって，サバイバルナイフと甲の所有であることを立証
　　する場合には，その説明文の記載及び写真の真実性が問題とな
　　る。したがって，伝聞証拠にあたる。 60
　　　なお，写真については撮影・記録・現像という過程を経て顕
　　出されるものの，その過程は機械によって正確に行われるため，
　　誤りが介在するおそれは小さく，独自の伝聞性はないと考える。
3⑴　本件書面が伝聞証拠に当たるとしても，伝聞例外（321条以
　　下）によって例外的に証拠能力が認められないか。本件書面は， 65
　　Pの五官の作用によって事物を認識した結果を記載した検証調
　　書に類するものであるから，321条3項の適用の可否が問題と
　　なる。
　　　検証は，強制処分であり令状に基づいて行われる（218条1
　　項）。 70
　　　しかし，321条3項が比較的緩やかな要件で伝聞例外を認め
　　る根拠は，記憶に基づく証言によるよりも書面による方が正確
　　かつ詳細である点，また検証結果自体は中立性を有する客観的
　　事項であり，専門的訓練を受けた捜査官によって行われ信用性
　　が認められる点にある。そうだとすれば，令状に基づく検証の 75
　　調書でなくとも，実況見分調書等にも同様の趣旨が及ぶため，
　　321条3項が適用されると解される。
　⑵　したがって，本件書面にも321条3項が適用される結果，作
　　成者のPを証人として尋問し，成立及び内容の真正を供述させ
　　ることによって，証拠能力が認められる。 80
4　以上より，証拠能力が認められる。
　　　　　　　　　　　　　　　　　　　　　　　　　　　　　以上

⬅○最初に，書面全体に
ついて伝聞法則の適用
を検討できている

⬅○写真が非供述証拠で
あることを指摘できて
いる

⬅○適切な論証である

　本問は，サバイバルナイフを用いた傷害事件について，司法警察員が，捜索すべき場所を被疑者方，差し押さえるべき物をサバイバルナイフとする捜索差押許可状による捜索を実施した際，①玄関内において，呈示された同許可状を被疑者と同居する乙が見ている状況を写真撮影し，②寝室の机の上段の引き出しから発見された血の付いたサバイバルナイフ並びに被疑者名義の運転免許証及び健康保険証を1枚の写真に収まる形で近接撮影し，③同机の下段の引き出しから発見された注射器及びビニール小袋を1枚の写真に収まる形で近接撮影するという各写真撮影を行った上，捜索終了後，捜索実施時の前記寝室内の机等の配置状況，前記サバイバルナイフの発見状況並びにその際の同ナイフの状態及び前記運転免許証等との位置関係を記載し，前記②の写真を添付した書面を作成したとの事例において，前記①ないし③の各写真撮影の適法性及び前記書面を被疑者とサバイバルナイフの結び付きを立証するための証拠として用いる場合の証拠能力に関わる問題点を検討させることにより，捜索差押許可状の執行現場における写真撮影行為の性質及びその適法性，伝聞法則とその例外について，基本的な学識の有無及び具体的事案における応用力を試すものである。

優秀答案における採点実感

① 全体

　本答案は，予備試験論文式試験の1桁合格者作成の再現答案である。刑事訴訟法においてもA答案であり，論述全体のバランス，論証の精度とともに，申し分ない。本答案を参考にして，予備試験の合格答案のイメージを強くもってほしい。

② 設問1

　本問は，記述量の比重の点で改善の余地のある再現答案が散見されたが，本答案は，写真撮影の強制処分該当性についてコンパクトに論述ができている点が評価できる。書くべきことが多い場合に，論述全体のバランスを考え端的に論述できる点は，膨大な演習を積み重ねて成せる業である。予備試験に合格する者は，みな計り知れない勉強量をこなしている。その努力が反映されるのが，答案であり，論文式試験では，みずからの努力を答案に表現することになる。答案にみずからの努力をどれだけ反映できるかが合格の鍵となる。合格に向けた努力を1つひとつ積み重ねてほしい。

　また，①から③までの各撮影についてのあてはめは非常に厚く書けている。写真撮影の適法性の論点は，規範部分は多くの者が論述できるであろうから，主戦場はあてはめ部分となる。事実を適切に引用して自分なりの言葉で評価を加えることで合格答案を作成してほしい。予備試験論文式試験1桁合格者作成の本答案を参考にするとよいだろう。

③ 設問2

　本設問については，報告書全体の伝聞性を検討したうえで，写真や説明文の記載の伝聞性の検討に移っており，論述の流れとして適切である。

　また，実況見分調書への321条3項の適用の可否についても，適切な理由づけを論述できており，評価されるポイントである。成立および内容の真正を供述させることが要件であることについて言及できている点もよい。

次の記述を読んで，後記〔設問1〕及び〔設問2〕に答えなさい。

　甲は，傷害罪の共同正犯として，「被告人は，乙と共謀の上，平成25年3月14日午前1時頃，L市M町1丁目2番3号先路上において，Vに対し，頭部を拳で殴打して転倒させた上，コンクリート製縁石にその頭部を多数回打ち付ける暴行を加え，よって，同人に加療期間不明の頭部打撲及び脳挫傷の傷害を負わせたものである。」との公訴事実が記載された起訴状により，公訴を提起された。

〔設問1〕
　冒頭手続において，甲の弁護人から裁判長に対し，実行行為者が誰であるかを釈明するよう検察官に命じられたい旨の申出があった場合，裁判長はどうすべきか，論じなさい。

〔設問2〕
　冒頭手続において，検察官が，「実行行為者は乙のみである。」と釈明した場合，裁判所が，実行行為者を「甲又は乙あるいはその両名」と認定して有罪の判決をすることは許されるか。判決の内容及びそれに至る手続について，問題となり得る点を挙げて論じなさい。

答案構成用紙

① はじめに

本問では，起訴状における訴因の明示，義務的求釈明の要否，釈明内容と異なる事実を認定する場合の手続上の措置および択一的認定の可否について問われている。受験生として苦手意識の強い分野であるとともに，裁判所のとるべき措置を問う形式であるため，どのように解答すべきか戸惑った者も多いように思われる。全体として，難易度の高い問題といえる。

② 設問1

本設問では，訴因に実行行為者が明示されていないところ，冒頭手続において，甲の弁護人から裁判長に対し，実行行為者がだれであるかを釈明するよう検察官に命じられたい旨の申出（規則208条3項）があった場合に，裁判長がどう対応すべきかが問われている。本設問で問われている論点が，実行行為者がだれであるかが訴因の特定に必要な事項であるか否かであることは明らかである。受験生の間で差がつくのは，問題に答えようとする意識をどれだけ答案に表現することができるかである。答案例では，裁判所は，弁護人の釈明権発動の申立てに応じるべきかという視点で論述をしている。ここでは，実行行為者がだれであるかが，裁判所にとって義務的釈明事項か，という観点から訴因の特定を論ずることが高評価につながるものと思われる。答案例においては，訴因の特定の判断基準としては，被告人の行為が，①特定の構成要件に該当するかを判定できる程度の具体的事実が明らかであるか，②他の犯罪事実と識別できるかにより判断する見解に立っている。本問では，訴因の特定の判断基準に照らすと，実行行為者の特定は，訴因の特定に不可欠な事項とはいえず，義務的釈明事項にあたらない。したがって，裁判所には検察官に釈明を求める義務はない。

もっとも，実行行為者の特定は，一般的に被告人の防御にとって重要な事項であるので，裁判所は求釈明を行うべきである（裁量的釈明）という流れで論述すると印象がよい答案になる。答案例では，義務的釈明事項であるため裁判所が釈明を行うのではなく，あくまで裁量的釈明事項ではあるが被告人の防御の見地から釈明権行使をすべきであると考えていることに留意されたい。

③ 設問2

ここでも，問いに答える意識を答案に明示すべきである。そこで，問題文記載のとおり，「判決の内容」と「それに至る手続」を明確に分けて検討している。「判決の内容」については，実行行為者の択一的認定，「それに至る手続」では，釈明内容が訴因の内容となるおよび争点逸脱認定が問題となる。

1 「判決の内容」についての問題点

択一的認定については，同一構成要件（訴因）内の択一的認定である概括的認定と，異なる構成要件（訴因）にわたる択一的認定である狭義の択一的認定の2つがある。本問は，実行行為者の択一的認定であるため，同一構成要件内の択一的認定である概括的認定の場面といえる。

実行行為者の択一的認定については，受験生にとって手薄な範囲といえるが，予備試験合格者であれば，いちおうの水準の答案は書いてくるであろうから，ここで差をつけられないようにしたい。

きちんと条文にひきつけた問題提起と論証を展開したいところである。答案例では，「罪となるべき事実」（335条1項）の問題であることを明示して，論証を展開している。そして，構成要件該当性判断の見地からは，実行行為者の択一的認定は，335条1項に反しないといえる。したがって，実行行為者の択一的認定は許される。

2 「それに至る手続」についての問題点

次に，検察官が「実行行為者は乙のみである」と釈明した場合，釈明内容が訴因の内容となるかが問題となる。この論点は，あまりなじみのない論点であると思われるため，落としてしまっても問題ない。この論点については，訴因の特定に不可欠な事項についての釈明は訴因の内容となり，不可欠でない事項についての釈明は，訴因の内容を形成しないというのが学説の多数説・判例である（井田ほか557頁）。

多数説・判例に従えば，「実行行為者は乙のみである」との検察官の釈明は，訴因の内容を形成

しないことになる。そうだとすれば，訴因は当初の実行行為者の明示のない訴因ということができる。そうすると，実行行為者を「甲又は乙あるいはその両名」と認定することは，「訴因に明示された」（最決平成13年4月11日）事実を変更する場合ではないことになる。したがって，本問は，平成13年判例の射程外といえるだろう。そこで，答案例では，訴因変更の要否ではなく，争点逸脱認定（最判昭和58年12月13日）について論じている。

本問は，非常に難問であるため，理解に時間を要すると思われる。ぜひ，本問に関連する訴因分野について深い理解を得るために，「事例研究刑事法Ⅱ刑事訴訟法」551頁以下を読んでいただきたい。

【関連判例】
最決平成13年4月11日刑集55巻3号127頁（判例シリーズ43，98事件）
最判昭和58年12月13日刑集37巻10号1581頁

【参考文献】
試験対策講座6章2節②【3】，7章2節，11章3節③【1】。判例シリーズ43事件，98事件。条文シリーズ256条②3，312条③4，335条。
井田良ほか「事例研究刑事法Ⅱ刑事訴訟法［第2版］」551頁以下。

答案例

第1　設問1について

　　実行行為者がだれであるかが訴因の特定（刑事訴訟法256条3項後段。以下「刑事訴訟法」法名省略）に不可欠な事項であれば，裁判長は検察官に求釈明（規則208条1項）を行わなければならない。そこで，実行行為者がだれであるかが訴因の特定に不可欠な事項にあたるかが問題となる。　　　　　　　　　　　　　　　5

➡問題の所在

➡問題提起

1　この点，当事者主義的訴訟構造を採用する現行法（256条6項，298条1項，312条1項等）のもとでは，審判の対象は検察官の主張する犯罪事実たる訴因であると解する。そして，訴因は，裁判所に対し審判対象を限定するという主たる機能を有し，また，その反射的効果として被告人の防御の利益を確保するという副次的機能を有する。

➡審判対象論から

➡識別説からの説明

　　そこで，訴因の主たる機能に照らし，訴因が特定されたと認められるためには，①被告人の行為が特定の犯罪構成要件に該当するか否かを判定するに足る程度の具体的事実を明らかにしていること，②他の犯罪事実と識別できることが必要であると解する。　　15

➡規範定立

2　これを本問についてみると，共同正犯においては一部実行全部責任が課せられるため（刑法60条），本件の実行行為者が甲であれ乙であれ，傷害罪（刑法204条）の共同正犯が成立する。そうだとすると，実行行為者がだれであるかは傷害罪の共同正犯の構成要件要素ではなく，本件の訴因は，実行行為者の明示がなくとも，特定の構成要件に該当するかを判定する程度の具体的事実が明らかであるといえる（①）。また，実行行為の日時・場所・方法や被害者等が特定されている以上，本件の訴因は他の犯罪事実との識別が可能である（②）。　　　　　　　　　　　　25

➡あてはめ

3　よって，実行行為者がだれであるかは，訴因の特定に不可欠な事項にはあたらず，裁判長に求釈明を行う義務はない。

➡結論

4　ただし，一般に実行行為者がだれであるかは被告人の防御にとって重要な事項であるので，裁判長は求釈明を行うべきである。

➡フォロー

第2　設問2について　　　　　　　　　　　　　　　　　　　30

1　判決の内容について

　　裁判所は，実行行為者を「甲又は乙あるいはその両名」という択一的な認定をして有罪判決を言い渡そうとしているところ，このような認定は，「罪となるべき事実」を示しておらず，335条1項に反し，許されないのではないかが問題となる。　　35

➡問題提起

⑴　この点について，同項の「罪となるべき事実」とは，構成要件に該当する具体的事実をいう。そこで，「罪となるべき事実」の判示の程度は，特定の構成要件に該当するか否かを判定するに足りる程度に具体的であれば足りると解する。

➡規範定立

⑵　これを本問についてみると，共同正犯においては，共謀が認められ，それに基づく共謀関与者による犯罪の実行があれば，実行行為を担当しなかった者についても共同正犯とされる。そのため，実行行為者の認定が択一的でも，甲と乙の共謀が認定された場合，本問の判決は傷害罪の共同正犯の構成要件に該当　　40

➡あてはめ

するか否かを判定するに足りる程度に具体的である。　45
　(3)　よって，上記認定は335条1項に反せず，許される。　　→結論
2　判決にいたる手続について
　(1)　本件で，「実行行為者は乙のみである」という検察官の釈明　→問題の所在
　　にもかかわらず，裁判所は実行行為者を「甲又は乙あるいはそ
　　の両名」と認定しようとしている。そこで，訴因変更手続を経　50　→問題提起
　　ずにこのような認定をすることが不告不理の原則（378条3
　　号）に反しないかが問題となる。
　　ア　この点について，検察官が釈明した事項が常に訴因の内容
　　　になるとすると，訴因に関し，厳格な手続でその内容を確定
　　　しようとした法の趣旨に反する。そこで，訴因の特定に不可　55　→規範定立
　　　欠ではない事項に関する検察官の釈明事項は，訴因の内容に
　　　はならないと解する。
　　イ　これを本問についてみると，前述のとおり，実行行為者が　　　→あてはめ
　　　だれであるかは訴因の特定にとって不可欠の事項ではない。
　　　　したがって，裁判所が訴因変更手続を経ずに実行行為者を　60
　　　「甲又は乙あるいはその両名」と認定したとしても，不告不
　　　理の原則には反しない。
　(2)　もっとも，乙のみを実行行為者とする検察官の釈明により，　→問題の所在
　　本件では主として共謀の有無が争点となっていたといえる。そ　→問題提起
　　こで，争点顕在化手続を経ずに，実行行為者を「甲又は乙ある　65
　　いはその両名」と認定することは，争点逸脱認定にあたり許さ
　　れないのではないか（379条）が問題となる。
　　ア　この点について，訴因は被告人の防御の外枠を画し，争点
　　　はそのなかで被告人の防御権を具体的に保障するものである。
　　　そこで，⑦当該認定事実にかかる問題の争点としての重要性　70　→規範定立
　　　の程度と，⑦防御権侵害の程度を考慮し，被告人に不意打ち
　　　を与えるような認定を争点顕在化手続を経ずにすることは，
　　　適切な訴訟指揮（294条）を欠く争点逸脱認定として違法
　　　（379条）となると解する。
　　イ　これを本問についてみると，認定された事実は甲の実行行　75　→あてはめ
　　　為への関与であり，罪となるべき事実そのものではないもの
　　　の，甲の犯情をより重くする事実である。そうだとすると，
　　　実行行為者がだれであるかという問題は争点として重要であ
　　　る（⑦）。また，冒頭手続で検察官が乙のみが実行行為者で
　　　あると釈明した以上，甲はみずからが実行行為者と認定され　80
　　　ることを予測しておらず，その点についての防御活動も行っ
　　　ていないと思われる。そのため，裁判所の上記認定は，甲の
　　　防御権を大きく侵害するものである（⑦）。
　　　　したがって，争点顕在化手続を経ずに上記認定をすること　　→結論
　　　は，争点逸脱認定にあたり，許されない。　　85
　　ウ　よって，実行行為者について改めて検察官に求釈明を行う　　→形式的に問いに答える
　　　等の争点顕在化手続を経れば，裁判所は上記認定をして有罪
　　　の判決をすることが許される。　　　　　　　　　　　　以上

第1　設問1について

1　裁判長は釈明権（規則208条）を行使すべきか。実行行為者が特定されていない場合の釈明義務の有無があるといえるか。訴因の特定の程度と関連して問題となる。

（1）ア　訴因とは，一方当事者たる検察官の具体的事実の主張である。そして，訴因の一次的機能は，裁判所に対して審判対象を識別する点にあり，二次的に被告に対して防御対象を示すという告知の点にある。そうだとすれば，訴因は具体的に特定されていることが望ましい。もっとも，訴状提出段階で厳密な特定を要請すると，捜査の長期化，自白の強要を招くおそれがある。そこで，訴状に記載する訴因の特定に関しては，①犯罪の性質等により厳密に特定できない事情があり②訴状の他の記載から他の犯罪事実との識別が可能であれば，訴因の特定は充分と解する。

イ　本問では，実行行為者に関する具体的な記載がないが，被害者の傷害結果は甲と乙の共謀に基づくものであることは判明しているが捜査状況等から実行行為者がだれであるかの特定が困難な状況があると考えられる（①）。また，実行行為者がだれであるかを示さずとも，実行行為が行われた日時，場所，犯行の方法等により他の犯罪と識別が可能である（②）。したがって，実行行為者がだれであるかを示さずとも訴因は特定されているといえる。

（2）　もっとも，訴因の上記趣旨にかんがみれば，裁判長はたとえ訴因の特定に必要不可欠ではなくても，争点を顕在化させ被告人の防御の便宜を図るべきであると解する（316条の2第1項1号等参照）。そして，実行行為者がだれであるかによって，甲の防御方法は変わると考えられるから，被告人の便宜の観点から釈明を求めるべきである。

2　したがって，裁判長は，検察官に，実行行為者がだれかにつき釈明を求めるべきである。

第2　設問2について

1　実行行為者が「甲又は乙あるいはその両名」のような択一的認定が「罪となるべき事実」（335条1項）の記載として許されるか。

（1）「罪となるべき事実」とは，構成要件に該当する具体的事実である。したがって，同一構成要件内の事実であれば択一的認定も許されると解する。

（2）　共謀共同正犯においては，実行行為を行ったか，共謀にのみ加担したかによって構成要件該当性の変化はないため，実行行為者の択一的認定も「罪となるべき事実」として許される。

2　では，かかる記載が「罪となるべき事実」の記載として充分であるとしても，裁判所は心証を基準にそのまま事実を認定することができるのか。検察官の主張する事実と認定した事実が異なる場合には，訴因変更（312条1項）が必要なのではないか。

（1）　前述のとおり，訴因の機能は1次的には識別機能にあり，2

5

10

15

20

25

30

35

40

右欄コメント：
- △「208条1項」と正確に示すべき
- ○問いに対応したよい流れ
- △規範が不正確　特定の犯罪構成要件に該当するかどうかを判定するに足りる程度に具体的事実が明らかになっていることも要件
- △結論として，釈明義務があるかについて明示してほしい
- ×このような条文はない。条文の摘示は適切に
- △「求めるべきである」との記載は，義務的釈明事項との誤解を招きかねない。裁量的釈明にとどまることを明示してほしい

次的に被告人に対する告知機能にある。そして，あらゆる事実 45
の相違について訴因変更を要すると迅速な裁判の実現が困難と
なり，かえって被告人の権利を害する。そこで，重要な事実に
変化があった場合に限って訴因変更を必要と解する。そして，
重要な事実の判断基準としては，訴因の一次的機能にかんがみ
て審判対象が変更となるか否かによって決するべきである。も 50
っとも，二次的機能にも配慮し，被告人の防御にとって重要な
事項について変更があった場合にも訴因変更が行われることが
望まれる。ただし，具体的審理経過にかんがみ，被告人に不意
打ちに当たらず，かつ，不利益でない場合には訴因変更は不要
と解する。 55

(2) これを本問についてみると，共謀共同正犯の公訴事実におい
ては実行行為者については審判対象画定のために必要な事実で
はない。もっとも，被告人にとって防御範囲を示す事実にはあ
たる。したがって，本問の事情からは明らかではないが，具体
的な訴訟経過に照らし裁判所による新たな認定が甲にとって不 60
意打ちでなくかつ不利益でない場合以外は，裁判所が実行行為
者を「甲又は乙あるいはその両名」と認定して有罪の判決をす
ることは378条3号に反し許されない。 ⬅×「378条3号」ではな
く，「379条」
⬅△問いに答える

(3) したがって，裁判所が心証どおりの認定に基づいて判決を言
い渡すためには，訴因変更が必要であり，訴因変更を経ずして 65
判決を言い渡すことは審理不尽の違法があることになる。

(4) なお，検察官から訴因変更の申出がない場合には，裁判所は ⬅○加点狙いの姿勢
訴因変更命令を出すことができるが，かかる命令に形成力はな
い。

以上 70

　本問は，共同正犯者2名による傷害被告事件について，冒頭手続において，弁護人から裁判長に対し，検察官に実行行為者を特定するよう求釈明されたい旨の申出があった場合の裁判長のとるべき措置，裁判所が検察官の釈明内容と異なる事実を認定して有罪判決をする場合の判決の内容，及び手続上の問題点を検討させることにより，起訴状における訴因の明示，これと論理的に関連する訴因についての義務的求釈明の要否，これと論理的に関連する釈明内容と異なる事実を認定する場合の手続上の措置，および択一的認定の可否について，基本的な学識の有無及び具体的事案に対する応用力を試すものである。

優秀答案における採点実感

① 全体

　全体として，条文，定義，原則など刑事訴訟法の基本的事項についての正確な理解がうかがえ，実力を感じる。ところどころ不正確な面もみられるが，全体として評価の高い答案といえる。問題提起にあたり，条文の文言にひきつけていることも好印象である。難問に遭遇したときほど，条文・基本原理からの思考が求められているのであり，この優秀答案は基本に立ちかえった丁寧な論述の参考になろう。

② 設問1

　まず，この答案は，裁判官の釈明行使の条文として規則208条を引用している点で印象がよい。そのうえで，裁判長のとるべき措置が問われていることから，釈明義務との関係で訴因の特定の程度が問題となると問題提起している。ただちに訴因の特定が問題となると論ずるのではなく，釈明義務の有無との関係で問題となることを示すことができており，理解がうかがえる。

　そのうえで，訴因の機能から，訴因の特定の要件を導き出そうとする姿勢は評価できる。しかし，訴因の特定の要件については不正確である。①特殊事情の存在を要件とするかについて判例と学説で争いはあるものの，②特定の犯罪構成要件に該当するかどうかを判定するに足りる程度に具体的事実が明らかになっていることおよび，③他の犯罪事実と識別できることについては争いなく要求されている。そうだとすれば，答案としては，②特定の犯罪構成要件に該当するかを要件に取り入れるべきである。

　また，裁量権行使としての釈明をすべきとするにあたって，316条の2第1項1号等を参照しているが，このような条文はない。条文を引用する際には，六法等で確認する姿勢を心掛けたい。また，曖昧な知識であれば条文をあげないというのもひとつの選択である。

③ 設問2

　実行行為者の択一的認定について，「罪となるべき事実」（335条1項）が問題となることを適切に指摘できている。「被告事件について犯罪の証明」（333条1項）の問題とする答案もあったので，ここを適切に指摘できている点は，好印象である。論証およびあてはめについても，問題ない。

　次に，裁判所が心証どおりの判決を認定することができるかについては，思考過程記載のとおり，争点逸脱認定が問題となる。もっとも，平成25年予備試験段階で争点逸脱認定は受験生にとってなじみのない論点であり，争点逸脱認定に言及した答案はほとんど見あたらなかった。したがって，訴因変更の要否の問題として答案を展開したとしても，相対的に上位の答案となったものと考えられる。

　また，本問は，同一構成要件内の択一的認定であるので，不告不理（378条3号）ではなく，379条違反となるはずである。

　なお，答案では，訴因変更命令について言及しているが，加点の余地があるという程度のものであり，記載する必要性は高くないであろう。

次の【事例】を読んで，後記〔設問〕に答えなさい。

【事 例】

　司法警察員Kらは，A建設株式会社（以下「A社」という。）代表取締役社長である甲が，L県発注の公共工事をA社において落札するため，L県知事乙を接待しているとの情報を得て，甲及び乙に対する内偵捜査を進めるうち，平成25年12月24日，A社名義の預金口座から800万円が引き出されたものの，A社においてそれを取引に用いた形跡がない上，同月25日，乙が，新車を購入し，その代金約800万円をその日のうちに現金で支払ったことが判明した。

　Kらは，甲が乙に対し，800万円の現金を賄賂として供与したとの疑いを持ち，甲を警察署まで任意同行し，Kは，取調室において，甲に対し，供述拒否権を告知した上で，A社名義の預金口座から引き出された800万円の使途につき質問したところ，甲は「何も言いたくない。」と答えた。

　そこで，Kは，甲に対し，「本当のことを話してほしい。この部屋には君と私しかいない。ここで君が話した内容は，供述調書にはしないし，他の警察官や検察官には教えない。ここだけの話として私の胸にしまっておく。」と申し向けたところ，甲はしばらく黙っていたものの，やがて「分かりました。それなら本当のことを話します。あの800万円は乙知事に差し上げました。」と話し始めた。Kが，甲に気付かれないように，所持していたICレコーダーを用いて録音を開始し，そのまま取調べを継続すると，甲は，「乙知事は，以前から，高級車を欲しがっており，その価格が約800万円だと言っていた。そこで，私は，平成25年12月24日にA社の預金口座から800万円を引き出し，その日，乙知事に対し，車両購入代としてその800万円を差し上げ，その際，乙知事に，『来月入札のあるL県庁庁舎の耐震工事をA社が落札できるよう便宜を図っていただきたい。この800万円はそのお礼です。』とお願いした。乙知事は『私に任せておきなさい。』と言ってくれた。」と供述した。Kは，甲に対し，前記供述を録音したことを告げずに取調べを終えた。

　その後，甲は贈賄罪，乙は収賄罪の各被疑事実によりそれぞれ逮捕，勾留され，各罪によりそれぞれ起訴された。第1回公判期日の冒頭手続において，甲は「何も言いたくない。」と陳述し，乙は「甲から800万円を受け取ったことに間違いないが，それは私が甲から借りたものである。」と陳述し，以後，両被告事件の弁論は分離された。

〔設 問〕

　甲の公判において，「甲が乙に対し賄賂として現金800万円を供与したこと」を立証趣旨として，前記ICレコーダーを証拠とすることができるか。その証拠能力につき，問題となり得る点を挙げつつ論じなさい。

1 はじめに

本問ではICレコーダーの証拠能力が問われている。問題となりうるのは，自白法則（憲法38条2項，刑事訴訟法319条1項），伝聞法則（320条1項），違法収集証拠排除法則である。

2 設問

1 自白法則との関係

(1) ICレコーダーに録取された甲の供述は，被告人である甲が自己の犯罪事実を認める陳述であり，自白といえる。そのため，これが「任意にされたものでない疑のある自白」であれば，319条1項により，証拠能力が否定されることになる。

　自白法則の根拠には対立があり，根拠をいかに解するかによって「任意にされたものでない疑のある自白」の解釈が異なる。任意性のない自白は虚偽のおそれがあるために排除されるとする虚偽排除説からは，虚偽の自白を誘引する状況でなされた自白がこれにあたると解することになる。任意性のない自白は被疑者・被告人の人権侵害のおそれがあるために排除されるとする人権擁護説からは，黙秘権等の人権を侵害する状況でなされた自白がこれにあたると解することになる。この虚偽排除と人権擁護といういずれもが排除の根拠と解する任意性説からは，上記両説で排除される自白がいずれもこれにあたると解することになる。そして，自白法則を違法収集証拠排除法則の自白版と解する違法排除説からは，違法な手続によって得られた自白がこれにあたると解することになる。いずれの立場であってもよいが，自己のよって立つ立場を明示する必要がある。

(2) そのうえで，本問における自白にいかなる問題があるのかを適切に評価し，あてはめる必要がある。甲の自白は，「供述調書にはしないし，他の警察官や検察官には教えない」というKの約束を受けてなされている。しかし，Kは，甲の自白を甲に秘して録音しており，証拠としてこれを使う意図があると考えられる。その点で，上記Kの約束は虚偽であり，甲の自白獲得に際しては問題があるとも思える。しかし，虚偽ないし約束に基づくものであるという一事をもって，「任意にされたものでない疑のある自白」にあたるとすべきではない。約束の内容を吟味したうえで自説の立場からこれにあたるかを検討しなければならない。Kがした約束の内容は，自白と引換えに甲になんらかの利益をもたらすものでなく，甲があえて虚偽の自白をするおそれは少ないといえる。よって，虚偽排除説からは，証拠能力が否定されることにはならない。また，Kの約束は黙秘権等の人権を侵害するものともいえないから，人権擁護説からも同様の結論になろう。他方，違法排除説からは甲に秘して録音している点で違法があるとして，自白法則により証拠能力が否定される余地がある。

　なお，違法排除説によらない見解においても，自白にも違法収集証拠排除法則が適用されるとの見解（二元説・総合説）に立てば，秘密録音の点は後述のとおり同法則との関係で問題となる。

2 伝聞法則との関係

(1) ICレコーダーにより録取されたICレコーダー内の供述は公判廷外における甲の供述である。ICレコーダーは供述録取書に準じるものであるから，伝聞法則（320条1項）により証拠能力が否定されないかが問題となる。本問においては，要証事実との関係で甲の供述内容の真実性が問題となることは明らかであり，伝聞例外の要件をみたさないかが主に問題となる。甲の供述は自白であり，「被告人に不利益な事実の承認」を内容とする供述（不利益陳述）であるため，322条1項本文の適用が問題となる。もっとも，同条ただし書が求める供述の任意性は，「自白でない場合に」検討を要するものであり，自白である供述については，別途検討する必要はないであろう。

(2) ICレコーダーが供述録取書に準じるものである以上，署名・押印が必要とも思える。しかし，供述録取書に署名・押印が必要とされるのは供述録取書作成の際に生じる伝聞性を排除するためである。そして，ICレコーダー内の供述は，ICレコーダーによって機械的に記録され，そこに誤りが介在するおそれはないため伝聞性が存しない。よって，このような機械的に録取されるも

のについては署名・押印は不要である。

3　自白法則と伝聞法則を論じる順序について

　322条1項ただし書は不利益陳述が「自白でない場合においても」，319条の規定に準じて任意性を判断すべき，としており，自白については同項ただし書によっては任意性が求められていない。これは，自白であればまず319条1項が直接適用され，それにより任意性の判断がなされるからである。322条1項は，自白調書が319条1項で排除されないことを前提に，更に署名・押印を要求する規定と解されている（上口390頁）。よって，自白法則をまず論じるべきである。

4　違法収集証拠排除法則との関係について

(1)　本問では，あくまでICレコーダーの証拠能力が問われているので，捜査の違法性は，あくまで違法収集証拠排除法則の適用があるか，という枠内で論じるべきである。そのため，まずは明文のない同法則が認められている理由および排除される基準について簡単に示すとよい。

(2)　録音が「強制の処分」たる検証にあたるのであれば，令状なくこれをすることは許されない（218条1項）。そのため，本問における録音がこれにあたるかが問題となる。もっとも，この点は証拠能力を論ずるうえでの前提にすぎないから，規範を立てあてはめるという流れを簡潔に示せばよい。本問のように会話の相手による録音の場合には，答案例のように強制の処分たる検証にあたらないとするのが穏当であろう。その後，任意処分としてこれを行うことが許されるかを論じることとなる。この点についても規範を定立し，問題文中の事実を使って簡潔な論述にすべきである。

(3)　録音行為を違法とした場合，違法収集証拠排除法則によりICレコーダーの証拠能力が否定されるかを検討する。判例は，単に違法性があるのみでは証拠排除を認めないので，事実を丁寧に評価し，説得的な論述にすることを意識してほしい。

【関連判例】

最判昭和41年7月1日刑集20巻6号537頁（判例シリーズ68事件）
東京地判昭和62年12月16日判時1275号35頁（判例シリーズ69事件）
福岡高判平成7年6月27日判時1556号42頁（判例シリーズ91事件）
最判昭和53年9月7日刑集32巻6号1672頁（判例シリーズ93事件）
千葉地判平成11年9月8日判時1713号143頁

【参考文献】

試験対策講座10章3節②【2】・【3】(4)・(5)，4節③【2】(7)(b)・(8)(a)，5節②・③。判例シリーズ68事件，69事件，91事件，93事件。条文シリーズ319条，322条，2編3章■4節⑤。
上口裕「刑事訴訟法［第5版］」390頁。

第1　証拠能力の要件は，①自然的関連性，②法律的関連性，③証拠 ┊ ➡まず要件を示す
　禁止にあたらないことであるが，本件では，②③が問題となる。
第2　②法律的関連性について
　1　まず，本件ICレコーダー（以下「本件IC」とする）内の甲の ┊ ➡問題の所在
　　供述は，自白にあたるが，これはKが偽計により得たものである。5
　　そこで，「任意にされたものでない疑のある自白」（以下「不任意 ┊ ➡問題提起
　　自白」という）として，自白法則（憲法38条2項，刑事訴訟法
　　319条1項。以下「刑事訴訟法」法名省略）により証拠能力が否
　　定されないか。
　　(1)　自白法則の趣旨は，不任意自白は，類型的に虚偽のおそれが 10 ┊ ➡虚偽排除説
　　　あるため，証拠能力を否定して正確な事実認定をする点にある。
　　　そこで，不任意自白とは，強制等が被疑者に心理的影響を与え ┊ ➡規範定立
　　　た結果，類型的に虚偽自白を誘発するおそれがある状況でなさ
　　　れた自白をいうと解する。
　　(2)　これを本問についてみると，Kの偽計は，ここだけの話にす 15 ┊ ➡あてはめ
　　　るとしつつ供述を録音したものにすぎず，被疑者が弁解をやめ
　　　虚偽自白をするほど強い心理的影響を与えるものではない。
　　　したがって，甲の自白は，類型的に虚偽の自白を誘発するお
　　　それのある状況でなされたものであるとはいえず，不任意自白
　　　にはあたらない。20
　　(3)　よって，本件ICの証拠能力は否定されない。 ┊ ➡結論
　2　次に，録音過程が機械的であるICレコーダーは非供述証拠と ┊ ➡問題提起
　　考えられるが，本件IC内の甲の供述部分は，伝聞証拠（320条1
　　項）にあたり，証拠能力が否定されないかが問題となる。
　　(1)　伝聞証拠とは，公判廷外の供述を内容とする証拠で，要証事 25 ┊ ➡伝聞証拠の定義
　　　実との関係でその真実性が問題となるものをいう。
　　　そして，「便宜を図っていただきたい。この800万円はそのお ┊ ➡あてはめ
　　　礼です。」と言って現金を供与した旨の甲の供述部分は，要証
　　　事実「甲が乙に対し賄賂として現金800万円を供与したこと」
　　　との関係でその真実性が問題となる公判廷外供述であるから，30
　　　伝聞証拠にあたる。したがって，甲の同意（326条1項）なき
　　　かぎり，原則として証拠能力が否定される。 ┊ ➡原則
　　(2)　もっとも，本件ICは，被告人甲の供述録取書に類するため， ┊ ➡問題提起
　　　伝聞例外たる322条1項本文の要件をみたすかを検討する。
　　　ア　まず，自白たる甲の供述は，「不利益な事実の承認」（同項 35 ┊ ➡条文のあてはめ
　　　　本文）といえる。
　　　イ　次に，本件ICには甲の「署名若しくは押印」はない。し ┊ ➡機械的な録取の特殊性
　　　　かし，機械的になされるICレコーダーでの録音には，録取
　　　　過程の伝聞性がないため，録取過程の伝聞性を払拭するため
　　　　に要求される署名・押印は不要と解する。40
　　　ウ　よって，322条1項本文の要件をみたす。 ┊ ➡結論
　　(3)　また，甲の供述には，「私に任せておきなさい」という乙の ┊ ➡あてはめ
　　　発言も含まれるが，甲が現金を供与した際の，上記発言の存在
　　　自体が証明されれば，乙が賄賂性を認識し返還の意思なく現金

を受領したことが推認でき，甲の賄賂としての現金の「供与」 45
が推認できる。そのため，上記要証事実との関係でその真実性
が問題とならない乙の発言は，伝聞証拠にあたらず，改めて伝
聞例外要件をみたす必要はない。

(4) よって，本件ICの証拠能力は否定されない。 → 結論

第3 ③証拠禁止にあたらないことについて 50 → 問題提起

1 本件ICは，偽計で得た自白を録音しているため，自白収集手
続に違法があるとして，証拠能力が否定されないか問題となる。

(1) 適正手続（憲法31条），司法の廉潔性および将来の違法捜査 → 違法収集証拠排除法則
抑制の観点から，⑦自白の収集過程に憲法や刑事訴訟法の所期 ⇒ 千葉地判平成11年9月
する基本原則を没却する重大な違法があり，④これを証拠とす 8日（判時1713号143
るのが将来の違法捜査抑制の見地から相当でない場合には，証 頁）
拠能力を否定するべきであると考える。

(2) まず，⑦が認められるかについて検討する。

ア 対話者との関係では，話者のプライバシーの主要素たる会 → 端的に強制処分該当性
話内容の秘匿性は放棄されており，重要な権利・利益の制約 60 を論じる
はない。そのため，本件秘密録音は「強制の処分」（197条1
項ただし書）にはあたらない。

イ もっとも，秘密録音は話者の会話の自由を制約する以上， → 規範定立
捜査比例の原則（197条1項本文）のもと，必要性を考慮し，
相当性が認められる場合のみ適法となると考える。 65

これを本問についてみると，内偵捜査の結果，甲の贈賄の → あてはめ
嫌疑が高まっていたところ，甲は当初供述を拒否しており，
同意を得て甲の自白を証拠とするのは不可能であったため，
秘密録音の必要性はあったといえる。

しかし，本件秘密録音の内容は，自白という秘匿性の高い 70
ものであり，ここだけの話と言われ自白した甲にとって，秘
匿への期待は特に大きかった。さらに，Kは自白を得るため
偽計という著しく不当な手段を用いている。そうだとすると，
本件秘密録音は，上記必要性を考慮しても，相当性を逸脱す
るものといえ，違法である。 75

ウ そして，偽計により得た自白を録音し証拠化するという本 → あてはめ
件秘密録音は，適正手続（憲法31条）の精神に反するもので
あるうえ，Kはこのような手法を意図的に用いている。その → 結論
ため，本件の秘密録音には，⑦憲法や刑事訴訟法の所期する
基本原則を没却する重大な違法があるといえる。 80

(3) 次に，④が認められるかについて検討する。

本件ICの証拠能力を認めると，自白獲得のため本件同様の → あてはめ
手法が使われるおそれが高い。また，Kが偽計を用い秘密録音
をしたために甲の自白を得られたことからすれば，違法捜査と
自白獲得との因果性は強い。そのため，④本件ICを証拠とす 85 → 結論
るのは将来の違法捜査抑制の見地から相当でない。

2 よって，本件ICの証拠能力は否定される。 → 結論

以上

1　本件ICレコーダーの証拠能力（317条，厳格な証明）が認められ
　るか。
　　ICレコーダーが伝聞証拠に当たれば，伝聞法則（320条1項）の
　適用により，伝聞例外の要件を満たさない限り，証拠能力が否定さ
　れる。　　　　　　　　　　　　　　　　　　　　　　　　　　5
　⑴　では，本件ICレコーダーは伝聞証拠に当たるか。
　　　ア　伝聞証拠とは，公判廷外の供述を内容とするもので，内容の
　　　　真実性を立証するために用いるものをいう。なぜなら，供述証
　　　　拠は知覚・記憶・叙述の各過程に誤りが入りやすく反対尋問
　　　　（憲法37条2項参照）等による吟味が必要であるところ，伝聞　10
　　　　証拠はそれができないからである。そして，伝聞証拠にあたる
　　　　か否かは要証事実との関係で相対的に決せられると解する。
　　　イ　本問では，立証趣旨は「甲が乙に対し賄賂として800万円を
　　　　供与したこと」であるところ，これを証明するためにはICレ
　　　　コーダーの内容の真実性が問題となる。したがって，本件IC　15
　　　　レコーダーは伝聞証拠に当たり，322条1項の要件を満たさな
　　　　い限り，証拠能力が認められない。もっとも，ICレコーダー
　　　　は機械的に録音を行うものだから録取の正確性は担保されてい
　　　　るため，被告人の署名又は押印は不要である。
　⑵　もっとも，甲の供述中には「来月入札のある……」「私に任せ　20
　　ておきなさい。」という甲，乙の発言が含まれている。そこで，
　　かかる供述が別個の伝聞証拠となるのではないか。
　　　ア　上記のように，伝聞証拠に当たるか否かは要証事実との関係
　　　　で相対的に決する。
　　　イ　本問では，立証趣旨は上記の通りであるから，要証事実は　25
　　　　「来月入札のある……」「私に任せておきなさい。」という発言
　　　　の存在自体である。そうだとすれば，かかる発言の内容の真実
　　　　性は問題とならず，これらの供述が別個の伝聞証拠に当たるこ
　　　　とはない。
　⑶　したがって，被告人の署名押印を除く322条1項の要件を満た　30
　　せば，証拠能力が認められるとも思える。
2　もっとも，本件ICレコーダーの供述は，Kが供述調書にしないこ
　と，他の警察官や検察官に教えないことを約束した上で行われてい
　る。そこで，「任意にされたものでない疑のある自白」として，自
　白法則（319条1項）の適用により，証拠能力が否定されるのでは　35
　ないか。
　⑴　319条1項の根拠は，「任意にされたものでない疑のある自白」
　　は，虚偽である蓋然性が類型的に高く，誤判を防止するために証
　　拠能力を否定する必要があるというところにある。したがって，
　　「任意にされたものでない疑のある自白」に当たるか否かは，類　40
　　型的に虚偽自白を誘発するおそれがある状況であったか否かによ
　　り判断する。
　⑵　本問についてみると，調書を作成された場合，それは裁判にお
　　いて有力な証拠なるため調書を作成するか否かは被告人にとって

← ○317条から始める書き方もある

← ○伝聞法則の趣旨から伝聞証拠を定義づけられている

← △立証趣旨と要証事実とを混同している

← ○署名・押印が不要な理由について言及している

← ○319条の文言解釈として論じることができている

← ○虚偽排除説の規範を正確に示すことができている

← ○自分なりの評価を加えている
← △「有力な証拠となる」の誤りであろう

重要な事柄である。また，他の警察官や検察官に知られると裁判 45
で不利な証拠となる可能性が高まるため，他の警察官や検察官に
教えないということも重要なことであり，被告人にとっては誘惑
的と言える。しかし，かかる事実は被告人が真実を供述する誘引
とはなっても，虚偽自白を誘発する誘引とはならない。したがっ
て，類型的に虚偽自白を誘発するおそれのある状況があったとは 50
いえず，甲の供述は「任意にされたものでない疑のある自白」と
はいえない。よって，319条1項により証拠能力が否定される
ことはない。

3　そうだとしても，本件ICレコーダーは録音している旨を甲に伝
えずに録音されている。そして，このような欺罔的な手段をとる必 55
要性も緊急性もなかったのであるから，かかる手段は違法をいえる。
そこで，違法な手続きにより採取させた証拠として本件ICレコー
ダーの証拠能力が否定されないか。

(1)　適正手続（憲法31条）の要請，司法の廉潔性，将来の違法捜査　　　⇦○冗長にならずに規範
抑制の見地から，証拠の収集手続きに違法がある場合には証拠の　　　をだすことができてい
証拠能力は否定すべきである。もっとも，軽微な違法があるにす 60　る
ぎない場合にも一切証拠能力を否定するのでは，真実発見の見地
（1条）から妥当でない。そこで，①証拠の収集手続に令状主義
の精神を没却するような重大な違法があり，②将来の違法捜査抑
制の見地から証拠として採用することが相当でないと認められる
場合に限り証拠能力を否定すべきである。 65

(2)　本問についてみると，確かに，Kは欺罔的な手段を用いている。　　　⇦○強制処分該当性に触
しかし，本来供述調書は作成されるものであるから，甲の供述を　　　れている
録音されないことに対する期待は低下していたといえる。したが
って，本件録音は「強制の処分」（197条1項ただし書）には当
たらず，令状主義（218条1項）には反しない。よって，令状主義 70
の精神を没却するような重大な違法があるとはいえず（①不充
足），証拠能力は否定されない。

4　以上より，本件ICレコーダーは署名押印を除く322条1項の要件
を満たせば，証拠能力が認められる。 75
以上

　本問は，贈賄事件について，被疑者を任意で取調べ中，警察官が「本当のことを話してほしい。この部屋には君と私しかいない。ここで君が話した内容は，供述調書にはしないし，他の警察官や検察官には教えない。ここだけの話として私の胸にしまっておく。」と申し向けて被疑者から自白を引き出し，その自白をICレコーダーを用いて秘密録音したとの事例において，当該ICレコーダーを贈賄事件の犯罪事実を立証するための証拠として用いる場合の証拠能力に関わる問題点を検討させることにより，伝聞法則とその例外，自白法則（不任意自白の排除），秘密録音を含む自白獲得手続の適法性と自白の証拠能力について，基本的な学識の有無及び具体的事案における応用力を試すものである。

優秀答案における採点実感 |||

① 全体

　この答案は，全体的な流れとしては申し分がない。もっとも，あてはめはより厚くすることができるし，後半の記述が薄くなってしまっている点は改善の余地がある。

② 設問

1　伝聞法則について

　伝聞法則については，全体として丁寧な論述がなされている。

　また，322条1項ただし書と319条の関係について誤った理解をしている答案が散見されていたが，本答案は，両者の関係を理解して論述がなされていると読める。322条1項ただし書は「自白でない場合」にも319条に準じて任意性を検討するとしているのであり，自白の場合には，322条1項により任意性が求められることはない。しかし，このような点では差はつかないのが実情であり，本番では深く考えずに書ききることが重要である。

2　自白法則について

　まず，319条1項の文言解釈として論じることができている点は好印象である。そして，虚偽排除説に立脚することを明示して論述している。あてはめについては，自分なりの評価を加えようとする姿勢がうかがえ評価できる。

3　違法収集証拠排除法則について

　本答案は，他の論点と比較して違法収集証拠排除法則についての記述量が少なくなってしまっているのがもったいない。特に，秘密録音がなぜ違法なのかという点についてのあてはめが端的にすぎる。この部分についてあてはめが薄い点は，他の答案と比較して見劣りするといわざるをえない。ここについては，もう少し厚く論じてほしいところである。

　最後の論点である違法収集証拠排除法則にある程度の分量と時間を割くためには答案構成の段階で全体のバランスを意識し，そのことを念頭に書き始めなければならない。実力のある人でも答案上に示すことができなければ意味がないのであり，記述量のバランスについては日頃から細心の注意を払ってほしい。

甲は，交差点において赤色信号を殊更に無視し，かつ，重大な交通の危険を生じさせる速度で自動車を運転し，通行人を死亡させたとして，危険運転致死罪で起訴された。公判において，検察官は，事故を目撃したAを現場に立ち会わせて実施した実況見分の結果を記載した司法警察員作成の実況見分調書の証拠調べを請求したところ，甲の弁護人は，「不同意」との意見を述べた。

その実況見分調書には，(1)道路の幅員，信号機の位置等交差点の状況，(2)Aが指示した自動車と被害者の衝突地点，(3)甲の自動車が猛スピードで赤色信号を無視して交差点に進入してきた旨のAの供述，が記載されていた。

裁判所は，この実況見分調書を証拠として取り調べることができるか。

答案構成用紙

1　はじめに

　本件実況見分調書（以下「本件調書」という）は，司法警察員の供述を内容とする供述書である。そのため，伝聞法則（320条1項）の適用により証拠能力が否定されないかが問題となる。

　伝聞法則の問題では，同法則の趣旨から伝聞証拠を定義し，その内容の真実性が問題となるかを論じるという流れになる。伝聞法則を論じる際には用語の正確な理解が必要であるが，正確に理解し，答案で表現できている人はそう多くないと思われる。このことは平成27年司法試験の採点実感でも批判されている。同採点実感は，「内容の真実性の証明に用いられるのは『原供述』，信用性を吟味できないのも『原供述』，伝聞証拠として排除されるのは原供述を含む『公判供述』『書面』という関係」として，伝聞法則の論述について参考になる説明をしている。各自参考にされたい。

2　設問

1　本件調書はその内容が真実でなければ何ら意味のあることを立証できず，これが伝聞証拠にあたることには問題がない。次に，伝聞証拠であっても伝聞例外の要件を充足すれば証拠能力が認められるところ，これを検討する必要がある。

　実況見分調書については，検証調書について規定する321条3項が適用または準用できるか，という点が問題となる。判例は「321条3項所定の書面には捜査機関が任意処分として行う検証の結果を記載したいわゆる実況見分調書も包含するものと解する」としている（適用説）。この結論に従えばよいであろう。理由づけについては，答案例を参考にされたい。本問ではほかに書くことが多くないため，伝聞法則や321条3項についての論証を厚く書いているが，基本的にこうした点は中心的な論点とならないので，論証はなるべく簡潔にすべきである。

　321条3項の適用があるとしたうえで，その要件についてもある程度論述する必要がある。とりわけ，321条3項のいう「真正に作成された」とは，作成名義の真正に加えて記載内容の真正をも含む概念であるという点は落としやすいので注意が必要である。答案例ではある程度の分量を割いたが，実際に書く際には簡潔にすませばよいであろう。

　こうして，本件調書全体としては，証拠能力が認められる余地があることになる。

2　そして，本件調書の個々の記載内容について検討すると，(1)道路の幅員，信号機の位置等交差点の状況については，司法警察員が実況見分の結果を示したうちの一部でしかなく，この点について独立して伝聞法則の適用が問題となることはない。

3　本問で難しいのは，実況見分における立会人Aの供述内容についてどのように考えるかという点である。

　実況見分調書中の立会人の供述は，一般に，現場指示と現場供述とに分けられる。現場指示とは，実況見分すべき地点や物自体を確定する必要からなされる説明で，純粋に実況見分の対象を指示することだけを内容とするものをいう。そのような供述は，実況見分調書と一体として証拠能力が認められることになる。他方，現場供述は，現場を利用した過去の事実の供述をいう。これは，事件についての通常の供述を実況見分の最中に録取したものにすぎず，調書とは独立して伝聞法則の適用の有無を検討しなければならない。伝聞法則の適用の有無を検討する際には，あくまで「要証事実との関係で相対的に」決することを意識してあてはめを行うことが必要である。本問では，問題文に公判での争点や検察官の立証趣旨が明記されていない。そこで，本問では，検察官が何を主張しようとしているのかを現場で考え，それをふまえて，証明の対象となる事実である要証事実を認定してほしい。

4　Aが指示した自動車と被害者の衝突地点の記載は，なぜ当該場所を実況見分の対象にしたのか，という理由・動機を説明するものにすぎない。そのため，当該記載は調書と一体として証拠能力が認められるであろう。

5　甲の自動車が猛スピードで赤色信号を無視して交差点に侵入してきた旨のAの供述の記載は，実況見分を行ううえで必要不可欠なものではない。現場において録取されたAの供述であるといえ，独立して証拠能力が検討されることになる。甲の被疑事実は危険運転致死罪（自動車の運転により

人を死傷させる行為等の処罰に関する法律2条7号）であり，Aの供述は同罪の構成要件にあたる事実を甲が行ったことを内容とするものである。検察官はAの供述から，Aの供述どおりの甲による犯罪事実が存在したことを立証し，ひいては，甲が危険運転致死罪の構成要件に該当する行為を行ったことを主張しようとしていると考えられる。そのため，要証事実は，Aの供述どおりの甲による犯罪事実が存在したことであるといえる。したがって，(3)の記載部分は，内容の真実性が問題となり，伝聞法則の適用を受ける。

　そうである以上，(3)の記載部分は伝聞例外の要件をみたさなければならない。しかし，本問では，321条1項3号の要件をみたすことはないと考えられ，結局，(3)の記載部分は証拠能力が認められないことになる。

【関連判例】
最判昭和35年9月8日刑集14巻11号1437頁（判例シリーズ82事件）

【参考文献】
試験対策講座10章4節③【2】(5)(b)・(d)。判例シリーズ82事件。条文シリーズ321条。

第1　本件実況見分調書（以下「本件調書」という）は，司法警察員 ⇨問題提起
　　の供述を内容とする書面であるから，伝聞証拠（刑事訴訟法320条
　　1項。以下「刑事訴訟法」法名省略）にあたり，証拠能力が否定さ
　　れるか。伝聞証拠の意義が問題となる。
　1　供述証拠は，知覚・記憶・叙述という供述過程を経て生みださ　　5 ⇨伝聞法則の趣旨
　　れ，その各過程に誤りが入る危険がある。それにもかかわらず，
　　公判廷外における原供述については，公判供述と異なり，裁判所
　　による供述態度の観察，相手方当事者による反対尋問（憲法37条
　　2項前段参照），宣誓と偽証罪による処罰の予告といった方法に
　　よって，供述の信用性を吟味し，内容の真実性を担保することが　10
　　できない。そのため，正確な事実認定を図るために，伝聞法則に
　　よって，内容の真実性を担保できない公判廷外の原供述を内容と
　　する証拠の証拠能力は，原則として否定される。
　　　そこで，伝聞証拠とは，公判廷外の原供述を内容とする証拠で ⇨伝聞証拠の定義
　　あって，原供述の内容の真実性の証明に用いられるものと解すべ　15
　　きである。そして，伝聞証拠にあたるかは，要証事実との関係で ⇨伝聞証拠該当性の判断
　　相対的に決定されると解する。　　　　　　　　　　　　　　　　　 基準
　2　これを本問についてみると，本件調書は公判廷外の司法警察員 ⇨伝聞証拠にあたること
　　の原供述を内容とするものである。そして，実況見分の結果を記
　　載した内容の真実性が問題となっている。したがって，本件調書　20
　　は，司法警察員の供述書として伝聞証拠にあたり，被告人の同意
　　（326条）がない本問では，証拠能力が否定されるのが原則であ
　　る。
　3　もっとも，実況見分は，場所・物・人の身体の状態を五官の作
　　用によって認識する処分である点で，検証類似の性質を有する。　25
　　そこで，本件調書について検証調書の伝聞例外を定める321条3 ⇨問題提起
　　項が適用されないか。同項の「書面」に実況見分調書が包含され
　　るか問題となる。
　⑴　321条3項が比較的ゆるやかな要件で証拠能力を付与した趣 ⇨趣旨からの理由づけ
　　　旨は，検証は専門的訓練を受けた捜査員が行う技術的な事項で　30
　　　あるため恣意の入る余地が少なく，複雑な事項については書面
　　　で報告したほうが正確を期しやすい点にある。そして，検証と
　　　実況見分は強制処分か任意処分かの違いはあるものの，専門的
　　　訓練を受けた捜査官が行う技術的事項であるため恣意の入る余
　　　地が少なく，書面に親しむ点は同様であるから321条3項の趣　35
　　　旨が妥当する。
　　　　そこで，実況見分調書も同項の「書面」に包含され，321条 ⇨結論
　　　3項の適用があると解する。
　⑵　そのため，本件調書は，作成者である司法警察員が「その真
　　　正に作成されたものであること」を供述した場合には，証拠能　40
　　　力が認められる。
　　　　ここで，「真正に作成された」とは，単に作成者名義が真正 ⇨規範定立
　　　であるというだけではなく，内容が実況見分の結果を正確に記
　　　載したものであることについても供述したことを意味すると解

する。   45

　4　よって，当該司法警察員が名義と内容が真正であることを供述
　　した場合には証拠能力が認められ，本件調書を証拠として取り調
　　べることができるように思われる。

➡証拠能力が認められる　　場合

第2　もっとも，本件調書の(1)の記載部分は，司法警察員が交差点の
　　状況につき実況見分の結果を供述したものであり，交差点の状況が　50
　　証明の対象になるので，上記のとおり証拠能力が認められるところ，
　　(1)の記載部分のほかに本件調書には，(2)Aが指示した自動車と被害
　　者の衝突地点，(3)甲の自動車が猛スピードで赤色信号を無視して交
　　差点に進入してきた旨のAの供述が記載されている。そこで，本件
　　調書にはAの公判廷外の供述を内容とする書面として別途伝聞法則　55
　　が適用されないか。

➡問題提起

　1　まず，(2)の記載部分は，公判廷外のAの供述を内容とするが，
　　Aが当該地点を甲の自動車と被害者の衝突地点として指示した事
　　実を記載したものであり，実況見分の対象を特定するという実況
　　見分の契機を示すものとして意味を有するにすぎず，原供述の内　60
　　容の真実性は問題にならない。

➡(2)の伝聞性の検討

　　　したがって，(2)の記載部分は，Aが当該地点を衝突地点として
　　指示したという実況見分の結果を記載したものであり，本件調書
　　と一体として取り扱うべきである。

➡(2)についての結論

　2　次に，(3)の記載部分についてみると，その要証事実は，Aの供　65
　　述どおりの甲による犯罪事実が存在したこと，すなわち，甲が
　　「赤色信号……を殊更に無視し，かつ，重大な交通の危険を生じ
　　させる速度で自動車を運転する行為」（自動車の運転により人を
　　死傷させる行為等の処罰に関する法律2条7号）であるといえる。

➡(3)の伝聞性の検討

➡条文の正確な引用

　　　そのため，(3)の記載部分は，原供述の内容の真実性が証明の対　70
　　象になるといえ，本件調書とは別個に伝聞法則が適用される。
　　　したがって，321条1項3号の要件をみたさないかぎり証拠能
　　力は認められない。

➡(3)についての結論

　　　本件調書は，Aの署名押印を欠く場合には，そのほかの要件を
　　検討するまでもなく，その証拠能力は認められない。また，かり　75
　　にAの署名押印があったとしても，供述不能の要件をみたさない
　　ため，証拠能力は認められない。

　3　以上により，本件調書(1)(2)の記載部分は321条3項により，裁
　　判所は証拠として取り調べることができるが，(3)の記載部分は，
　　証拠として取り調べることができない。   80

　　　　　　　　　　　　　　　　　　　　　　　　　　　以上

優秀答案

1　本問実況見分調書を証拠として取り調べることができるためには当該調書に証拠能力が認められる必要がある（317条）。

2　この点，実況見分調書は公判廷における反対尋問を経ない供述証拠として「書面」にあたるから，伝聞証拠として，同意（326条1項）ない限り証拠能力が認められないのが原則である（320条1項）。

その趣旨は，供述証拠は知覚・記憶・叙述の各過程を経るところ，その過程に介在する誤りを反対尋問（憲法37条2項前段）によりチェックする必要があるという点にある。

しかし，常に証拠能力を否定すると迅速な裁判（憲法37条1項）及び真実発見（法1条）を害し妥当でない。

そこで法は，証拠としての必要性があり，反対尋問に代わる信用性の状況的保障がある場合に伝聞例外を認めている（321条以下）。

3　では，本問実況見分調書は，伝聞例外として証拠能力が認められるか，検討する。

(1)　思うに，321条3項が検証調書につき比較的緩やかに伝聞例外を認める趣旨は，専門家による判断としての信用性があり，かつ，書面に拠るほうが正確性を確保できるという点にある。そして，かかる趣旨は実況見分調書にも妥当する。

そこで，実況見分調書は321条3項の適用により証拠能力が認められうると解する。

(2)　したがって，本問でも，当該調書を作成した司法警察員が名義だけではなくその内容につき「真正に作成されたものであることを供述」すれば，321条3項により証拠能力が認められうる。

4　としても，本問実況見分調書の内容たる(1)〜(3)の記載につき別途伝聞法則が適用されるのではないか。伝聞と非伝聞との区別が問題となる。

(1)　思うに，前述のような伝聞法則の趣旨からすれば，反対尋問によるチェックが必要な場合，すなわち，供述内容の真実性が問題となる場合に伝聞法則が適用されると解する。

(2)　これを本問についてあてはめる。

ア　(1)の記載について

まず，(1)の記載は，「道路の幅員」などの状況を記したものであり，現場の状況それ自体を要証事実とするから，供述内容の真実性が問題とならない。

とすれば，(1)の記載は，実況見分調書と一体をなすものとして伝聞法則は適用されない。

イ　(2)の記載について

この点，Aが指示した内容の真実性が問題となるとも思える。しかし，Aは衝突の「地点」を指示したにすぎず（現場指示），実況見分の動機ないし方法を示したものだから，その存在自体を要証事実とし，供述内容の真実性は問題とならない。

したがって，②の記載につき伝聞法則は適用されない。

ウ　(3)の記載について

(ア)　これに対して，(3)の記載は，赤信号無視及び速度違反とい

⇐○このように，317条から始める書き方もありうる

⇐△実質説からでも，供述内容の真実性が問題になるかを検討する必要がある

⇐○コンパクトな論証ができている

う公訴事実の内容をそのまま述べたものであり（現場供述），
実際にそのような運転行為があったのか，供述内容の真実性
が問題となるといえる。

　とすれば，かかる記載につき伝聞法則の適用がある（320
条1項）。

(イ)　もっとも，321条1項3号の伝聞例外要件をみたせば証拠
能力を認められる。

　したがって，本問でも，Aが「死亡」するなど，供述不能
であり，(3)の部分が「犯罪の事実の存否の証明に欠くことが
できないもの」であり，かつ，供述が「特に信用すべき状
況」の下でなされたといえる場合には，321条1項3号によ
り証拠能力が認められる。

5　以上より，かかる場合には裁判所は本問実況見分調書を証拠と
して取り調べることができる。

以上

←○条文を引用しながら
端的に認定できている。
もっとも，Aの署名押
印がない点を指摘すべ
き

　本問は，旧司法試験平成18年度第2問である。実況見分調書の証拠能力を問う問題は，司法試験において複数回出題されており，その内容もさまざまである。そのため，予備試験においても，調書中の複数の供述それぞれについて証拠能力が問われる可能性があると考え，本問を出題した。

　以下は，法務省が公開している本問の出題趣旨である。

　「本問は，交通事故事件において証拠上重要な役割を負う実況見分調書を素材として，実況見分における立会人の指示説明の性質とその証拠能力に関する基本的な理解を問うことによって，伝聞証拠に関する刑事訴訟法の基本的な知識の有無と具体的事案に対する応用力を試すものである」。

優秀答案における採点実感

1　全体

　本問は，旧司法試験の問題のため，優秀答案は少し古いものであることに留意していただきたい。もっとも，論述の流れや実況見分調書内の各記載についての分析は現在でも参考になる。

2　設問

1　まず，優秀答案は答案例とは異なり，伝聞法則について実質説に立っている。本問では実質説であっても形式説であっても結論に違いはないが，その点には注意されたい。

　優秀答案は実況見分調書が反対尋問を経ていないという一事をもって当然に伝聞証拠にあたるとしているが，実質説を採る場合でも内容の真実性が問題とならなければ伝聞証拠にあたらないはずであり，この点は間違いであると思われる。現に，調書内の記載については真実性が問題となるとしている。

　ただ，全体的に論証がコンパクトであり，かつ，必要な理由づけもなされているので，流れがよく読みやすい答案になっている。その点は参考にしてほしい。

2　実況見分調書全体の伝聞性から，そのなかの各記載の伝聞性を論じるという流れもよい。ただ，内容の真実性が問題となるか，という観点からのみ検討している点は正確とはいえない。(1)の記載について，現場の状況それ自体を要証事実とすれば供述内容の真実性が問題とならないとしているが，これは誤りである。現場の状況がいかなるものであったかは供述内容が真実でなければ立証できない。もっとも，それは実況見分の報告そのものであるから，調書と一体となり，独立して伝聞法則が適用されないのである。また，(2)・(3)の記載については問題ない。

　本答案は，自分の頭で考えてそれを端的に答案に示すことができており，印象がよい。現場ではこの程度の答案が書ければ十分であろう。

次の【事例】を読んで，後記〔設問〕に答えなさい。

【事例】
　甲は，①「被告人は，令和元年 6 月 1 日，H県I市内の自宅において，交際相手の乙に対し，その顔面を平手で数回殴るなどの暴行を加え，よって，同人に加療約 5 日間を要する顔面挫傷等の傷害を負わせたものである。」との傷害罪の公訴事実により，同月20日，H地方裁判所に起訴された。
　同事件について，同年 8 月 1 日，甲に対し，同公訴事実の傷害罪により有罪判決が宣告され，同月16日，同判決が確定した。
　ところが，前記判決が確定した後，甲が同年 5 月15日に路上で見ず知らずの通行人丙に傷害を負わせる事件を起こしていたことが判明し，同事件について，甲は，②「被告人は，令和元年 5 月15日，J県L市内の路上において，丙に対し，その顔面，頭部を拳骨で多数回殴るなどの暴行を加え，よって，同人に加療約 6 か月間を要する脳挫傷等の傷害を負わせたものである。」との傷害罪の公訴事実により，同年12月20日，J地方裁判所に起訴された。
　公判において，甲の弁護人は，「②の起訴の事件は，既に有罪判決が確定した①の起訴の事件と共に常習傷害罪の包括一罪を構成する。よって，免訴の判決を求める。」旨の主張をした。

〔設問〕
　前記の弁護人の主張について，裁判所は，どのように判断すべきか。
　仮に，①の起訴が，「被告人は，常習として，令和元年 6 月 1 日，H県I市内の自宅において，交際相手の乙に対し，その顔面を平手で数回殴るなどの暴行を加え，よって，同人に加療約 5 日間を要する顔面挫傷等の傷害を負わせたものである。」との常習傷害罪の公訴事実で行われ，同公訴事実の常習傷害罪により有罪判決が確定していた場合であればどうか。

（参照条文）　暴力行為等処罰ニ関スル法律
第 1 条ノ 3 第 1 項　常習トシテ刑法第204条，第208条，第222条又ハ第261条ノ罪ヲ犯シタル者　人ヲ傷害シタルモノナルトキハ 1 年以上15年以下ノ懲役ニ処シ其ノ他ノ場合ニ在リテハ 3 月以上 5 年以下ノ懲役ニ処ス

① はじめに

　本問では，一事不再理効が問題となっているところ，最判平成15年10月7日（百選97事件）の理解をベースに一事不再理効の客観的範囲に関する知識および公訴事実の単一性をどのように判断するかの判断枠組みを示したうえ，本問の事実をあてはめ，妥当な結論を導き出すことが求められている。

② 設問

　本問は，常習傷害罪として包括一罪を構成する可能性がある複数の行為の一部につき，確定判決を経た事件（以下，「前訴」という）と，前訴の確定判決前に犯されたが同判決後に発覚して起訴された行為に関する事件（以下，「後訴」という）の両者，あるいは一方が，単純一罪として訴因構成されている事例である。そのため，答案を作成する際にはまず，前訴の確定判決の一事不再理効が及ぶ範囲について検討をする必要がある。なお，「確定判決を経た」場合であれば，免訴判決をしなければならなくなるので（337条1号），前提として，同文言解釈との関係で，一事不再理の客観的範囲を検討することが望ましい。

　この点，一事不再理効は判決の確定に伴い生じる，同一事件に対する再度の公訴提起を許さない効果であり，その根拠は憲法39条前段後半，後段の二重の危険の禁止から導かれるのが通説である。一事不再理効の客観的範囲を論じる前提として，一事不再理効の定義や同効力が導かれる根拠を示せると丁寧なので，答案例ではこの点を盛り込んだ論述をすることを心掛けている。

　そのうえで，一事不再理効の客観的範囲を検討する。

　旧刑事訴訟法の時代，訴訟物は起訴状記載の犯罪事実の背後にある歴史的・社会的事実，すなわち公訴犯罪事実であると考えられていたので，このような考え方を前提にするのであれば，公訴事実の同一性の範囲内のすべての事実に一事不再理効が及ぶということになる。もっとも，新刑事訴訟法になって以降，訴訟物は公訴事実ではなく，「訴因」とされるようになり，裁判所は訴因の範囲内でしか審判できないこととなった。そのため，一見するとこの訴因対象説の立場に立脚した場合，一事不再理効は訴因の範囲内でしか及ばないようにも思える。

　たしかに，一事不再理効を確定判決の拘束力と捉えるのなら，訴因の範囲でしか一事不再理効は生じないことになる。もっとも，前述したとおり，一事不再理効の根拠を二重の危険の禁止と捉えるのであれば，審判対象たる訴因は「公訴事実の同一性」の範囲内で変更可能であり（312条1項），被告人はその範囲で訴追・処罰される危険にさらされていることになるため，訴因ではなく公訴事実の同一性の範囲内で一事不再理効が及ぶと考えることになる。答案例はこの後者の見解で論述がなされている。一事不再理効の根拠を確定判決の拘束力と捉えるか，二重の危険の禁止と捉えるかによって導き出される結論が異なってくるので，この点において矛盾した規範を定立していないか，自身の答案を再確認してほしい。

　そのうえで，公訴事実の同一性をどのように判断するかが問題となる。

　この点，出題趣旨で示されている最判平成15年10月7日は，両訴因が単純窃盗であるときの事案であるところ，最高裁は「前訴の訴因と後訴の訴因との間の公訴事実の単一性についての判断は，基本的には，前訴及び後訴の各訴因のみを基準としてこれを比較対照することにより行うのが相当である」としつつ，「両訴因を通じて常習性の発露という面は全く訴因として訴訟手続に上程されておらず，両訴因の相互関係を検討するに当たり，常習性の発露という要素を考慮すべき契機は存在しないのであるから，ここに常習特殊窃盗罪による一罪という観点を持ち込むことは，相当でない」として，「前訴の確定判決による一事不再理効は，後訴には及ばない」と説示した。

　さらに，同判例は前訴の訴因が単純窃盗罪，後訴の訴因が常習窃盗罪の場合や，前訴の訴因が常習窃盗罪，後訴の訴因が単純窃盗罪の場合についても，言及をしており，これらの場合に関しては，「両訴因の記載の比較のみからでも，両訴因の単純窃盗罪と常習窃盗罪が実体的には常習窃盗罪の一罪ではないかと強くうかがわれるのであるから，訴因自体において一方の単純窃盗罪が他方の常習窃盗罪と実体的に一罪を構成するかどうかにつき検討すべき契機が存在する場合であるとして，

単純窃盗罪が常習性の発露として行われたか否かについて付随的に心証形成をし，両訴因の公訴事実の単一性の有無を判断すべきである」としている。

　つまり，同判例の考え方によると，公訴事実の同一性（単一性）の判断は，基本的には訴因と訴因とを比較対照して行い，実体的に一罪を構成するかどうかにつき検討すべき契機が存在するときは訴因外の事実を考慮するということになる。答案例もこの考え方を踏襲した。

　そのうえで，この基準によれば，設問前段は前訴も後訴も単純傷害罪で起訴されているため，常習性を検討すべき契機が存在しないとして，公訴事実の同一性（単一性）が否定される結論となる。これに対し，設問後段は前訴が常習傷害罪で，後訴が単純傷害罪であり，前訴の段階で常習性を検討すべき契機が存在するため，公訴事実の同一性（単一性）が肯定される結論となる。なお，答案例は，設問後段に関して，後訴での単純傷害の事件が前訴判決が確定した後に判明し刑事上の責任を問われる危険が事実上なかった場合でも「確定判決を経た」といえるかに関して，フォローを入れた答案となっている。

【関連判例】
最判平成15年10月7日刑集57巻9号1002頁（判例シリーズ100事件）

【参考文献】
試験対策講座12章2節。判例シリーズ100事件。条文シリーズ2編3章■5節④。

答案例

第1　設問前段
　1　①の起訴の事件について，判決が確定しているため，裁判所は
　　判決で免責の言渡しをしたうえ（刑事訴訟法337条1号。以下
　　「刑事訴訟法」法名省略），裁判所は弁護人の主張が正当である
　　と判断するべきか。　　　　　　　　　　　　　　　　　　　　5
　　　「確定判決を経た」として，一事不再理効の及ぶ範囲が問題と
　　なる。
　　(1)　この点，同一の刑事事件について再度の起訴を許さないとす
　　　る一事不再理効の趣旨は，被告人が一度訴追の負担を課された
　　　ならば，同一犯罪について再度訴追・処罰の危険にさらすこと　10
　　　を禁じるという二重の危険の原則を全うする点にある（憲法39
　　　条前段後半，後段）。
　　　　そして，審判対象たる訴因は「公訴事実の同一性」の範囲内
　　　で変更可能であり（312条1項），被告人はその範囲で訴追・処
　　　罰される危険にさらされている。　　　　　　　　　　　　　15
　　　　そこで，「公訴事実の同一性」の範囲内で，一事不再理効が
　　　及ぶと解する。
　　　　そのうえで，「公訴事実の同一性」とは，公訴事実が単一で
　　　あることを意味するところ，「確定判決を経た」かどうかは，
　　　前訴・後訴の両訴因間で公訴事実が単一であるかどうかで判断　20
　　　をする。
　　　　なお，審判対象は訴因であるから訴因のみを基準に単一性を
　　　検討するのが原則であるが，訴因外の事実を考慮する契機が存
　　　在する場合には例外的に同事実をも基準に単一性を検討する。
　　(2)　たしかに，かりに常習として乙と丙に傷害を負わせた場合，　25
　　　常習として傷害した事実を考慮すると，①で起訴された訴因と
　　　②で起訴された訴因は，包括一罪となり常習傷害罪一罪のみが
　　　成立し，公訴事実が単一であるともいえる。しかし，①および
　　　②いずれの訴因も常習として傷害を負わせた旨の記載はないた
　　　め，常習性という訴因外の事実を考慮する契機が存在しない以　30
　　　上，本件では訴因のみを基準に単一性を判断する。そうすると，
　　　①および②で起訴された訴因と比較して，傷害罪が二罪成立し，
　　　両罪は併合罪となる以上，公訴事実は単一でない。
　　(3)　したがって，「確定判決を経た」といえない。
　2　よって，裁判所は判決で免責の言渡しをするべきではなく，弁　35
　　護人の主張は正当でないと判断すべきである。
第2　設問後段
　1　常習傷害罪により有罪判決が確定しているため，裁判所は弁護
　　人の主張はが正当だと判断すべきか。
　　(1)　設問前段と同様の基準のもと，まず「確定判決を経た」かを　40
　　　検討する。
　　　ア　①の起訴が「常習として」傷害を負わせた旨の公訴事実で
　　　　行われたため，常習として丙にも傷害を負わせた事実を考慮
　　　　する契機が存在する。そこで，訴因外の事実である同事実を

▷条文を示しながら，本
　問の問題状況を整理

▷問題提起

▷一事不再理効の根拠か
　ら，規範を定立

▷あてはめ

▷結論

▷問題提起

▷あてはめ

も基準とすると①および②で起訴された訴因を比較して，両　45
　訴因は常習傷害罪として包括一罪の範囲にあるから，公訴事
　実は単一である。
　イ　したがって「確定判決を経た」といえるのが原則である。
⑵　もっとも，①の起訴の事件についての判決が確定した後，②　　　　　⬛結論の妥当性を検討
　の起訴の事件が判明しているため，「確定判決を経た」といえ　50
　ないのではないか。
　ア　この点，事件が前訴判決が確定した後に判明し刑事上の責
　　任を問われる危険が事実上なかった場合であっても，より早
　　く判明し責任を問われる危険が抽象的にはあった。そうする　55
　　と，かかる危険を防止し337条1号の趣旨である二重の危険
　　防止を図るべく，上記場合にも「確定判決を経た」といえる
　　と解する。
　イ　したがって，「確定判決を経た」といえる。
2　よって，裁判所は判決で免訴の言渡しをすべきであり，弁護人　　　　　⬛結論
　の主張が正当だと判断すべきである。　　　　　　　　　　　　　60
　　　　　　　　　　　　　　　　　　　　　　　　　　　　以上

第1　設問前段
1　弁護人の主張は，②の事件には①の起訴にかかる一事不再理効が及び，免訴とすべきだという主張である。すなわち，「確定判決を経た」（刑事訴訟法337条１号）といえ「免訴」（同条柱書）とすべきとの主張である。　　　　　　　　　　　　　　　5

⬅○主張を的確に示せている

2　では，一事不再理効の発生する範囲をいかに解すべきか。
（1）　この点，一事不再理効の根拠は，二重の危険を免れしめる点にある（憲法39条２項）。そして，かかる二重の危険が発生するのは訴因変更（312条１項）の可能な範囲である。そうであれば，一事不再理効の客観的範囲は「公訴事実の同一性」の認　　10
められる範囲であると考える。
　　　そして，かかる「公訴事実の同一性」は前訴訴因と後訴訴因を比較対照することによって判断すべきと考える。そうであれば，原則として訴因外の事情は考慮しない。ただし，前訴の訴因自体において，訴因外の事実の考慮すべき契機がある場合に　　15
は，例外的に訴因外の事情を考慮すべきであると考える。
　　　また，一事不再理効が生じる基準時は判決時である。
（2）　本問で，前訴判決後に事件②にかかる起訴が行われているところ，事件②の発生は前訴判決時より前であるから，一事不再理効は及びうる。　　　　　　　　　　　　　　　　20
　　　もっとも，両事件の訴因を比較対照するに，事件①は令和元年６月１日にH県で発生した，被害者を乙とする傷害事件である。他方，事件②は同年５月15日にJ県で発生した，被害者を丙とする傷害事件である。このように，両事件は日時・場所・被害者を異にする別の事件であり，共通性は希薄である。　　25
（3）　したがって，「公訴事実の同一性」は認められず，一事不再理効は発生しない。
3　よって，裁判所は，事件②について免訴と判断すべきではなく，実体審理をすべきである。

⬅○憲法の条文を引用しながら一事不再理の根拠をしっかりと示しており，好印象。もっとも，正確には「憲法39条前段後半，後段」である

第2　設問後段　　　　　　　　　　　　　　　　　　　　30
1　設問前段と同様に，事件②は前訴判決時より前に発生しており，一事不再理効は及びうる。
2　次に，両訴因を比較対照するに，①事件の訴因には「常習として」との文言がある。ここで，検察官としては①事件の判決時以前に発生した傷害事件について，あわせて起訴する趣旨であると　　35
考えるのが合理的である。そうであれば，①事件の訴因自体において，訴因外の事情たる②事件を考慮すべき契機が存在するといえ，②事件も考慮されうる。
3　したがって，「公訴事実の同一性」が認められ，一事不再理効は及ぶから，裁判所としては，②事件について免訴とすべきである。　　40
る。

⬅○設問前段との相違性を意識しようとしていることが伝わり，好印象である

　　　　　　　　　　　　　　　　　　　　　　　　　以上

　本問は，常習傷害罪として包括一罪を構成する可能性がある複数の行為の一部につき，確定判決を経た事件（以下「前訴」という。）と，前訴の確定判決前に犯されたが同判決後に発覚して起訴された行為に関する事件（以下「後訴」という。）の両者，あるいは一方が，単純一罪として訴因構成された事例において，前訴の確定判決の一事不再理効が及ぶ範囲の検討を通じ，刑事訴訟法の基本的な学識の有無および具体的事案における応用力を試すものである。

　憲法第39条は，「何人も，……既に無罪とされた行為については，刑事上の責任を問はれない。又，同一の犯罪について，重ねて刑事上の責任を問はれない。」とし，これを受けた刑事訴訟法第337条第1号は，「確定判決を経たとき」には，「判決で免訴の言渡をしなければならない」と定めているところ，本問では，後訴について，既に確定判決を経たものとみて免訴判決をすべきか，すなわち，確定判決の一事不再理効の客観的範囲をどのように考えるべきかが問題となる。この点については，「公訴事実の同一性」（刑事訴訟法第312条第1項）の有無を基準とする見解や同時訴追の可能性の有無を基準とする見解など様々な立場があり得るが，いかなる見解を採るにせよ，一事不再理効の根拠・趣旨に言及した上で，その客観的範囲に関する判断基準を明らかにする必要がある。

　また，前者の見解を採った場合に本問で問題となるのは，公訴事実の狭義の同一性ではなく，公訴事実の単一性の有無であるから，その旨を明らかにした上で，裁判所は，前訴・後訴の両訴因に記載された事実のみを基礎として単一性を判断すべきなのか，それとも，いずれの訴因の記載内容にもなっていない要素について証拠により心証形成した上で単一性を判断すべきなのかなど，公訴事実の単一性の判断方法について，その根拠とともに論じることが求められる。

　本問の検討に当たっては，実体的には常習特殊窃盗罪を構成するとみられる窃盗行為が単純窃盗罪として起訴され，確定判決があった後，確定判決前に犯された余罪の窃盗行為が単純窃盗罪として起訴された事案に関する最高裁判所の判例（最判平成15年10月7日刑集57巻9号1002頁）があることから，この判例についての理解も示しつつ，自説の立場から本問の【事例】及び〔設問〕の仮設事例への当てはめを行い，それぞれ免訴判決をすべきか否かの結論を述べる必要がある。上記判例は，公訴事実の単一性の有無について，基本的には，前訴・後訴の各訴因の記載のみを基礎としてその比較対照により判断するのが相当であるとしつつ，訴因自体において一方の罪が他方の罪と実体的に一罪を構成するかどうかにつき検討すべき契機が存在する場合には，実体に立ち入って付随的に心証形成をし，両訴因間における公訴事実の単一性の有無を判断すべきであるとしている。この基準による場合には，本問の前訴・後訴の各訴因において，常習性の発露という要素を考慮すべき契機が存在するかどうかに焦点を当てて，結論を導くこととなろう。

優秀答案における採点実感 ▐▐▐

① 全体

　短い答案の分量でありながら，必要な基本事項を的確にアウトプットできており，好印象である。特に，あてはめにおいて問題文の事情を丁寧に拾いながら論述が展開できている点は，ぜひ，他の受験生にも参考にしてほしい。

② 設問

　本問において，最判平成15年10月7日の判例の理解を答案で示すことは必須であるところ，この答案は，この判例の理解ができていることが規範およびあてはめからしっかりと伝わるものとなっている。何よりも出題趣旨が求めるポイントをコンパクトながらも網羅できている点で優秀答案といえる。

論点・論証一覧

[捜査]
捜査の原則・捜査の種類
○「強制の処分」（197条1項ただし書）の意義　　　第6問，第22問，第23問，第29問

> 　この点，科学的捜査方法による人権侵害の危険が高まっている今日においては，強制処分か否かは処分を受ける側の侵害態様を基準とすべきである。
> 　もっとも，権利・利益の侵害の程度を考慮しなければ，かえってほとんどの捜査活動が強制処分となってしまい，捜査の実効性を害する。
> 　そこで，「強制の処分」とは，重要な権利・利益を侵害する処分をいうと解する。

○令状主義　　　第23問，第26問

逮捕・勾留
○現行犯逮捕　　　第1問，第24問
いかなる場合に，「現に罪を行い，又は現に罪を行い終わつた」（212条1項）といえるか。

> 　現行犯逮捕が令状主義（憲法33条）の例外として認められた趣旨は，現行犯は逃亡，罪証隠滅防止のため急速な逮捕の必要性があり，犯罪の嫌疑が明白で令状による司法的コントロールがなくても誤認逮捕のおそれが少ないことにある。
> 　そこで，「現に罪を行い，又は現に罪を行い終わつた」というためには，①犯罪と犯人の明白性，②犯行と逮捕の間の時間的場所的接着性が必要と解される。
> 　そして，上述した現行犯逮捕の趣旨にかんがみれば，犯罪と犯人の明白性については，逮捕者が直接知覚した客観的状況から判断して決する。もっとも，被害者の供述などの逮捕者が直接知覚していない事情については，客観的状況を補充するかぎりで認定資料として用いることができると解する。

○準現行犯逮捕　　　第1問
いかなる場合に準現行犯逮捕（212条2項，213条）が認められるか。

> 　準現行犯逮捕が令状主義（憲法33条）の例外として認められた趣旨は現行犯逮捕の場合と同様である。その趣旨からすれば，準現行犯逮捕の要件としては，①212条2項各号該当性が認められ，かつ「罪を行い終わつてから間がないと明らかに認められるとき」すなわち，②犯罪と犯人の明白性，③時間的場所的接着性を要すると解する。
> 　そして，準現行犯逮捕は現行犯逮捕の場合より，犯行と逮捕行為との時間的場所的接着性の要件を緩和する一方で，犯罪と犯人の明白性を客観的に担保する各号該当事由を要求した規定である。
> 　そうだとすれば，③時間的場所的接着性は緩和して判断できる一方，①各号該当事由については，逮捕者が直接知覚した客観的状況から判断すべきである。
> 　もっとも，②犯罪と犯人の明白性については，各号該当事由の認定により，客観性が担保されているので，被害者の供述などの逮捕者が直接知覚していない外形的事情をも総合考慮し，判断すれば足りると解する。

○再逮捕・再勾留禁止の原則とその例外　　　第25問

> 　刑事訴訟法が身体拘束期間（203条から205条まで，208条）を厳格に定めた趣旨は，長期にわたる身体拘束に伴う被疑者の人権侵害の回避にある。そのため，原則として同一被疑事実での再逮捕・再

勾留は認められないと解する。

　他方，捜査は流動的であり，再度の身体拘束の必要が生じる場合がある。また，条文上も再逮捕を前提とする規定が存在する（199条3項，規則142条1項8号）。再勾留についても，これを禁止する規定はなく，逮捕と勾留は密接に関連する。

　そこで，再逮捕・再勾留は例外的に認めうると解する。

　この例外は，身体拘束期間を定めた趣旨や逮捕の不当な蒸し返しによる人権侵害の防止という199条3項等の趣旨に反しない，再度の身体拘束に合理的理由のある範囲で認めるべきである。

　そこで，①新証拠の発見や新事実の判明などの新事情が存在し，②再逮捕の必要性の程度や被疑者の被る不利益等を考慮し，再逮捕が真にやむをえない場合には，逮捕の不当な蒸し返しといえず再逮捕の合理的理由があり，例外的に再逮捕が認められると解する。

　また，再勾留は，勾留期間が長く被疑者の不利益が大きいから，再逮捕の基準を前提に，より厳格な運用をすべきであると解する。

○別件逮捕・勾留か否かの判断基準　第2問
本件基準説

　この点，逮捕の基礎となった別件については，逮捕・勾留の要件をみたしている以上，本件についての取調べの有無・態様にかかわらず，逮捕・勾留自体は適法とする見解がある。

　しかし，別件逮捕は，実質的にみて令状主義（憲法33条，刑事訴訟法199条等）の趣旨を潜脱することになる。

　また，取調べを目的とする身体拘束は違法であるし（199条1項，2項，207条1項本文・60条1項，規則143条の3），本件で別途逮捕・勾留することになれば，身体拘束期間に厳格な制限を加えた刑事訴訟法の趣旨（203条から205条まで，208条）を没却することにもなる。

　そこで，逮捕・勾留要件を具備していない本件の取調べ目的で逮捕・勾留すること自体違法と解する。

　もっとも，本件取調べ目的の逮捕であったか否かは捜査機関の主観に関わるから，客観的要素から，推知せざるをえない。そこで，①本件についての捜査状況，②別件についての逮捕・勾留の必要性の程度，③別件と本件との関連性・軽重の差，④身体拘束後の取調べ状況などの要素を総合して判断すべきである。

実体喪失説

　この点について，本件の取調べ目的で別件を被疑事実として逮捕することが，令状主義を潜脱するものであるとして，捜査官の主観に着目して違法性を判断すべきという見解がある。しかし，捜査官の主観的意図を令状で裁判官が見抜くことは困難であるし，また，そもそも，逮捕・勾留の要件は被疑事実について判断するものである。そのため，別件が逮捕・勾留の要件をみたしているかぎり，本件の取調べ目的を有していても，逮捕・勾留自体は適法といわざるをえない。

　もっとも，別件による逮捕・勾留期間中は，別件の適正な処分のための捜査活動または，その公判審理を主眼とすべきである。

　そこで，別件が逮捕・勾留の要件をみたしているかぎり，身体拘束は適法であるが，本来主眼となるべき別件についての捜査活動がほとんど行われず，あるいは著しく阻害されるにいたった場合には，別件による逮捕・勾留としての実体を喪失したものと評価できるので，このような状態になった以後の逮捕・勾留は，令状によらない身体拘束として令状主義に違反して違法になると解する。

物的証拠の収集
○「場所」に対する捜索差押令状による第三者の「身体」の捜索の可否　第3問
　場所に対する捜索差押許可状によって，第三者の身体を捜索することができるか，222条1項本文前段

の準用する102条2項が「場所」と「身体」を区別していることから問題となる。

> この点，同条の趣旨は，人格の尊厳，生活の平穏という各々の利益を保護する点にあり，その利益保護の必要性は前者のほうが大きい。
>
> そうだとすれば，場所に対する捜索差押令状によって第三者の身体は捜索できないのが原則である。
>
> もっとも，第三者が捜索・差押えの目的物を隠匿した場合やそれが合理的に疑われる場合，いっさい捜索できないのでは，捜索・差押えの実効性を確保しえない。
>
> そこで，①捜索場所に現在する人が捜索の目的物を所持していると疑うに足りる十分な理由があり，②ただちにその物を確保する必要性・緊急性がある場合には，「必要な処分」（222条1項本文前段・111条1項前段）として，第三者の身体を捜索できると解する。

○「差し押さえるべき物」（219条1項）の特定の程度　　　　第4問，第26問

> この点，同条項の趣旨は，捜査機関に対し権限の範囲を明確にするとともに，被処分者に対して受忍すべき強制処分の範囲を明示することによって，一般的・探索的捜索押収を防止する点にある。
>
> そうだとすれば，差押対象物は，名称，材質，製品番号等で個別的・具体的に特定されていることが望ましい。
>
> もっとも，捜索・差押えは，犯罪捜査の初期に行われることが多く，この段階で詳細な明示を要求することは，実際上不可能を強いることになり，かえって被疑者・参考人の取調べ中心の捜査を助長することにもなる。
>
> そこで，類型的表示に付加して概括的に表示する方法であれば，明示に欠けるところはなく，「差し押さえるべき物」の要件をみたすと解する。

○別件捜索・差押え　　　　第26問

○令状の事前呈示　　　　第3問

令状の呈示前に捜索すべき場所に立ち入った行為は，令状の事前呈示の原則に反し許されないかが問題となる。

> この点，捜索・差押えの現場においては，令状の呈示前に被処分者が抵抗したり，証拠隠滅等が行われたりすることが多いので，令状の呈示がないかぎり，まったく捜索・差押えできないとすると，令状の執行に支障をきたすおそれがある。
>
> そこで，令状呈示の間に証拠隠滅が行われるおそれがあるときには，令状呈示前またはこれと並行して，被処分者の存否および動静の把握等，現場保存的措置を講じることが，「必要な処分」（222条1項本文前段・111条1項前段）として許されると解する。

○住居への立入り方法の適法性　　　　第3問，第4問

被処分者に捜索差押許可状を呈示する前に合鍵を使ってドアを開け，鎖錠を切断して住居に立ち入る行為は，222条1項本文前段において準用する110条が捜索差押許可状を被処分者に示すことを要請していることに反し許されないのではないか。

> この点，同条の趣旨は，被処分者に裁判の内容を了知させることにより，手続の明確性と公正を担保するとともに，押収に対する不服申立ての機会（430条）を与えようとする点にある。
>
> そうだとすれば，令状は執行着手前に被処分者に呈示するのが原則である（事前呈示の原則）。
>
> もっとも，常に来意を告げ事前に令状を呈示しなければならないとすると，被処分者が開扉せず捜査に協力しないことも十分考えられるため，捜査の実効性が阻害される。特に薬物犯罪においては，容易に証拠を隠滅されるおそれがある。
>
> また，令状の呈示の規定は，刑事手続の明確性と公正を担保するものではあるものの，憲法の定め

る令状主義（憲法35条）に直接基づくものではない。

　そこで，被処分者による証拠隠滅や強い抵抗が予想されるなどの場合には，①令状の執行のために不可欠であり，②執行の目的達成のために社会的に相当と認められる措置をとることは，「必要な処分」（222条1項本文前段・111条1項前段）として許されると解する。

○フロッピーディスク等の包括的差押え 第4問

　この点，憲法35条1項，刑事訴訟法218条，219条の趣旨は，被疑事実に関連しない一般的・探索的捜索押収を禁止し，被処分者のプライバシー・財産権等の人権を確保しようとする点にある。

　そうだとするなら，捜索・差押え対象物と被疑事実との関連性の有無を確認せずに包括的に差押えをすることは，原則として許されないと考える。

　もっとも，フロッピーディスク等の場合には，文書の場合と異なり，直接的な可視性・可読性がなく内容確認が困難なうえ，キーボード操作等で瞬間的に消去等ができ罪証隠滅が容易であるという特性を考慮する必要がある。

　そこで，①フロッピーディスク等のなかに被疑事実に関する情報が記録されている蓋然性が認められること，および②そのような情報が実際に記載されているかをその場で確認していたのでは情報を破壊される危険があるなどの事情のもとでは，内容を確認することなく差し押さえることも許されると解する。

○逮捕に伴う捜索・差押えの時間的範囲 第5問，第24問

　捜索・差押え時にまだ逮捕されていない場合，220条1項柱書にいう「逮捕する場合」にあたるか，「逮捕する場合」の意義が問題となる。

　判例は，被疑者不在のまま，逮捕に伴う捜索・差押えがなされ，その後間もなく被疑者が帰宅し逮捕がなされたという事案について，帰宅次第逮捕する態勢のもとに捜索・差押えがなされ，これと時間的に接して逮捕がなされるかぎり，「逮捕する場合」にあたるとする。

　しかし，このように解すると，見込み捜査を誘発するおそれがあり，また偶然被疑者を逮捕できたか否かという事後的な事情によって，捜索の適否が左右されるとすることになり妥当でない。

　この点，強制処分について司法審査を要求し，もって人権保障を全うしようとした令状主義の趣旨は厳格に貫かれるべきである。

　そこで，220条の無令状の捜索・差押えは，逮捕者の安全を確保し，被疑者の逃亡を防止することに加え，証拠隠滅を防止するに必要な範囲でのみ許されると解する。

　そうだとすれば，「逮捕する場合」は限定的に解されるべきであり，逮捕に成功する必要はないが，逮捕に着手した状況があれば足りると解する。

○逮捕に伴う捜索・差押えの対象物の範囲（物的限界） 第5問，第24問

　220条の無令状の捜索・差押えは，逮捕者の安全を確保し，被疑者の逃亡を防止することに加え，証拠隠滅を防止するに必要な範囲でのみ許されるとする立場からは，差押対象物は，逮捕者の安全確保のための武器，逃走用具，逮捕事件の証拠に限定すべきである。

科学的捜査方法と新たな捜査方法
○公道での写真撮影・ビデオ撮影の法的性格 第6問，第27問

写真撮影

> 　写真撮影は個人のプライバシー権（憲法13条後段参照）という重要な権利・利益を侵害するから，「強制の処分」（197条1項ただし書）にあたるようにも思える。
> 　しかし，公道においては，住居内等に比べてプライバシー権保護の期待が減少している。
> 　そこで，公道における撮影は，重要な権利・利益の侵害とまではいえず，任意処分にとどまると解する。
> 　もっとも，任意処分といっても無制約ではなく，適正手続（憲法31条）の観点から，捜査のために必要な限度でのみ許される（捜査比例の原則，197条1項本文）。
> 　そこで，①犯罪の嫌疑の程度，②写真撮影の必要性，③被侵害法益の性質・侵害の程度とを比較衡量し，写真撮影が必要な範囲において，かつ，相当な方法で行われたといえる場合には，写真撮影が許されると解する。

ビデオ撮影

> 　公道での撮影であり，プライバシー権保護の期待が減少しているから，任意処分にとどまる。
> 　もっとも，ビデオ撮影は，断片的な記録を残す写真と異なり，対象物を継続的に映しだすものである。特に犯罪発生前にあらかじめテレビカメラを設置する場合は，捜査対象の特定等が困難であるから，プライバシー権侵害の程度が高い。
> 　また，このように犯罪発生以前に捜査を行うことは，証拠の収集・確保という捜査の性質になじまない。
> 　したがって，犯罪発生前にテレビカメラを設置し，撮影することは，任意処分としても，原則として違法と解する。
> 　もっとも，上述のようなビデオ撮影の性質上，写真よりも詳細な記録を残すことができ，証拠としての価値は高い。
> 　また，多数人が関与し，重大犯罪が発生するおそれが大きい場合等には，あらかじめ犯行現場の状況をできるかぎり正確に撮影・録画しておくことが重要となる。
> 　さらに，189条2項が「犯罪があると思料するとき」として，強制処分に関する199条1項や規則156条1項のように「罪を犯した」としていないことは，任意捜査に関しては，例外的に将来の犯罪発生を見越して捜査する場合をまったく排除する趣旨ではないと解される。
> 　そこで，①当該現場において犯罪が発生する相当高度の蓋然性，②あらかじめ証拠保全の手段，方法をとっておく必要性および緊急性，③手段の相当性が認められる場合には，ビデオ撮影は適法と解する。

○当事者録音　　　　　　　　　　　　　　　　　　　　　　　　　　　　　　第22問

○おとり捜査　　　　　　　　　　　　　　　　　　　　　　　　　　　　　　第22問

おとり捜査は任意捜査の限界を超え違法とならないか。

> 　おとり捜査の問題点は，犯罪の実現によって当該犯罪類型の保護法益を侵害する実質的・具体的な危険を生じさせること，および犯罪を取り締まるべき国家が犯罪を実現したうえで対象者を逮捕・検挙するうえで，司法の廉潔性を害することにある。
> 　そこで，①直接の被害者がいない犯罪の捜査において，②通常の捜査方法のみでは当該犯罪の摘発が困難である場合に，③機会があれば犯罪を行う意思があると疑われる者を対象におとり捜査を行うのであれば適法となると解する。

○任意同行の許容性

> 「出頭」（198条1項本文）に任意同行は含まれないと解されるものの，任意同行は，197条1項本文により許容されると解する。

○実質的逮捕と任意同行の区別
任意同行はいかなる場合に実質的逮捕にあたるか。

> この点について，被疑者の同行を断る意思決定の自由が制圧されている場合には，実質的には逮捕にあたると解する。
> 具体的には，①同行を求めた時期・場所，②同行の方法・態様，③同行を求める必要性，④同行後の取調べ方法などの事情を総合して判断するべきである。

○任意取調べの限界
任意捜査にも捜査比例の原則（197条1項本文）は及ぼされるべきであるところ，任意捜査としての任意取調べの限界が問題となる。

> たしかに，自己の意思により取調べに応じている場合には，意思決定の自由に対する制約は観念できない。しかし，このような場合であっても，被疑者は取調べにより，精神的・肉体的に負担を被る。
> そこで，任意取調べであっても，事案の性質，被疑者に対する容疑の程度，被疑者の態度等諸般の事情を考慮したうえ，当該手段を用いる捜査上の必要性とこれにより被疑者が被る不利益とを比較衡量して社会通念上相当と認められる場合に許容されるものと解する。

○余罪取調べの限界

> 黙秘権（憲法38条1項，刑事訴訟法198条2項参照）を実質的に保障するためには，被疑者に取調受忍義務を認めることはできない。したがって，被疑者取調べの法的性格は，任意処分であると解し，原則としてその範囲に制限はなく，余罪取調べも許されると解する。
> もっとも，令状主義の潜脱は許されないので，違法な別件逮捕・勾留による取調べとなるような余罪取調べは許されないと解する。
> すなわち，違法な別件逮捕・勾留として身体拘束が違法とされるときは，そのような違法な身体拘束下での余罪取調べは令状主義を潜脱し違法となると解する。

○接見交通権の意義・趣旨

○「捜査のため必要があるとき」（39条3項本文）の意味

> 接見交通権は，弁護人依頼権（憲法34条前段）を実質的に保障するための重要な権利である。
> そうだとすると，接見交通権が制限されるのは必要やむをえない場合に限定されるべきである。
> そこで，「捜査のため必要があるとき」とは，現に被疑者を取調べ中であるとか，実況見分・検証等に立ち合わせる必要があるなど捜査の中断による支障が顕著な場合をいうと解する。

○初回の接見
初回の接見申出を拒否し，接見指定をする場合，この接見指定は「被疑者が防禦の準備をする権利を不当に制限する」（39条3項ただし書）のではないか。初回接見の申出を受けた捜査機関は何を検討するべきかが問題となる。

接見交通権は，憲法上の保障に由来する重要な権利であり，とりわけ，初回接見は，身体拘束をされた被疑者にとって，弁護人の選任を目的とし，かつ，捜査機関の取調べを受けるにあたって助言を得るための最初の機会であって，憲法上の保障の出発点をなすものであるから，これをすみやかに行うことが被疑者の防御の準備のために特に重要である。

　　そこで，初回接見の申出を受けた捜査機関は，弁護人と協議して，即時または近接した時点での接見を認めても，接見の時間を指定すれば捜査に顕著な支障が生じるのを避けることが可能かどうかを検討するべきである。

○起訴後の余罪捜査と接見指定　　　　　　　　　　　　　　　　　　　　　　　　　第8問

　接見指定は，「公訴の提起前に限り」（39条3項本文）許されており，公訴提起後は，被告人と弁護人との接見交通を制限することはできない。そこで，被告人が同時に被疑者たる地位も併有し被疑事件につき逮捕されている場合，余罪捜査を理由として接見指定をすることが許されるかが問題となる。

　　この点判例は，被告事件について防御権の不当な制限にわたらないかぎり，接見指定権を行使しうるとする。

　　しかし，このようなゆるやかな要件で接見指定を認めてしまったのでは，事実上被告人の接見交通権を制約することとなり，被告人の訴訟の一方当事者たる地位およびその接見交通権の重要性に反する。

　　そこで，余罪捜査を理由とする接見指定は原則として許されないと解する。

　　もっとも，余罪被疑事件について，実体的真実発見の要請（1条）に基づく捜査の必要性をまったく無視することはできない。

　　そこで，①被告事件の起訴前には余罪の捜査が不可能または著しく困難であり，かつ，②捜査の緊急性がある場合にかぎり，例外的に接見指定をすることも許されると解する。

［公訴に関する諸問題］
○一罪の一部起訴の可否　　　　　　　　　　　　　　　　　　　　　　　　　　　　第9問

　　たしかに，実体的真実発見の要請（1条）を重視し，単一の犯罪は訴訟上不可分に扱うべきとすれば，一罪の一部起訴は許されないとも考えられる。

　　しかし，立証の難易，訴訟経済の要請，刑事政策的配慮（248条）から，事件のすべてを起訴することが困難または不適当な場合があることも否定できない。

　　この点，当事者主義的訴訟構造を採用した現行法（256条6項，298条1項，312条1項等）のもとでは，審判の対象は一方当事者たる検察官の主張である具体的事実としての訴因と解される。

　　そして，この訴因の設定・変更は検察官の専権とされているので（247条，312条1項），いかなる事実を訴因として構成するかは，検察官の訴追裁量に委ねられているといえる。

　　そこで，一罪の一部起訴は原則として許されると解する。

○一罪の一部起訴の限界　　　　　　　　　　　　　　　　　　　　　　　　　　　　第9問

　　一罪の一部起訴が許されるとしても，検察官の訴追裁量もまったくの自由裁量ではなく，「公益の代表者」（検察庁法4条）としての準司法官的地位から，実体的真実発見の要請（1条）や，人権保障の見地により拘束される。

　　そこで，一罪の一部起訴も，①実体的真実発見の要請に著しく反する場合，あるいは②特定の法制度の趣旨を没却する結果をもたらす場合には，訴追裁量を逸脱するものとして許されないと解する。

○訴因特定の程度（覚醒剤）　　　　　　　　　　　　　　　　　　　　　　　　　　第10問

　幅のある記載は，訴因の特定を規定する256条3項に反しないか，「できる限り」の意味が問題となる。

この点，当事者主義的訴訟構造を採用する現行法（256条6項，298条1項，312条1項等）のもとでは，審判の対象は検察官の主張する犯罪事実たる訴因であると解する。

そして，256条3項が訴因の特定を要求しているのは，裁判所に対して審判の対象を明確にするとともに（訴因の識別機能），被告人に対して防御の範囲を明示するためである（訴因の告知機能）。

このような訴因の両機能にかんがみれば，「できる限り」とは，「できるだけ正確，厳格に」の意味と解すべきであって，原則として厳格な犯罪日時等の特定が必要と解する。

もっとも，あまりに厳格な訴因の特定を要求することは捜査機関に酷であり，また，自白強要，捜査の長期化，裁判官の予断などの弊害を招くおそれがある。

そこで，犯罪の性質上厳格に訴因を特定しえない特殊事情があるときには，訴因特定の機能を害さないかぎり，256条3項に反しないと解する。

[訴因と公訴事実]
○釈明　　　　　　　　　　　　　　　　　　　　　　　　　　　　　　　　　　　第28問

○訴因変更の要否　　　　　　　　　　　　　　　　　　　　　　　　　　　　　第11問

当事者主義的訴訟構造を採用した現行法（256条6項，298条1項，312条1項等）のもと，審判対象は検察官の主張する具体的犯罪事実たる訴因であるから，具体的事実に変更が生じた場合に訴因変更を要するはずである。

もっとも，軽微な事実変化の場合にまで常に訴因変更を要するとなると，迅速な裁判の要請に反する。

そこで，重要な事実の変更が生じた場合には，訴因変更を要すると解する。

このような重要な事実の変更とは，訴因の機能たる審判対象画定の見地から，①審判対象の画定に不可欠な事項に変更が生じた場合をいう。

また，①に該当しない場合であっても，②事実の変更が一般的に被告人の防御にとって重要な事項であるときは，訴因において明示された以上，争点明確化による不意打ち防止の見地から，原則として訴因変更を要する。

ただし，③具体的審理経過に照らし，被告人に不意打ちを与えるものでなく，かつ，判決で認定される事実が訴因に記載された事実と比べて被告人にとってより不利益であるとはいえない場合には，例外的に訴因変更は不要であると解する。

○縮小認定　　　　　　　　　　　　　　　　　　　　　　　　　　　　　　　　第11問
縮小認定をするにあたり訴因変更は必要か。

そもそも，訴因事実が認定事実を包摂する関係にある場合，認定事実は検察官により黙示的・予備的に主張されているといえる。また，このような場合，一般的には被告人の防御に不利益を与えることがない。したがって，縮小認定にあたり訴因変更は不要と解する。

もっとも，争点明確化による不意打ち防止の要請は訴訟の全過程を通じて要請されるので，縮小認定の場合にも同様に妥当する。そこで，縮小認定が具体的審理経過のなかで不意打ちにあたる場合には，争点顕在化措置をとる必要があると解する。

○訴因変更の可否　　　　　　　　　　　　　　　　　　　　　　　　　　　　　第10問
訴因変更が認められるためには，新旧両訴因の間に「公訴事実の同一性」（312条1項）が認められる必要がある。そこで，「公訴事実の同一性」，ここでは狭義の同一性の判断基準が問題となる。

この点，同条項が訴因変更につき「公訴事実の同一性」と限定を付したのは，訴因が識別機能のみならず告知機能を有することから，被告人の防御の利益に配慮し，無制限の訴因変更による被告人への不意打ちを防止するためである。

そこで,「公訴事実の同一性」とは,被告人に不意打ちを与えて防御の利益を害することのないよう,新旧両訴因の基本的事実が同一であることをいうと解する。

　　具体的には,両訴因の主要な事実関係が社会的に同一または共通と認められるかを一次的基準とし,一方の犯罪の成立が認められるときは他方の犯罪の成立が認められないという非両立性を補完的に考慮するものと解する。

○争点逸脱認定
第28問

争点顕在化手続を経ずに,事実認定をすることは,争点逸脱認定にあたり許されないのではないか。

　　この点について,訴因は被告人の防御の外枠を画し,争点はそのなかで被告人の防御権を具体的に保障するものである。

　　そこで,①当該認定事実にかかる問題の争点としての重要性の程度と,②防御権侵害の程度を考慮し,被告人に不意打ちを与えるような認定を争点顕在化手続を経ずにすることは,適切な訴訟指揮(294条)を欠く争点逸脱認定として違法(379条)となると解する。

[証拠]
証拠法総説
○自白の任意性の立証方法
第12問

自白の任意性に関する挙証責任はだれが負うか。

　　この点,疑わしいという見込みで有罪判決をすることは,無辜の者を処罰する可能性があり,適正手続(憲法31条)の理念に反する(336条後段参照)。

　　したがって,刑事訴訟では,「疑わしきは被告人の利益に」の原則が妥当し,公訴事実については検察官が挙証責任を負うと解する。

　　もっとも,自白の任意性などの訴訟法的事実は,それを主張する当事者か挙証責任を負うと解する。

自白の任意性に関する証明は,厳格な証明(刑事訴訟法のもとにおいて証拠能力があり,適式な証拠調べを経た証拠による方法・317条)を要するか,自由な証明(証拠能力および証拠調べについて刑事訴訟法の規定に基づくことを要しない証明方法)で足りるかが問題となる。

　　たしかに,自白の任意性は訴訟法的事実であって,刑罰権の存否およびその範囲を画する事実ではないから,理論上は厳格な証明を要しない。

　　しかし,自白は罪責問題に直結する直接証拠であり,その任意性は実体法的事実に準ずべき重要性がある。

　　また,不任意自白の排除は憲法の要求でもある。

　　そこで,自白の任意性に関する証明は,自由な証明では足りず,厳格な証明によるべきと解する。

証拠の関連性
○前科事実による立証
第25問

前科事実に法律的関連性が認められるか。

　　この点,前科に関する証拠を提出する場合には,被告人の前科事実から,被告人には同種犯罪を行う悪性格があるという間接事実が推認され,その悪性格から公訴事実における犯人性が推認されるという2段階の推認過程をたどることになる。しかし,上記の2段階の推認過程は,いずれも確実性がさほど高いわけではなく,不当な予断や偏見を与える危険を有する。そこで,前科に関する証拠は,他の事件の犯人性を立証するための証拠としては,原則として法律的関連性が認められず,証拠能力が否定されると解する。

もっとも，前科事実から，確実性の高い経験則に基づき，公訴事実における犯人性が合理的に推認できる場合には，推認の過程において予断や偏見が問題とならないことから，前科事実に法律的関連性が認められる。具体的には，同種前科が顕著な特徴を有し，それが起訴にかかる犯罪事実と相当程度類似することから，それ自体で両者の犯人が同一であることを合理的に推認させる場合には，法律的関連性が認められると解する。

自白
○自白の任意性の基準　　　　　　　　　　　　　　　　　　　　　　　　　第 12 問，第 29 問
任意性説

　この点，自白法則（憲法 38 条 2 項，刑事訴訟法 319 条 1 項）の根拠は，自白は類型的に虚偽の蓋然性が高く，誤判を生じやすく，また，不任意自白がなされる場合，捜査による人権侵害が生じる可能性が高いため，これを証拠から排除すべき点にあると解される。
　そこで，「任意……疑のある自白」か否かは，①虚偽自白を誘発するおそれがある状況の有無，②供述の自由を中心とする人権を不当に圧迫する状況の有無を基準として判断すべきと解する。

虚偽排除説

　自白法則（憲法 38 条 2 項，刑事訴訟法 319 条 1 項）の趣旨は，不任意自白は，類型的に虚偽のおそれがあるため，証拠能力を否定して正確な事実認定をする点にある。そこで，不任意自白とは，強制等が被疑者に心理的影響を与えた結果，類型的に虚偽自白を誘発するおそれがある状況でなされた自白をいうと解する。

○補強法則の意義・趣旨　　　　　　　　　　　　　　　　　　　　　　　　　　　　　第 13 問

○補強証拠が必要な範囲　　　　　　　　　　　　　　　　　　　　　　　　　　　　　第 13 問

　この点について，判例は，自白にかかる事実の真実性を保障しうる証拠があれば足りるとする。しかし，301 条は，自白は他の証拠が取り調べられた後にしかその取調べを請求できないと規定し，補強証拠が自白と独立して取り調べられることが予定されているので，上記のように解することは現行法の建前に合わない。
　そもそも，補強法則（憲法 38 条 3 項，刑事訴訟法 319 条 2 項）の趣旨は，自由心証主義（318 条）を制限して，自白偏重による誤判を防止する点にあるので，補強証拠が必要な事実の範囲については，客観化された明確な基準を用いるべきである。
　そこで，補強証拠の必要な事実の範囲は，犯罪事実の主要部分であると解する。

○共同被告人の公判廷での供述の証拠能力　　　　　　　　　　　　　　　　　　　　第 14 問
共同被告人の公判廷における供述は相被告人に対する証拠となりうるか。

　この点判例は，相被告人には 311 条 3 項により反対尋問（被告人質問）の機会が与えられているので，共同被告人の供述に証拠能力を認めてよいとしている。
　しかし，共同被告人は被告人たる地位にあるかぎり黙秘権（憲法 38 条 1 項，刑事訴訟法 311 条 1 項）を有しているのだから，反対尋問をなしうるというだけで証拠能力を認めるのは，相被告人の反対尋問権（憲法 37 条 2 項前段参照）が十分に保障されたことにならない。
　そもそも，共同被告人には黙秘権があり，反対尋問に応じる義務はないから，その公判廷における供述は，反対尋問を経ない供述であり，伝聞法則（320 条 1 項）の適用を受けると解する。
　したがって，原則として証拠となりえないと解する。

もっとも，相被告人の反対質問が十分に行われれば，反対尋問による吟味に代えることも可能であって，これを許容しても反対尋問権の保障という伝聞法則の趣旨に反しない。

　　そこで，相被告人の反対質問に対して共同被告人が黙秘権を行使することなく答えた場合，相被告人に対して証拠となりうると解する。

○共同被告人の公判廷外での供述の証拠能力 第14問

　　共同被告人の公判廷外での供述が伝聞証拠にあたる場合，原則として証拠能力は認められない（320条1項，伝聞法則）。

　　もっとも，常に証拠能力を否定すると，真実発見の要請（1条）に反する。

　　そこで，共同被告人の供述録取書は，相被告人に対して，伝聞例外に関するいかなる規定により証拠能力を認めるべきか問題となる。

　　たしかに，共同被告人もまた「被告人」（322条1項）であるとして，322条1項によるべきとも考えられる。

　　しかし，これでは，任意性が肯定されればただちに証拠能力が肯定されることになり，反対尋問権等の保障という伝聞法則の趣旨を失わせる。

　　この点，共同被告人も，当該書面の証拠調べ請求を受けた相被告人との関係ではあくまでも第三者であるから，「被告人以外の者」（321条1項柱書）といえる。

　　そこで，共同被告人の供述録取書は，321条1項各号により証拠能力を認めるべきと解する。

○共犯者の自白と補強証拠の要否 第14問

　　この点，共同被告人は被告人本人からすれば第三者であるから，「本人の（「その」）自白」（319条2項）とはいえない。

　　また，自白した者が無罪となり，否認した者が有罪となっても，自白が反対尋問を経た供述より証明力が弱い以上，当然であり，必ずしも不合理とはいえない。

　　しかも，補強法則は自由心証主義（318条）の例外であって，安易に例外を広げるべきではない。

　　そこで，共犯者の自白に補強法則は不要と解する。

伝聞証拠
○伝聞証拠の意義 第16問，第23問，第27問，第29問，第30問

　　公判廷外における供述証拠は，知覚・記憶・叙述という誤りの介在しやすい各過程を経て証拠化されるにもかかわらず，反対尋問等の方法によって，供述の信用性を吟味し，内容の真実性を担保することができないことから，原則として証拠能力が否定される。

　　そこで，伝聞証拠とは，公判廷外の供述を内容とする証拠であって，原供述内容の真実性の証明に用いられるものをいうと解する。

　　その趣旨は，供述証拠は，知覚・記憶・叙述の各過程を経て事実認定者に到達するので，その過程に誤りが生じやすく，その信用性を反対尋問（憲法37条2項前段参照），宣誓（154条），供述態度の観察等により吟味する必要があることにある。

○伝聞・非伝聞の区別 第15問

○主尋問のみに対する供述の証拠能力 第15問

○犯行計画メモの証拠能力 第23問

◯ 321条1項2号前段と特信情況

第16問

　321条1項2号前段の場合，後段と異なり特信情況については明文上要求されていないが，被告人の反対尋問権保障の観点から，必要と解する。

◯証人の記憶喪失

第16問

記憶喪失という文言が321条1項2号の供述不能事由にないため，同条の適用があるかが問題となる。

　まず，同条が限定列挙か例示列挙か問題となるも，同号列挙事由は，供述不能により証拠として使用する必要性を要件化したものにすぎず，例示列挙と解する。

　そうだとしても，記憶喪失が同条の供述不能事由にあたるかは争いがある。

　この点，例外を容易に認めると，被告人の反対尋問権の保障が危うくなるので，他の供述不能事由に匹敵するような事由にかぎるべきである。

　そこで，相当長期間回復の見込みがなく，証言を得ることが不可能または著しく困難で，誘導尋問（規則199条の3第3項3号）をしても効果がなかったような場合のみ，供述不能事由にあたると解する。

◯証人が国外強制送還された場合

第16問

供述者が国外退去させられた場合にも，321条1項2号前段の適用があるか。

　たしかに，形式的には「国外にいる」場合にあたる。また，検察官は，強制送還につき法律上・事実上の権限を有せず，公判で証人尋問のないことがすべて不公正とはいえない。

　しかし，被告人の反対尋問権の重要性および適正手続の保障（憲法31条）から，安易に伝聞法則の例外を認めるべきではない。

　そこで，当該外国人の検面調書を証拠請求することが手続的正義の観点から公正さを欠くと認められるときは，321条1項2号前段の適用はなく，証拠能力が認められないと解する。

◯供述不能事由の存否の判断時期

第16問

　この点，事後の事情変化で証拠能力が否定されると，裁判官の心証形成を覆すこととなる。また，証拠調べの時点で要件を備えていれば，後に事情が変化したとしても，裁判所の証拠採用が誤っていたわけではない。

　そこで，後に証人尋問が可能となっても，すでに証拠調べずみの検面調書は，証拠能力を喪失しないと解する。

◯実況見分調書の証拠能力

第30問

実況見分は検証類似の性質を有するため，実況見分調書について検証調書の伝聞例外を定める321条3項が適用されないか。同項の「書面」に実況見分調書が包含されるか問題となる。

　321条3項が比較的ゆるやかな要件で証拠能力を付与した趣旨は，検証は専門的訓練を受けた捜査員が行う技術的な事項であるため恣意の入る余地が少なく，複雑な事項については書面で報告したほうが正確を期しやすい点にある。そして，検証と実況見分は強制処分か任意処分かの違いはあるものの，専門的訓練を受けた捜査官が行う技術的事項であるため恣意の入る余地が少なく，書面に親しむ点は同様であるから321条3項の趣旨が妥当する。

　そこで，実況見分調書も同項の「書面」に包含され，321条3項の適用があると解する。

◯立会人の指示説明の証拠能力

第30問

◯ 328条の趣旨

第17問

○証明力を争うための証拠は同一人の不一致供述にかぎられるか
第 17 問

> この点，328条が文言上何らの制限も設けていないことを理由として，同一人の不一致供述にかぎられないとする見解がある。
> しかし，このように解すると，伝聞証拠を弾劾証拠として提出することで，事実上，伝聞証拠により裁判官に心証形成させることが可能になり，当事者の反対尋問権（憲法37条2項前段参照）を保障しようとした伝聞法則（320条1項）を骨抜きにする危険がある。
> そもそも328条は，供述内容の真実性とは関係なく，証人が不一致供述をしたという事実の存在自体を証拠として，その供述の証明力を減殺するという，弾劾目的で非伝聞的に利用できる旨を確認的に規定したものである。
> しかし，別人の不一致供述の場合，これにより証明力を減殺するためにはその供述内容の真実性が問題となるので，非伝聞的な利用はできない。
> そこで，328条の「証拠」とは，同一人の不一致供述にかぎられ，別人の不一致供述はこれに含まれないと解する。

○証明力を争うための証拠は証言前になされたものにかぎられるか
第 17 問

328条は，321条1項1号後段，2号後段と異なり，供述時期を明示していないため問題となる。

> この点判例は，公判準備における証人の尋問終了後に作成された同人の検面調書を，上記証人の証言の証明力を争う証拠として用いても，必ずしも328条に違反するものではないとしている。
> しかし，証言後に得られた公判廷外の供述で証言を弾劾することは，不公正の危険を伴う。
> 思うに，証人が公判廷で検察官の予期に反してそれに不利益な証言をした場合，その証人尋問中にその点について証人に問いただすか，あるいは当該証人を再尋問してあくまでも証人尋問によってその点をただすのが，公判中心主義（43条1項，282条1項，303条，320条1項等）に照らし妥当である。
> そこで，328条によって証拠としうるのは，公判廷における供述以前の供述にかぎられると解する。

○弾劾証拠における供述者の署名押印の要否
第 17 問

328条により許容される証拠は321条1項柱書等の定める供述者の署名押印の要件をみたす必要があるか。

> 328条は非伝聞であることを注意的に規定したものであるから，同条によって伝聞法則の制限が解かれるのは原供述者の供述の伝聞性のみであり，録取の伝聞性の問題は残ることになる。そして，321条1項柱書等が署名押印を要求した趣旨は，録取の伝聞性を問題のないものにする点にある。
> そこで，328条により許容される証拠は，321条1項柱書等の定める供述者の署名押印の要件をみたす供述録取書またはこれと同視しうる証拠にかぎられると解する。

違法収集証拠
○違法収集証拠排除法則
第 19 問，第 29 問

> 明文の規定はないが，適正手続の保障（憲法31条），司法の廉潔性，および将来における違法な捜査の抑制の観点から違法収集証拠排除法則が認められる。
> もっとも，軽微な違法があるにすぎない場合にも証拠能力を否定すると，真実発見（1条）に反する。
> そこで，①証拠収集手続に令状主義を没却するような重大な違法があり，②これを証拠として許容することが将来における違法な捜査の抑制の見地からして相当でないと認められる場合に，証拠能力が否定されると解する。
> そして，直接の証拠獲得手段それ自体が適法である場合であっても，これと密接に関連する先行手続について①および②の要件を充足するときは，証拠能力が否定されると解する。

○不任意自白の同意

違法収集証拠の一種である不任意自白について，被告人の同意により証拠能力が認められるか。

> たしかに，供述の自由など処分可能な個人法益が問題となっている場合は，当事者主義の理念に照らし，被告人の同意により証拠能力を認めるべきとも考えられる。
>
> しかし，被告人の同意によって瑕疵が治癒されるとすると，適正手続（憲法31条）・司法の廉潔性・将来の違法捜査の抑止という違法収集証拠排除の趣旨が没却されてしまう。
>
> したがって，不任意自白について同意があっても証拠能力は認められないと解する。

[裁判]
○択一的認定

構成要件を異にする犯罪のどちらかが成立することは疑いないが，そのいずれかが確定できない場合，択一的認定をすることは許されるか。異なる構成要件にまたがる択一的認定（明示的択一的認定）は，「犯罪の証明があつた」（333条1項）といえるか問題となる。

> たしかに，それぞれの犯罪についても，行為の時点で刑法に規定されており可罰的であるから，罪刑法定主義に反しないと思える。
>
> しかし，罪刑法定主義は，有罪判決が許されるために証明すべきことが実体法上の構成要件を基準に個別化されることをも要請するものである。そうだとすれば，明示的択一的認定をすることは，個別特定の構成要件ではなく合成的構成要件によって処罰することとなり，罪刑法定主義の証明対象の構成要件的個別化の要請に反する。
>
> また，利益原則に反する。
>
> したがって，明示的択一的認定は許されないと解する。

保護責任者遺棄罪と死体遺棄罪のように論理的択一関係にある場合，被告人に有利な軽い犯罪事実を認定すること（秘められた択一的認定）はできないか。

> たしかに，論理的択一関係にある場合，これを処罰できないとするのは国民の法感情に反する。
>
> しかし，両事実のいずれかであるかについてしか証明されていないから，秘められた択一的認定であっても，実質的にみれば合成的構成要件によって処罰するに等しく，罪刑法定主義に抵触する。
>
> また，利益原則は，端的に要件を充足する事実が証明不十分である場合には，その犯罪を有罪とすることを許さない機能を有するにすぎない。すなわち同原則は，証明不十分な事実を存在しなかったと積極的に認定することまで要求するものではないと解される。
>
> そうだとすれば，重いほうの事実に利益原則を適用しても，その事実の不存在が認定されるわけではないから，やはり軽いほうの事実の存在は証明されていないというべきであり，利益原則に反するといわざるをえない。
>
> したがって，論理的択一関係にある場合であっても，軽い犯罪事実を認定することは許されないと解する。

○一事不再理効の根拠

○一事不再理効の客観的範囲・判断基準

> この点，同一の刑事事件について再度の起訴を許さないとする一事不再理効の趣旨は，被告人が一度訴追の負担を課されたならば，同一犯罪について再度訴追・処罰の危険にさらすことを禁じるという二重の危険の原則を全うする点にある（憲法39条前段後半，後段）。
>
> そして，審判対象たる訴因は「公訴事実の同一性」の範囲内で変更可能であり（312条1項），被告人はその範囲で訴追・処罰される危険にさらされている。

そこで，「公訴事実の同一性」の範囲内で，一事不再理効が及ぶと解する。

　そのうえで，「公訴事実の同一性」とは，公訴事実が単一であることを意味するところ，「確定判決を経た」かどうかは，前訴・後訴の両訴因間で公訴事実が単一であるかどうかで判断をする。

　なお，審判対象は訴因であるから訴因のみを基準に単一性を検討するのが原則であるが，訴因外の事実を考慮する契機が存在する場合には例外的に同事実をも基準に単一性を検討する。

♠**伊藤　真**（いとう　まこと）

　1958年東京で生まれる。1981年，大学在学中に1年半の受験勉強で司法試験に短期合格。同時に，司法試験受験指導を開始する。1982年，東京大学法学部卒業，司法研修所入所。1984年に弁護士登録。弁護士としての活動とともに，受験指導を続け，法律の体系や全体構造を重視した学習方法を構築する。短期合格者の輩出数，全国ナンバー1の実績を不動のものとする。

　1995年，憲法の理念をできるだけ多くの人々に伝えたいとの思いのもとに，15年間培った受験指導のキャリアを生かし，伊藤メソッドの司法試験塾をスタートする。現在は，予備試験を含む司法試験や法科大学院入試のみならず，法律科目のある資格試験や公務員をめざす人たちの受験指導のため，毎日白熱した講義を行いつつ，「一人一票実現国民会議」および「安保法制違憲訴訟の会」の発起人となり，社会的問題にも積極的に取り組んでいる。

　「伊藤真試験対策講座〔全15巻〕」（弘文堂刊）は，伊藤メソッドを駆使した本格的テキストとして受験生のみならず多くの読者に愛用されている。他に，「伊藤真ファーストトラックシリーズ〔全7巻〕」「伊藤真の判例シリーズ〔全7巻〕」「伊藤真新ステップアップシリーズ〔全6巻〕」「伊藤真実務法律基礎講座」など読者のニーズにあわせたシリーズを刊行中である。
（一人一票実現国民会議 URL：https://www2.ippyo.org/）

伊藤塾
〒150-0031　東京都渋谷区桜丘町17-5　03(3780)1717
https://www.itojuku.co.jp

刑事訴訟法［第2版］【伊藤塾試験対策問題集：予備試験論文④】

2016（平成28）年10月30日　初　版1刷発行
2021（令和3）年9月15日　第2版1刷発行

監修者　伊藤　真
発行者　鯉渕友南
発行所　株式会社　弘文堂　　101-0062　東京都千代田区神田駿河台1の7
　　　　　　　　　　　　　TEL 03(3294)4801　　振替 00120-6-53909
　　　　　　　　　　　　　https://www.koubundou.co.jp
装　丁　笠井亞子
印　刷　三美印刷
製　本　井上製本所

©2021 Makoto Ito.　Printed in Japan

JCOPY 〈（社）出版者著作権管理機構　委託出版物〉
本書の無断複写は著作権法上での例外を除き禁じられています。複写される場合は，そのつど事前に，（社）出版者著作権管理機構（電話 03-5244-5088，FAX 03-5244-5089，e-mail: info@jcopy.or.jp）の許諾を得てください。
また本書を代行業者等の第三者に依頼してスキャンやデジタル化することは，たとえ個人や家庭内での利用であっても一切認められておりません。

ISBN978-4-335-30427-9

伊藤塾試験対策問題集

●予備試験論文

伊藤塾が満を持して予備試験受験生に贈る予備試験対策問題集！
過去問と伊藤塾オリジナル問題を使って、合格への最短コースを示します。
合格者の「思考過程」、答案作成のノウハウ、復習用の「答案構成」や「論証」など工夫満載。出題必須論点を網羅し、この1冊で論文対策は完成。

1	刑事実務基礎	2800円	6	民法[第2版]	2800円
2	民事実務基礎[第2版]	3200円	7	商法[第2版]	2800円
3	民事訴訟法[第2版]	2800円	8	行政法	2800円
4	刑事訴訟法[第2版]	2800円	9	憲法	2800円
5	刑法[第2版]	2800円			

●論文

司法試験対策に最適のあてはめ練習ができる好評の定番問題集！
どんな試験においても、合格に要求される能力に変わりはありません。問題を把握し、条文を出発点として、趣旨から規範を導き、具体的事実に基づいてあてはめをし、問題の解決を図ること。伊藤塾オリジナル問題で合格に必要な能力を丁寧に養います。

1	刑事訴訟法	3200円	4	憲法	3200円
2	刑法	3000円	7	行政法	3200円

●短答

短答式試験合格に必須の基本的知識がこの1冊で体系的に修得できる！
伊藤塾オリジナル問題から厳選した正答率の高い良問を繰り返し解き、完璧にマスターすれば、全範囲の正確で確実な知識が身につく短答問題集です。

1	憲法	2800円	4	商法	3000円
2	民法	3000円	5	民事訴訟法	3300円
3	刑法	2900円			

新 伊藤塾試験対策問題集

●論文

合格答案作成ビギナーにもわかりやすい記述試験対策問題集！
テキストや基本書で得た知識を、どのように答案に表現すればよいかを伝授します。
法的三段論法のテクニックが自然に身につく、最新の法改正に完全対応の新シリーズ。
「伊藤塾試験対策講座」の実践篇として、効率よく底力をつけるための論文問題集です。

1	民法	2800円	3	民事訴訟法	2900円
2	商法	2700円			

弘文堂

＊価格（税別）は2021年9月現在

伊藤真試験対策講座

論点ブロックカード・フローチャートなど司法試験受験界を一新する勉強法を次々
と考案し、導入した伊藤真が、全国の受験生・法学部生・法科大学院生に贈る、
初めての本格的な書き下ろしテキスト。伊藤メソッドによる「現代版基本書」！

- ●論点ブロックカードで、答案の書き方が学べる。
- ●フローチャートで、論理の流れがつかめる。
- ●図表・2色刷りによるビジュアル化。
- ●試験に必要な重要論点をすべて網羅。
- ●短期集中学習のための効率的な勉強法を満載。
- ●司法試験をはじめ公務員試験、公認会計士試験、司法書士試験に、
  そして、大学の期末試験対策にも最適。

憲法[第3版]	4200円
行政法[第4版]	3300円
刑法総論[第4版]	4000円
刑法各論[第5版]	4000円
スタートアップ民法・民法総則	3700円
物権法[第4版]	2800円
債権総論[第4版]	3400円
債権各論[第4版]	4400円
親族・相続[第4版]	3500円
商法〔総則・商行為〕・手形法小切手法[第3版]	4000円
会社法[第3版]	4000円
刑事訴訟法[第5版]	4200円
民事訴訟法[第3版]	3900円
労働法[第4版]	3800円
倒産法[第2版]	3500円

弘文堂

＊価格（税別）は2021年9月現在

伊藤塾呉明植基礎本シリーズ

愛弟子の呉明植が「伊藤真試験対策講座」の姉妹シリーズを刊行した。切れ味鋭い講義と同様に、必要なことに絞った内容で分かりやすい。どんな試験でも通用する盤石な基礎を固めるには最適である。

伊藤塾塾長 **伊藤 真**

- ▶どこへいっても通用する盤石な基礎を固める入門書
- ▶必要不可欠かつ必要十分な法的常識が身につく
- ▶各種資格試験対策として必要となる論点をすべて網羅
- ▶一貫して判例・通説の立場で解説
- ▶シンプルでわかりやすい記述
- ▶つまずきやすいポイントをライブ講義感覚でやさしく詳説
- ▶書き下ろし論証パターンを巻末に掲載
- ▶書くためのトレーニングもできる
- ▶論点・項目の重要度がわかるランク付け
- ▶初学者および学習上の壁にぶつかっている中級者に最適

憲法	3000円
民法総則［第2版］	3000円
物権法・担保物権法	2500円
債権総論	2200円
債権各論	2400円
親族・相続	
刑法総論［第3版］	2800円
刑法各論［第3版］	3000円
商法（総則・商行為）**・手形法小切手法**	
会社法	
民事訴訟法	
刑事訴訟法［第3版］	3900円

弘文堂

＊価格（税別）は2021年9月現在